Thomas Kistner / Jens Weinreich
Der olympische Sumpf

Thomas Kistner / Jens Weinreich

Der olympische Sumpf

Die Machenschaften
des IOC

Piper
München Zürich

Redaktionschluß: 15. 6. 2000

ISBN 3-492-04249-X
© Piper Verlag GmbH, München 2000
Satz: Ziegler und Müller, Kirchentellinsfurt
Druck und Bindung: Pustet, Regensburg
Printed in Germany

Inhalt

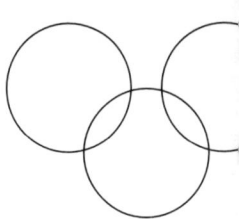

Samaranchs Thronerben

Quellen

Die olympische Spezialdemokratie

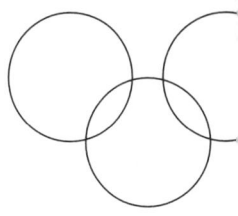

Ein Häufchen Elend

Es war seine letzte Reise nach Lausanne. Eine, die ihm sehr schwer gefallen war. Wie oft eigentlich hatte ihn ein langer Flug von Khartum über Frankfurt nach Genf geführt? Vom Flughafen Cointrin ging es dann immer mit einer sternenbewehrten Edelkarosse in das Verwaltungszentrum des *mouvement olympique,* der olympischen Bewegung. Knapp fünfzig Kilometer am Genfer See entlang, der hier Lac Léman genannt wird. Er hatte all diese Termine genossen, und er war stolz darauf. Schließlich leistete er als Mitglied des Internationalen Olympischen Komitees (IOC) Dienst am Weltsport, ach, an der Jugend der Welt überhaupt und, nicht zu vergessen, am Weltfrieden. Den Psalm hatte er mit seinen Freunden, alles prächtige Kameraden, lange Jahre heruntergebetet, und er hat an seine Bestimmung tatsächlich geglaubt.

Doch diesmal, im März 1999, war alles ganz anders. Er befand sich auf seiner olympischen Abschiedstour. Das Kürzel IOC hatte, schwerlich zu leugnen, keinen guten Klang mehr in der Welt. Auch sein Name war binnen dreier Monate in keinem angenehmen Zusammenhang in den Medien, von Hongkong bis Vancouver, von Reykjavík bis Daressalam aufgetaucht: Der 58 Jahre alte Zein El Abdin Mohammed Ahmed Abdel Gadir aus dem Sudan galt plötzlich als Inbegriff des korrupten Sportfunktionärs. Er gehörte zu jenen vornehmlich afrikanischen IOC-Mitgliedern, deren Ausschluß nahe war.

Nichts als Ärger in diesen Tagen. Und dann blieben irgendwo zwischen Khartum und Genf auch noch seine Koffer verschollen. Das Hotel Palace, die Lieblingsabsteige des IOC in Lausanne, der *capitale olympique,* erreichte er lediglich mit einem Stück Handgepäck. Ein Kosmetiktäschchen, das von einem Lufthansa-Flug in der ersten Klasse zeugte. Als Gadir spätabends in die Nobelherberge eincheckte, störten die in der Lobby lauernden Reporter. Viele von ihnen waren zum erstenmal in Lausanne, zumeist von den politischen Redaktionen geschickt, denn längst war das IOC kein Fall mehr für die Sportressorts. Unter dem Schlagwort *Olympiagate* wurden diese Geschichten über Betrug und Bestechung zusammengefaßt, und das weltweit, nicht nur in der *Washington Post.* Aufgeregt rannten die Berichterstatter mit lilafarbenen Broschüren herum, den offiziellen IOC-Biografien. Aufmerksam verglichen sie die Fotos in den Heftchen mit den Gesichtern im Palace. Es dauerte nur Sekunden – Gadir konnte der Meute nicht entweichen, sie stürzte sich auf den kleingewachsenen Herrn im Safari-Look.

In den fast zwei Jahrzehnten zuvor hatte sich selten ein Journalist um Gadir bemüht. Dabei hätte er einiges erzählen können, schließlich war er ein ungewöhnliches Mitglied im exklusivsten Zirkel des Weltsports. Zum erstenmal war er 1983 aufgenommen worden, da hatte er schon eine lange Karriere als Kommandeur der sudanesischen Fallschirmjäger hinter sich; zweimal war er auch Minister gewesen, verantwortlich zunächst für die Tierressourcen des Landes, später für Jugend, Sport und Soziales. Aber die Zeiten ändern sich schnell in einem Land wie dem Sudan. 1985 wurde Gadir nach einem gescheiterten Militärputsch unter Hausarrest gestellt. Zwischenzeitlich saß er sogar im Gefängnis. Er wandte sich hilfesuchend an das IOC-Exekutivkomitee, doch die noblen Sportkameraden zeigten wenig Mitleid: Weil er wegen der Arretierung bei drei IOC-Vollversammlungen fehlte, verbannten sie ihn im Mai 1987 in Istanbul aus ihren Reihen. Drei Jahre später nahm ihn der Clan der Opportunisten während der Session in Tokio zum zweitenmal auf. Ein Mann mit zwei Mitgliedschaften, eine ungewöhnliche Geschichte – doch sein Werdegang interessierte nicht an jenem Abend im März 1999. Gadir war aus anderem Grund ein begehrter Interviewpartner. Er wich den Fragestellern nicht aus. Der General a. D. stellte sich den Herausforderern.

Während der Empfangschef des Palace geflissentlich herumtelefonierte und nach dem Verbleib des Gepäcks fahndete, ließ sich Gadir zehn Meter weiter auf ein winziges, elegantes Kanapee plumpsen. Er war zwar müde, aber nicht feige. Er wollte sich erklären, so peinlich es auch war. Mochten Kollegen die Gratisleistungen vom Olympiabewerber Salt Lake City frech eingefordert haben – er nicht. Gadir, der längst nicht mehr zur Herrschaftskaste des Sudans gehörte, hatte den Verlockungen der smarten Mormonen einfach nur nicht widerstehen können. Im von Bürgerkrieg und Korruption schwer gezeichneten Sudan, einem der ärmsten Länder der Welt, habe er die Dollars vom Salzsee gebraucht, um seine zehnköpfige Familie zu ernähren – so jedenfalls versuchte sich Gadir gegenüber einer hausinternen IOC-Untersuchungskommission herauszureden. Die Zahlungen wertete er als einen »Akt olympischer Solidarität«.

Gadir bot ein Bild des Jammers, als er in den weichen Kissen des Sofas versank. Ein Häufchen Elend. »Glauben Sie mir«, stöhnte er, »ich bin kein schlechter Mensch. Ich befinde mich nur in einer dummen Situation.« Umstellt von Journalisten und Kamerateams kramte er in seiner Hemdtasche nach Tabak. Vergeblich. Zum Vorschein kamen nur Flugtickets. Als ihm dann jemand eine Zigarette reichte, griff er dankbar zu. Immer wieder wischte er Tränen aus den rot unterlaufenen Augen. Die Worte gingen ihm schwer über die Lippen, weil er sich zuvor schon an der Bordbar seines Fliegers getröstet hatte. »Für mich ist alles vorbei«, preßte Gadir heraus. »Nach dieser Sache werde ich sterben. Mein Leben ist beendet, mein Ansehen ist ruiniert.« Und das alles nur wegen eines »Aktes olympischer Solidarität«? Der Begriff wird häufiger eine Rolle spielen in diesem Buch.

Das Bewerbungskomitee von Salt Lake City hatte Gadirs

Sohn Zuhair insgesamt 18 000 Dollar für dessen Studium an der Southern Mississippi University gezahlt. An Gadir persönlich wurden von Oktober 1994 bis Juni 1995 monatlich 1000 Dollar auf ein Konto bei der National Westminster Bank in London überwiesen. Die letzte Zahlung erfolgte am 7. Juni 1995 – neun Tage später wurde Salt Lake City in Budapest zum Austragungsort für die Olympischen Winterspiele 2002 gekürt. Es habe sich lediglich »um übliche finanzielle Transaktionen« gehandelt, sagte Gadir. »Ganz offiziell, von Bank zu Bank.« Ganz offiziell, weil IOC-Präsident Juan Antonio Samaranch und das Exekutivkomitee jederzeit darüber unterrichtet gewesen sein sollen. Genauso wie über die vielen Sach- und Geldspenden, um die Gadir für die sudanesische Olympische Akademie gebeten hatte – ob nun in Sydney, Peking oder Berlin. »Ich habe sie gefragt, sie haben es getan. Ist das etwa Bestechung?« wollte Gadir von den Journalisten wissen. »Was ist das schon im Vergleich zu den großen Summen, die sonst bewegt werden? Das Geld ist ja für sinnvolle Dinge benutzt worden und nicht dazu, um ins Kabarett oder zu Prostituierten zu gehen.«

Was war schon dabei, daß er einst auf einer Inspektionsreise in der deutschen Hauptstadt allein 3115 Mark Kosten für Zimmerservice, Minibar, Wäscherei, Telefon und Speisen verursachte? Der Steuerzahler kam dafür auf. In drei Dutzend anderen Städten wurden die Rechnungen ebenfalls beglichen, egal, ob er, wie in Stockholm, »mehr oder weniger ständig betrunken herumlief«, wie die Bewerber Jahre später an das IOC meldeten; egal, ob er, der Offizier aus dem heißen, trockenen Sudan, irgendwo auf der Welt Sportstätten für Olympische Winterspiele inspizierte. »Das ganze System ist ein Rezept für eine Katastrophe«, hatte Manchesters Olympiawerber Mike Dyble einst gesagt. »Da sind um die 100 Mitglieder, die wie Staatschefs durch die Welt reisen, in den besten Hotelsuiten untergebracht werden und die verschwenderischsten Mahlzeiten essen, die eine Stadt zu bieten hat.« Was im IOC also über Jahrzehnte zum Tagesgeschäft gehörte, sollte nun

Gadirs olympisches Ende sein? Das konnte er wirklich nicht verstehen. »Das Exekutivkomitee opfert einige kleine Mitglieder, dabei trägt es doch die Verantwortung«, rief er. »Ich werde Samaranch und seinen Leuten sagen, daß sie diese Verantwortung endlich akzeptieren sollen. Das IOC braucht Reformen bis tief in seine Führung hinein.«

Aber zwei Tage später steckte dem General nur noch ein dicker, schwerer Kloß im Hals. Auf der Krisensession im Palais de Beaulieu, als jedem Delinquenten noch zwanzig Minuten Redezeit zugebilligt waren, stotterte er kleinlaut herum. Ein letztes Mal im Kreise der Lieben, wurde er ganz sentimental. Seine Reformvorschläge waren gar nicht mehr gefragt. Das Urteil war unumstößlich, und brutal zudem. Nur vier Kameraden stellten sich auf seine Seite, 86 votierten für seinen Ausschluß. Gadir fand keine Gnade im Olymp. Es gab nur einen, den es härter traf: Jean-Claude Ganga aus dem Kongo, dessen Abschiedsgruß war ein Abstimmungsergebnis von 88:2. Dagegen Seiuli Paul Wallwork aus Samoa, dieser begeisterte Rugbyspieler, immer zu flotten Sprüchen aufgelegt, nimmermüde auf Achse in der Welt des Sports, obwohl seine Heimat leider ganz fernab der großen Stadien und Kongreßzentren gelegen ist: Wallwork bekam 67 Gegenstimmen und hätte bei 19 Stimmen auf seiner Seite als einziger das rettende Drittel fast beisammen gehabt. Klarer waren die Voten bei Lamine Keita (Mali / 72 : 16), Sergio Santander Fantini (Chile / 76 : 12) und Augustin Carlos Arroyo (Ecuador / 72 : 18) – raus mit euch!

General Gadir wurde am Abend danach nicht mehr gesehen im Palace-Hotel. Wogegen Arroyo Haltung bewahrte. Der elegante Mann, einst Botschafter, Richter und Direktor einer Süßwarenfabrik, betrat stilvoll die Bar. Seine bezaubernde Gefährtin Flor Isava-Fonseca, IOC-Mitglied aus Venezuela, hatte ihn ausgeführt. So plauderte das Pärchen, ein jeder der beiden näherte sich stramm dem neunten Lebensjahrzehnt, einmal mehr über gute alte Zeiten, als man noch scherzen durfte, wenn eine Olympiavergabe anstand.

Wie 1993 in Monte Carlo bei der Verkündung des Olympiagastgebers 2000. Da hatte die gute Flor zum Einmarsch des IOC, unter den Klängen der olympischen Hymne ein Halstuch umgelegt – ein Zeichen für Sydneys Bewerberchef Rod McGeoch, der daran erkannte, daß Sydney weit vorne war. Oder 1991 in Birmingham, als Arroyo seiner Sportfreundin auf der Treppe zum Sitzungssaal zuraunte: »Wir stimmen für Nagano.« Es war ja ihr kleines Geheimnis, sie haben immer zusammen abgestimmt. Vielleicht sollte auch erwähnt werden, daß Nagano die Winterspiele 1998 gewann und daß Arroyo im Herbst zuvor in den japanischen Alpen eine ausgedehnte Erkundungstour unternommen hatte. Ihm, seiner Frau und einem weiteren Begleiter gefiel es dort ausnehmend gut. Vier Jahre später votierte der unabhängige Juror dann für Salt Lake City, das ist jedenfalls anzunehmen, schließlich hatten die aufmerksamen Mormonen ihm, dem passionierten Hundezüchter, einen prächtigen Golden Retriever vermacht. Wunderschön war auch der Skiurlaub, den Arroyo anläßlich einer seiner vielen Besuche in Utah mit seiner Familie unternahm. Die Kosten von 19 000 Dollar beglich der nette Bewerberchef Tom Welch. Arroyos Verteidigung 1999 vor den IOC-Polizisten fiel etwas dürftig aus: »Hätte ich dabei fragen sollen, wie teuer es war?« Manchmal hat er gefragt, zum Beispiel, ob Tom Welch nicht seiner Stieftochter ein bißchen unter die Arme greifen könne. Das Salt Lake City Bid Committee vermittelte Nancy Rignault einige Jobs und überwies noch ein paar Dollar, 23 000, für deren Lebensunterhalt. Weil man schon mal am Scheckausstellen war, landeten 15 000 Dollar auch auf Arroyos Konto. Aus lauter Freundlichkeit.

So ging es zu im Internationalen Olympischen Komitee. Wie die öffentliche Inventur ergab, hatten während der fünften, endlich erfolgreichen Olympiabewerbung von Salt Lake City (zwischen 1991 und 1995) rund dreißig Umgarnte, also gut ein Drittel des damaligen IOC-Bestands, in unterschiedlichem Maße reüssiert. Sechs wurden hinausexpediert. Vier waren bereits vor der 108. Session zurückgetreten: Bashir

Mohamed Attarabulsi (Libyen), Pirjo Haggman (Finnland), Charles Mukora (Kenia), David Sikhulumi Sibandze (Swaziland). René Essomba aus Kamerun war in der Zwischenzeit verstorben. Zehn Mitglieder wurden in gebotener, ganz unterschiedlicher Schärfe verwarnt. Einige freigesprochen, andere Fälle gar nicht erst weiterverfolgt. Von Korruption aber, wie weltweit offenbar irrtümlich verbreitet worden war, könne keine Rede sein, legten die Oberjuristen des IOC fest. »Einige wenige« Mitglieder hätten sich lediglich »unethisch verhalten«, lautete die offizielle Sprachregelung.

Die Lage wurde schon im Januar 1999 in Lausanne von drei Exekutivmitgliedern, die auch der Adhoc-Kommission angehörten, mit geballter juristischer Kompetenz analysiert: »Es war Amtsmißbrauch«, sprach Vizepräsident Richard Pound (Kanada), ein Experte für Steuerrecht. »Man hat Dinge verlangt, das waren keine kriminellen Aktionen.« In die gleiche Kerbe hieb Vizepräsident Kéba Mbaye (Senegal), ein Richter: »Im juristischen Sinne ist das keine Korruption, denn das setzt ja ein Handelsangebot voraus. Es gibt keine Spur vom Kauf oder Verkauf von Stimmen. Hier gibt es nur moralisch zu beanstandende Handlungen.« Wo über Moral geplaudert wurde, durfte Thomas Bach (Tauberbischofsheim) nicht fehlen. Der Wirtschaftsanwalt und oberste Richter am Welt-Sportgerichtshof brachte tapfer Licht ins Dunkel: »Im juristischen Sinne ist Korruption Austausch. Geld gegen Stimme oder gegen Leistungen. Das darf aber nicht unser Standard sein. Wir müssen weiter unten ansetzen, bei jeder Unregelmäßigkeit muß gehandelt werden. Wir schreiten sehr viel früher ein.« Das große olympische Ehrenwort darauf.

Wir wollen Bachs These überprüfen, wie »sehr viel früher« die selbsternannten Tugendwächter zur Sache gehen. Es drängt sich die Frage auf, ob der Sündenfall des IOC in Salt Lake City nur Teil eines größeren Szenarios ist, die Spitze eines Eisbergs, und welchen Grund es hat, daß Samaranch und seine Vorständler die grotesken Mißstände über Jahre hinweg geduldet und befördert haben. Weil es kein Gesetz

zuläßt, olympische Protagonisten an Lügendetektoren anzu-
schließen, gibt es rund um das IOC immer noch viele Ge-
heimnisse – auch wenn die für viel Geld angeheuerten PR-
Strategen von Hill & Knowlton sowie die IOC-Lakaien in
Medienwirtschaft und Sportwissenschaft und schließlich die
Mitglieder selbst die Mär verbreiten, die Perestroika wäre
gelungen, Glasnost hergestellt und damit die Krise zu den
Akten gelegt.

Kleinlich soll nicht argumentiert werden in diesem Buch.
Deshalb werden wir uns mit einigen Missetätern nur am
Rande beschäftigen, wenn ihre Beispiele dazu angetan sind,
eine besondere olympische Kultur zu illustrieren. Das australische IOC-Mitglied Phil Coles, einst Bademeister an der
Bondi Beach, ist so ein Fall. Von General Gadir, von Botschafter Arroyo, von der Sportlehrerin Pirjo Haggman, die 1981 als
erste Frau ins IOC gelangte, vom Pinochet-Vertrauten Fantini,
der im chilenischen Sport schon vor seinem IOC-Rausschmiß
eine *persona non grata* war, von ihnen wollen wir uns nun
schon wieder verabschieden. Manche Olympier wie Charles
Mukora oder Jean-Claude Ganga werden uns jedoch wieder
begegnen. Wobei Letzterer, der ehemalige afrikanische Sport-
primus Ganga, zu einem ganz anderen Kaliber der Wegelage-
rer gehört – in Salt Lake City jedenfalls schaffte er den Olym-
piarekord: 216 000 Dollar Vergnügungs- und andere Kosten
hielt allein der IOC-Untersuchungsbericht fest, nicht erwähnt
wurden darin drei Grundstücksgeschäfte im Vorort Pleasant
View, bei denen Ganga noch einmal 60 000 Dollar Gewinn
kassierte.

Wir wollen uns auch nicht mit jedem abgehalfterten Minister, jedem Geheimdienstler, jedem Dopingexperten, jedem
Vorbestraften, jedem ehemaligen Mitglied blutiger Juntas
oder jedem Exilanten befassen, der im IOC politisches Asyl
gefunden hat (und davon gibt es einige). Wir werden eine
Reihe aufrechter Olympier beim Namen nennen und wollen
uns der Frage widmen, ob eine geeignete Persönlichkeit für
Samaranchs Nachfolge bereitsteht. Wir beleuchten, wie Syd-

ney, die Olympiastadt 2000, an die Spiele kam. Vor allem aber werden wir eine Reihe hochinteressanter Sportkameraden kennenlernen, deren Vita sich leider nicht von den offiziellen Internetseiten des IOC auf die Festplatte des Heimcomputers herunterladen läßt, so wie die Untersuchungsberichte zum Fall Salt Lake City. Für diese Herrschaften, meist mit olympischen Orden dekoriert, ist eine Viertelmillion Dollar, wie sie Ganga in Utah akquirierte, kaum der Rede wert. Ob nun der korsisch-marokkanische Schmiergeldbote André Guelfi, der usbekische Patron Gafour Rachimow, der Immobilientycoon Yoshiaki Tsutsumi, der Holzfällerbaron Mohamad Bob Hasan, der Wodkaimporteur Schamil Tarpischtschew – sie alle lieben Reichtum und Macht und tun viel dafür, an beides zu gelangen. Sofern sie dem IOC nicht direkt angehören, machen sie im schützenden Schatten der fünf Ringe blendende Geschäfte. Abgerechnet wird dabei in Milliarden – Dollar, nicht türkische Lira.

Fast alle dieser obskuren Figuren unterhalten erstklassige Kontakte zu Juan Antonio Samaranch. Der IOC-Papst zieht Vermittler aus dem Graubereich der Legalität offenbar magisch an. Sie umschwirren ihn wie Motten das Licht: Ölhändler, Holzhändler, Schnapshändler, Baumwollhändler, Waffenhändler, Stimmenhändler, Geldwäscher. Was macht Samaranch, wenn er mit seinem Diplomatenpaß durch die Welt reist? Was treiben seine vielen Wirtschaftsadvokaten und Firmenberater, wenn sie umherjetten? Was leisten sie außer ihrem angeblichen Dienst am Sport? Vor allem transnationales Wirtschaftslobbying, ein ehrenwerter Job, der in jenen Kreisen sehr in Mode ist und dem sich auch Thomas Bach widmet, der deutsche Olympier auf Samaranchs Schoß.

Ein Mann wie der traurige sudanesische General Abdel Gadir war in diesem großen Spiel nur ein Statist. Hereinspaziert in die olympische Spezialdemokratie.

Weißwäscher vom Dienst

Eine hochkarätige Abordnung ließ sich am 6. Dezember 1994 zum Polizeigericht des Schweizer Kantons Vaud in Lausannes Rue du Valentin 34 chauffieren. Den schweren Limousinen entstiegen die Führer des Weltsports: IOC-Präsident Juan Antonio Marqués de Saramanch, sein langjähriger Vizepräsident Kéba Mbaye, Richter am Internationalen Gerichtshof in Den Haag, der damalige IOC-Vize Marc Hodler, ein Anwalt aus Bern, und IOC-Generaldirektor François Carrard, ein Anwalt aus Lausanne. Von soviel Prominenz war der Polizeirichter Jean-Daniel Martin, der sich gründlich vorbereitet hatte, sehr beeindruckt. Um so mehr, als dann Carrard vehement gegen Angeklagte zu Felde zog, die gar nicht erschienen waren, weil ihnen die Teilnahme an diesem vom IOC angestrengten Schauprozeß sinnlos erschien.

Das IOC hatte eine Verleumdungsklage gegen die beiden Londoner Journalisten Andrew Jennings und Vyv Simson angestrengt. In ihrem 1992 veröffentlichten und weltweit beachteten Buch *The Lords of the Rings* hätten sie, laut Carrard, »die Grenzen der akzeptierbaren Kritik überschritten«. Das Buch sei voller »Unwahrheiten«: Samaranchs Vergangenheit als glühender Franco-Anhänger, das IOC eine der Mafia ähnelnde Organisation, der Präsident ein geldsüchtiger Diktator, Korruption bei der Vergabe von Olympischen Spielen und beim Postengeschacher im Weltsport. Über den Vorwurf, die Autoren hätten gelogen, durfte man damals schon lachen. Je mehr Jahre vergingen, desto lustiger wurde die Angelegenheit, wenngleich es für Jennings, der dem olympischen Metier treu blieb und zwei weitere Bücher veröffentlichte, zeitweise gar nicht lustig war. So verweigerte ihm das IOC bis 1999 sämtliche Akkreditierungen und schränkte damit seine Arbeitsmöglichkeiten ein. Die Strafe indes, die der Richter Martin am 8. Dezember 1994 gegen beide Autoren aussprach, hat Jennings mit britischem Humor in den »Samaranch-Literaturpreis« umgedeutet: Weder ging er fünf Tage ins Gefängnis, noch hat er die Prozeßkosten bezahlt.

Vielleicht sollte erwähnt werden, daß damals auf Druck aus der Schweiz auch Scotland Yard, Dezernat für internationale und organisierte Kriminalität, eingeschaltet war (gegen die Journalisten, nicht gegen das IOC); daß die »Verurteilung« aufgrund eines mittelalterlichen Verleumdungsparagraphen erfolgte, der so nur im Kanton Vaud (und vielleicht in einigen Diktaturen) gilt, und daß es den Angeklagten nach Artikel 173, Absatz 3 des Strafgesetzbuchs nicht erlaubt war, »Beweise anzutreten« für ihre Behauptungen. Mit diesem Urteil gingen promovierte Juristen im IOC, wie Thomas Bach, hausieren, als wäre es das Evangelium.

So harmlos sich heute, nach vielen weiteren Enthüllungen, manche Passagen des Buches lesen, damals war *The Lords of the Rings* ein Hammerschlag. Zahlreiche altgediente Olympier betrachten Jennings als größten Feind und Hauptverantwortlichen dafür, daß das IOC in der öffentlichen Meinung so tief gesunken ist. Auch gewissen Vertretern aus dem Pressekorps blieb er verhaßt. Einige Hofberichterstatter haben sich damals mächtig ins Zeug gelegt für das IOC und besonders für Samaranch. David Miller etwa, seinerzeit Sportchef der Londoner *Times* und offizieller Samaranch-Biograph, durfte im Mai 1992 sogar auf einer Sitzung der IOC-Exekutive über das vermeintliche Machwerk referieren. Da listete der füllige Miller, Spitzname *Fat Dave,* dann mit der Akribie eines Buchhalters angebliche »Verdrehungen«, »Verzerrungen« und »Unterstellungen« auf sowie »sieben bis acht Beweise der Ignoranz darüber, wie das IOC und die Internationalen Föderationen arbeiten«.

Ein deutscher Medienvertreter, der den *NOK-Report* ediert, das Mitteilungsblatt des Nationalen Olympischen Komitees (NOK), nahm den in der ARD ausgestrahlten (und preisgekrönten) Film zum Buch von Jennings und Simson aufs Korn. In einem Leserbrief an die Zeitschrift *Sportjournalist* schrieb Willy Ph. Knecht: »Den für die offenbar unkundige Redaktion nicht erkennbaren Hintergrund des Horrorfilms bilden latente Bestrebungen, das IOC per Diffamierung zu zerschlagen, um dadurch sportfremden Mächten den Zugriff auf die Olympischen Spiele und deren kommerzielle Ausbeutung zu ermöglichen.« Die Argumentationsweise ist albern, aber typisch für Samaranchs Welt, sie wird uns noch oft begegnen. Gern entwirft man Verschwörungstheorien und unterstellt, daß die Kritiker von der Arbeit des IOC viel zuwenig verstehen. Miller und Knecht eint übrigens nicht nur die Abscheu vor Andrew Jennings: Beide wurden vom IOC mit olympischen Orden geehrt, beide verdienten sich auch als Berater und Lohnschreiber für verschiedene Olympiabewerbungen ein Zusatzbrot. So kommen ihre Beiträge – unter journalistischem Hygieneaspekt betrachtet – nur denen von Hofnarren gleich.

Marc Hodler hat einmal gesagt, ihn hätte an *The Lords of the Rings* am meisten betrübt, daß das IOC als Mafia dargestellt worden sei. Fast auf den Tag genau sechs Jahre nach seinem Besuch im Polizeigericht, weilte Hodler wieder in seiner zweiten Heimatstadt Lausanne. Offenbar hatte ihn, den mittlerweile Achtzigjährigen, nun die Weisheit des Alters ereilt. Wie anders war zu erklären, daß er, der sich stets vehement gegen »bösartige Unterstellungen« verwahrt hatte, nun im IOC-Glaspalast im Stadtteil Vidy so vom Leder zog: Er sprach von »klarer Korruption« in Salt Lake City, vom organisierten Stimmenkauf auch in seinem Ski-Weltverband FIS, von schmutzigen Werbekampagnen, vom verachtungswürdigen Wirken sogenannter Agenten. Er kenne keine Stadt, der Olympische Spiele auf »unangreifbare Weise« zugesprochen wurden. Keine Frage: Hodler, seit 1963 IOC-Mitglied und zwei Jahrzehnte lang als Hauspolizist und Tugendwächter für Olympiabewerbungen zuständig, hatte mafiöse Strukturen skizziert. Nun sollte es sich endgültig festsetzen im Bewußtsein der Weltöffentlichkeit – das geflügelte Wort von der IOC-Mafia, die den Sport regiert.

Das Exekutivkomitee reagierte pikiert und entschuldigte

sich beim Fiat-Chef Gianni Agnelli, den Hodler als einen der Drahtzieher im Hintergrund ausgemacht hatte, weil er mit seinem Geld Großereignisse wie Skiweltmeisterschaften und Winterspiele in seine Bergregion Sestriere holt. Hodler bekam von Samaranch umgehend »einen Maulkorb verpaßt«. In einem ausführlichen Interview mit der *Neuen Zürcher Zeitung* hat er seine Darstellungen nach ein paar Tagen trotzdem sogar noch präzisiert. Eine »Fäulnis am Olymp« diagnostizierte das Blatt seinerzeit.

Wie sich die Zeiten ändern. Nach langer Verbannung erhielt Andrew Jennings zur Weltdopingkonferenz Anfang Februar 1999 plötzlich eine Akkreditierung vom IOC. Auf der ersten großen Pressekonferenz im Kinosaal des Palais de Beaulieu wurde Generaldirektor Carrard vom Berichterstatter der *New York Times* prompt gefragt, ob er sich nicht endlich entschuldigen wolle bei Jennings. Arrogant bügelte der bullige Verwaltungschef den Fragesteller ab. Jennings hätte nur Lügen verbreitet und niemals Beweise für seine Thesen erbracht. Daraufhin meldete sich Jennings selbst zu Wort: »Monsieur Carrard, würden Sie den Kollegen bitte sagen, welche Lügen ich verbreitet haben soll. Und würden Sie ihnen auch sagen, wie das IOC die freie Presse kriminalisiert hat?« Carrard unterbrach Jennings abrupt. Dies sei »keine Pressekonferenz Jennings contra Carrard, sondern eine IOC-Pressekonferenz für die freie Presse«. Die aber hatte keine Fragen mehr an Carrard. Während der IOC-Manager wütend den Saal verließ, wurde der Brite von Dutzenden Reportern und Kamerateams umlagert.

Am Ende des für das IOC katastrophalen Jahres 1999 verteilte die Kommunikationsabteilung einen dicken Wälzer mit dem Titel *IOC background information,* in dem die Presse-Berichterstattung über die Stationen der Not in Zahlen, Tabellen, Schlagworte, bunte Diagramme und Grafiken umgewandelt und in schlichte, eingängige Thesen transformiert worden war: Erstens habe die Öffentlichkeit wieder einmal zuwenig über Struktur, Arbeitsweise und bahnbrechende humanitäre Leistungen des IOC gewußt. Deshalb sei es zweitens zu großen Teilen eine Medienkrise gewesen (oft genug hatten IOC-Vertreter wie Samaranch und Bach die Berichterstattung gerügt – am liebsten bei den Vorgesetzten der Berichterstatter). Und drittens sei die Krise nun beendet, da doch der Olympiakonzern mit einigen Regelmodifikationen seine Transparenz und sein demokratisches Grundverständnis unter Beweis gestellt habe. Die Sache könne endlich zu den Akten gelegt werden. So hätten es die Sportsfreunde aus Lausanne gern gesehen.

In der Broschüre waren die Ereignisse fein säuberlich in ein Zeitraster gepreßt: Der 24. November 1998, als die lokale Fernsehstation KTVX in Salt Lake City einen bedenklichen Bericht über die Rundumbetreuung von IOC-Mitgliedern und deren Familienangehörigen sendete. Der 1. Dezember 1998, als Präsident Samaranch, wie es sich für eine herausragende Führungsperson gebot, sofort eine Untersuchungskommission einberief – mit eigenen Leuten, geführt von Richard Pound. Der 11. Dezember 1998, als Marc Hodler in Lausanne hochinteressante Details ausplauderte. Der 24. Januar 1999, als die Exekutive nach einer Sitzung mit der Adhoc-Kommission erste Bestrafungen empfahl. Die 108. Session im März 1999, die sechs Mitglieder ausschloß, Samaranch im Amt bestätigte, der dann die Gründung einer Ethik- und einer Reformkommission verfügte. Die 109. Session im Juni 1999 in Seoul, die von Medienvertretern erstmals auf Monitoren verfolgt werden durfte, und die in einem etwas abgeänderten Verfahren Turin zum Ausrichter der Olympischen Winterspiele 2006 kürte, obgleich Sion nach einem offiziellen Bericht die bessere Bewerbung angeboten hatte. Und schließlich die 110. Session im Dezember 1999 in Lausanne, auf der rund fünfzig mehr oder weniger wichtige Regeländerungen verabschiedet wurden. Mit dem 12. Dezember 1999, so die offizielle Diktion, war die Sache ausgestanden. *The crisis is over,* gab Samaranch der Weltpresse bekannt.

Ist dem IOC da tatsächlich ein komplizierter Doppelsalto

gelungen? Was war so neu an diesem, nun 113 Personen umfassenden Gremium, außer dem Sachverhalt, daß erstmals zehn (ab 2002 dann 15) von den Olympiateilnehmern bestimmte Athletensprecher vertreten waren? Bei der Abschlußzeremonie im Palais de Beaulieu fühlten sich die Beobachter schon wieder in alte Zeiten zurückversetzt. Zu »stehenden Ovationen« hatte der IOC-Doyen, der skandalumwitterte João Havelange, Jahrgang 1916, seine Gefährten aufgefordert. Das Völkchen gehorchte dem Brasilianer aufs Wort und spendete erlösenden Beifall für Samaranch, Jahrgang 1920, den Havelange zuvor mit einer lobhudelnden Laudatio beglückt hatte. »Ich danke für diese Geste der Freundschaft«, säuselte der greise Präsident. »Wir haben Wort gehalten. Im neuen Jahrtausend haben wir ein neues IOC.« Dann schlug er sein Hämmerchen auf den Tisch und beendete den Konvent.

Beim Plausch auf den Fluren erwies sich einmal mehr, warum das System Samaranch noch funktioniert. Der Österreicher Philipp von Schoeller etwa hatte seinen Präsidenten während der Sitzung zu einer klaren Stellungnahme in Sachen Korruption aufgefordert. Samaranch brachte jedoch nur seine hölzerne Standardfloskel, daß er den Mitgliedern hundertprozentig vertraue. »Ich hätte gern mehr gehört, wir hätten auch mehr verdient«, moserte von Schoeller hinterher. Warum hat er nicht mehr eingefordert drinnen im Saal? »Bitte strapazieren Sie meine Loyalität nicht.« Loyalität, Einheit, Ehre – diese Begriffe gehören immer noch zum Grundwortschatz des IOC, sie wurden in Lausanne entsprechend inflationär benutzt.

Genaugenommen hatte das IOC sein Versprechen, in Windeseile zu einem demokratischen Gremium zu mutieren, schon mit einer der ersten Aktionen der 110. Session karikiert. Denn ganz oben auf der Agenda stand die Vereidigung eines Sportfunktionärs, der zu den gerissensten des Planeten zählt. Also schwor Joseph Blatter, der Präsident des Fußball-Weltverbandes FIFA, einen olympischen Eid, sich nie dem Kommerz zu beugen, auch das Wort Fairplay kam ihm leicht über die Lippen. Im Kinosaal, in dem die Presse die Session verfolgen durfte, wurde schallend gelacht.

Nach Blatters Vereidigung setzte sich die Belustigung beim Auftritt der IOC-Generalsekretärin Françoise Zweifel fort, die das Programm der Session vorstellen sollte und sich dabei auf Essenszeiten und Transportmöglichkeiten beschränkte. Vor Beginn der Diskussion handelte Samaranch routiniert eine weitere Personalie ab. Nach dem Tod von Primo Nebiolo sei der Leichtathletik-Weltverband IAAF im IOC nicht mehr vertreten, erklärte Samaranch – ungeachtet der Tatsache, daß Arne Ljungqvist (Schweden), der erste IAAF-Vizepräsident, seit vielen Jahren Mitglied ist. Samaranch schlug vor, noch schnell Nebiolos Nachfolger Lamine Diack (Senegal) per Akklamation und nach den alten Regeln als sogenanntes Ex-officio-Mitglied für die Dauer seiner IAAF-Amtszeit aufzunehmen. »Sind Sie einverstanden«, fragte der Präsident. Der Beifall kam prompt. Wie immer.

Wortbeiträge gab es viele im Verlauf der zweitägigen Sitzung. Diskutiert wurde vor allem dann, wenn man seine Pfründe gefährdet sah, also in Fragen der Mitgliedschaft (Alterslimit, Wählbarkeit, Amtszeit) und der Wahl von Olympiastädten. Zur Aufnahme der ersten zehn aktiven Athleten ins IOC erklärte der Syrer Samin Moudallal, dies sei »zwecklos und nicht berechtigt. Athleten sind keine Führungspersönlichkeiten und haben keine Erfahrung im administrativen Bereich.« Der damals dreiundachtzigjährige Havelange sah ebenfalls keinen Grund, die Regeln zu verändern. »Dann müßten ja dreißig Mitglieder ihren Hut nehmen«, greinte er. »Das ist nicht gerecht, denn sie sind gewählt worden und haben Rechte erworben.« Der Italiener Franco Carraro wies den Doyen zurecht: »Herr Havelange, Sie sollten die Regel zehn lesen, die sieht vor, daß kein IOC-Mitglied seine Rechte verliert.«

Dieser alles entscheidende Punkt war lange vor der Session geklärt worden: Bis zum Ende einer achtjährigen Übergangszeit bleibt für die meisten Mitglieder alles beim alten. Die Altersbegrenzung von siebzig Jahren (vorher achtzig Jahre) gilt nur für Neuankömmlinge, nicht für jene, die schon vor 1999 Mitglied waren. Persönliche Mitglieder müssen sich erst im Jahr 2007 zur Wahl stellen. Das Chaos war allgegenwärtig an jenem Dezemberwochenende in Lausanne. Völlig unklar blieb, wie das IOC seine neue Struktur durchsetzen will. Künftig soll es aus 70 persönlichen Mitgliedern (maximal eines pro Land), 15 Präsidenten Nationaler Olympischer Komitees, 15 Präsidenten von Welt-Sportverbänden und 15 aktiven Athleten bestehen. Bis es Ende des Jahrzehnts aber soweit ist, könnte das IOC auf bis zu 150 Mitglieder anschwellen.

Ziemlich erbittert wurde über die olympische Reisetätigkeit gestritten. Die meisten der etwa vierzig Redner wollten sich das Recht nicht nehmen lassen, auch weiterhin Olympiabewerberstädte aufzusuchen. Als es dann zur Abstimmung kam, stellte Samaranch eine clevere Frage: »Wer ist für Besuche?« Zehn Mitglieder hoben den Arm, der Deutsche Walther Tröger enthielt sich der Stimme, 89 stimmten dagegen. Die letzte schwere Hürde war genommen. Samaranch kennt seine Pappenheimer, bei denen – wenn es darauf ankommt – immer wieder die Feigheit siegt. Aber der Reisepassus ließ viele Fragen offen. Es wurde lediglich beschlossen, daß Besuche von IOC-Mitgliedern in Bewerberstädten wie auch Gegenbesuche der Bewerber »nicht nötig« sind. Keinerlei Aussagen traf man über mögliche Sanktionen. Ob man nun Reisen als Privatperson, IOC-Mitglied, NOK-Chef oder als Unternehmer unternimmt, läßt sich ohnehin kaum unterscheiden, erklärte Tröger, der sich seine Reisen ebensowenig verbieten läßt wie der Grieche Lambis Nikolaou, die britische Prinzessin Anne oder der holländische Prinz Willem von Oranjen. Den Interpretationen waren keine Grenzen gesetzt, so sah sie also aus die neue olympische Volldemokratie.

Die grundsätzlich zu befürwortende Aufnahme der Sportler mißriet auch ein wenig. Künftig soll es ja so sein, daß sich jeder IOC-Kandidat zuerst einem kleinen Prüfungsgremium stellt. Da aber Ende 1999 alles schnell gehen mußte, weil Samaranch zur Berichterstattung zwei Tage später vor dem US-Kongreß in Washington Ergebnisse vorweisen wollte, wurden die Aktivenvertreter allesamt durchgedrückt. Obgleich zwei der neuen Mitglieder ins Dopingzwielicht gerückt waren. Für die Italienerin Manuela di Centa, mehrfache Olympiasiegerin im Skilanglauf, interessierte sich die wegen systematischen Dopings ermittelnde Staatsanwaltschaft von Ferrara. Die ehemalige kanadische Sprinterin Charmaine Crooks war bereits ein Jahrzehnt zuvor im Report des Richters John Dubin aufgetaucht, der die Dopingaffäre um den 100-Meter-Sprinter Ben Johnson untersucht hatte. Johnson wurde bei den Olympischen Spielen 1988 in Seoul des Anabolikadopings überführt und gilt seither als prominentester Doper der Sportgeschichte. Er mußte die Goldmedaille zurückgeben, sein Weltrekord wurde annulliert. Sein Trainer Charlie Francis sagte später vor Richter Dubin unter Eid aus, auch Charmaine Crooks gedopt zu haben. Frau Crooks aber gelangte nun nicht nur ins IOC, sie werkelte sogar schon eine Zeitlang in der neuen Ethikkommission. Ihre IOC-Kollegen fanden das normal. Dubin-Report? »Welcher Name steht schon nicht in irgendeinem Bericht«, konterte der Exekutivler Jacques Rogge aus Belgien lapidar. Rogge zählt zu den Favoriten auf die Nachfolge Samaranchs.

Ob nun Manuela di Centa oder Charmaine Crooks, die offizielle IOC-Geschichtsschreibung sparte die Aufarbeitung solcher Fälle aus. Die olympische Weißwaschanlage drehte sich im Schnelldurchlauf.

Gleich zu Beginn des Jahres 1999 hatte die IOC-Führung die erfahrene PR-Firma Hill & Knowlton angeheuert. In einem internen IOC-Papier war dazu ein Sonderbudget von 2,5 bis fünf Millionen Dollar empfohlen worden. Diese Aktion hatte nur ein Ziel: Das stark ramponierte Image des Olympiakonzerns und besonders seines Präsidenten Samaranch zu korrigieren. Also konzentrierten sich die Schönfärber von Hill & Knowlton, mit Büros weltweit vertreten, besonders auf die Vereinigten Staaten – wegen der Nähe zu Salt Lake City, weil in den USA neun von elf Sponsoren beheimatet sind, weil amerikanische Politiker am lautesten Reformen und die Ablösung Samaranchs eingefordert hatten und damit gedroht worden war, den Sponsoren Steuervergünstigungen zu streichen. Laut einem internen IOC-Papier sollten »negative wirtschaftliche und juristische Auswirkungen minimiert« werden. Das IOC-Krisenmanagement wurde fortan entscheidend von einem gläsernen Büroturm in New Yorks Upper East Side aus betrieben. Hill & Knowlton koordinierte Termine, legte gerissene Strategien – »Verantwortung übernehmen, ohne Schuld einzugestehen« – und schönfärberische Medienauftritte fest, erstellte eine Liste mit unbotmäßigen Berichterstattern, überschwemmte die Welt mit Erfolgsmeldungen aus dem Olymp. »Ohne diese Beratung«, vermutete IOC-Sprecher Franklin Servan-Schreiber, »hätten wir diese Phase vielleicht nicht überstanden.« Servan-Schreiber, einst Mitarbeiter von *Paris Match* und in der Verwaltung gerade erst vom Internetverantwortlichen zum Kommunikationsdirektor aufgestiegen, bekam einen smarten Mitarbeiter von Hill & Knowlton, Michael Kontos, quasi ins Büro gesetzt.

»Niemand ist besser darin, eine Krise zu kontrollieren als Hill & Knowlton«, davon war IOC-Marketingdirektor Michael Payne überzeugt. Wie unsentimental die Firma fürs Grobe mitunter vorzugehen pflegt, beschrieb das Schweizer Nachrichtenmagazin *Facts:* »Zu zweifelhaftem Ruhm kam Hill & Knowlton zu Beginn der neunziger Jahre als skrupellose Vertreterin Kuwaits. Kurz nach dem Einmarsch irakischer Truppen in der Ölscheichkommune erhielt die PR-Agentur für 5,6 Millionen Dollar den Auftrag, die Welt auf einen großangelegten Angriff auf Irak einzustimmen. Das gelang mit einem dreisten Trick. Die Lobbyisten führten dem Senatsausschuß in Washington ein 15jähriges Mädchen vor, das angeblich zugegen war, als irakische Soldaten in kuwaitischen Spitälern Brutkästen mitsamt zu früh geborenen Babys zertrümmerten. Die Barbarei schockte die Welt. Der damalige

US-Präsident George Bush blies zum Angriff. Nur: Die Schauermär war erfunden, die vermeintliche Augenzeugin die Tochter des kuwaitischen Botschafters.« Jahre nach dem Golfkrieg wurde der perfide Trick aufgedeckt. Oft war Hill & Knowlton mangelnde Moral bei der Auswahl der Kundschaft vorgeworfen worden. Man vertrat die Church of Scientology oder Haitis einstigen Mörderpräsidenten Baby Doc Duvalier, einen radikalen amerikanischen Anti-Abtreibungsverband oder Staaten wie China und die Türkei, die nicht zu den vehementesten Verfechtern der Menschenrechte zählen. Unter diese erlesene Klientel mit Imageproblemen mischte sich nun das IOC.

Als das *Wallstreet Journal* Ende 1999 pikante Details der Abmachungen mit Hill & Knowlton veröffentlichte, staunte das Fußvolk im olympischen Parlament. 1,75 Millionen Dollar waren schon verpulvert worden für die Imagewäsche von Samaranch & Co. »Mir wurde über diese Ausgaben nie etwas gesagt«, beschwerte sich der Norweger Gerhard Heiberg. »Als IOC-Mitglied hätte ich aber informiert werden müssen. Besonders in einer Zeit, da Samaranch das IOC offener und transparenter machen will.« Offenheit und Transparenz galten augenscheinlich nur für Samaranchs Zwölferrat, das Exekutivkomitee. In dem Umstand, daß Hill & Knowlton auch bei den Olympiabewerbern Athen (2004) und Toronto (2008) engagiert war, sahen die IOC-Bosse keinen Grund zur Besorgnis. Die Aufgaben würden von unterschiedlichen Teams realisiert, weshalb Interessenkonflikte ausgeschlossen seien.

Im Bewußtsein der Olympiavorsteher, die ja nichts anderes als Konzernmanager sind, ist ein gutes Image vor allem eine Frage der Finanzen. Und Geld hat das IOC mehr als genug. Also startete im Januar 2000 eine erste weltweite Werbekampagne unter dem schwülstigen Titel *Celebrate humanity,* Menschlichkeit feiern. Nach den vielen unappetitlichen Geschichten sollte die Aufmerksamkeit der Medien endlich wieder auf die Olympischen Spiele gerichtet werden, auf das einzige, was laut IOC-Diktion »wirklich wichtig ist«. Sechs Fernseh-, acht Radiospots und mehr als ein Dutzend Zeitungsmotive ließ das IOC dazu erstellen. »Wieviel uns die Sache kostet, können wir erst nach den Spielen in Sydney sagen«, erklärte Marketingchef Payne, »aber wieviel es auch sein mag, in jedem Fall wird es ein Beitrag für die olympische Bewegung sein.« Natürlich, die Bewegung, die gibt es ja auch noch. Das IOC greift clever auf jene zurück, deren Belange es zu oft ignoriert – die Athleten. Bei seinen Werbespots schöpft das IOC aus dem Fundus einer hundertjährigen Historie, indem es einzigartige Sportler porträtiert: Wilma Rudolph zum Beispiel, die eine Kinderlähmung überwand und 1960 Sprint-Olympiasiegerin wurde; Luz Long und Jesse Owens, die Weitsprung-Rivalen von 1936; Shun Fukimoto, der 1976 mit gebrochenem Knie Turn-Olympiasieger wurde; John Stephen Akuhari aus Tansania, der 1968 im Marathonlauf eine Stunde nach der Siegerehrung ins Ziel kam und dennoch soviel Beifall erhielt wie Olympiasieger Mamo Wolde. Alles wunderbare Geschichten. Großartige Athleten, von denen sich das IOC ein sauberes Image borgt.

Der Fuchs im Hühnerstall

Das IOC, ein nach Schweizer Recht organisierter Privatverein, hat mit den Olympischen Spielen ein Weltkulturgut zu seinem Besitz erklärt. Mit der Durchführung dieser gigantischen Sportveranstaltung ist man jedoch kaum befaßt. Das 1894 gegründete IOC vergibt lediglich Lizenzen, es entscheidet unter reichlich dubiosen Umständen (frag nach bei Marc Hodler) über die Austragungsorte. Es legt in seiner *Charte Olympique* einige Formalien fest, vor allem Symbole und Zeremonien, denn darauf – und weniger auf inhaltliche Komponenten – ist man fixiert. Die komplette Verantwortung und jegliche Haftung bei der Durchführung der Sommer- und

Winterspiele liegt bei den Ausrichtern, nicht beim IOC. In Regel 40 der Charta heißt es: »Das NOK, das Organisationskomitee und die Gastgeberstadt haften gesamtschuldnerisch für alle Verpflichtungen, die sie einzeln oder gemeinsam hinsichtlich der Ausrichtung und der Durchführung der Olympischen Spiele eingegangen sind. (…) Das IOC übernimmt keinerlei finanzielle Haftung in dieser Hinsicht.«

Auch für den Schaden, den die olympischen Nassauer bei Dutzenden Olympiabewerbern angerichtet haben, kommt das IOC nicht auf. Versuche, wie in Quebec City und Nagano geschehen, das IOC in Regreß zu nehmen, müssen scheitern – denn die Olympier bewegen sich in einem exterritorialen und damit quasi rechtsfreien Raum. Liegen auch noch so viele Beweise für unsaubere Machenschaften vor, es ist nicht möglich, die Vergabe der Olympiastädte anzufechten.

Die keiner Haftung unterworfenen IOC-Mitglieder, die sich nach wie vor keiner demokratisch legitimierten, internationalen Kontrollinstanz unterwerfen, sondern nur den von ihnen ausgewählten Buchprüfern und von ihnen bestimmten Mitgliedern einer Ethikkommission, sie üben in ihrem Wirkungsbereich sämtliche Gewalten aus: Legislative, Exekutive und Judikative. »Die Machtfülle, die das IOC im olympischen Sport besitzt, wird in keinem anderen Politikfeld oder sozialen Handlungssystem von einer anderen nichtstaatlichen Institution erreicht«, analysierten die Tübinger Politikwissenschaftler Volker Rittberger und Henning Boekle. Die Herrschaftsform des IOC charakterisierten sie als autokratisch, patrimonial, oligarchisch – mit stark ideologischer Prägung, denn über allem steht die sogenannte olympische Idee. »Wir wissen durch andere irdische Heilslehren – die zweifellos mehr Unheil über die Welt gebracht haben als die olympische –, daß die Berufung auf sie sich selten mit demokratischen Maßstäben entsprechenden Herrschaftssystemen vereinbaren läßt. Schwerwiegender aber ist die Dementierung der olympischen Ideale durch die Praxis der olympischen Bewegung, die das olympische Ideal als falsches Bewußtsein decouvriert.« Der bemerkenswerte Aufsatz, der nichts von seiner Aktualität eingebüßt hat, erschien bereits 1997, zu einer Zeit, da Samaranch der *International Herald Tribune* noch darlegte, demokratische Reformen im IOC seien »selbstmörderisch«.

Das IOC läßt bei den Olympischen Spielen die Puppen tanzen. Seine Mitglieder beobachten das bunte Treiben von den besten Plätzen aus, und sie lassen sich die Krönung der Helden nicht nehmen. Blitzlichter und viel Publicity, ein Küßchen hier, ein Küßchen da, wenn die Ehrenämtler aus dem Ringe-Clan die Plaketten überreichen, das gefällt ihnen gut. Wenigstens in bezug auf diese Siegerehrungen hat es in der olympischen Welt schon eine kleine Revolution gegeben: Heutzutage stehen die Sportskanonen etwas erhöht – 1912 in Stockholm war es noch so, daß die Athleten zum Medaillenempfang vorbeidefilieren mußten am schwedischen König, der auf einem Podest zu verweilen geruhte.

Sehr aufmerksam überwacht das IOC die Einhaltung seiner Charta, zumindest jenen Teil, der für Nichtmitglieder gilt. Ordnung muß sein. Da kennt man traditionell keine Gnade, höchstens mit Dopingsündern. Mit der Hauptaufgabe ist jedoch nur ein kleines Grüppchen betraut, allen voran Vizepräsident Richard Pound. Chefunterhändler Pound treibt gemeinsam mit dem als Marketingdirektor angestellten Michael Payne bei Sponsoren und Fernsehanstalten die Dollars ein: den Lohn für die Leistungen der Athleten und die Leasingraten für die Nutzung der olympischen Symbole. Jahrelang geschah dies mit Hilfe der Marketingagentur International Sports and Leisure (ISL), wobei diese Partnerschaft nie seriös ausgeschrieben worden war. Adidas-Chef Horst Dassler, Gründer und Inspirator der ISL und des olympischen Vermarktungsprogramms, bekam auf einer Exekutivtagung in New Delhi die Rechte zugeschanzt. 1996 trennte sich das IOC in aller Stille von der ISL und gründete die Agentur Meridian, die seither das Milliardengeschäft betreut.

Im Olympiazyklus von 1997 bis 2000 werden von Fernsehsendern (vor allem die amerikanische NBC und die europäische EBU) und elf Mitgliedern des weltweiten Sponsorenpools TOP *(The Olympic Programme)* etwa 3,5 Milliarden Dollar erlöst. Ein Teil der von Sponsoren eingegangenen finanziellen Verpflichtungen wird in Sachleistungen abgegolten. Meridian und die IOC-Verwaltung verteilen die eingegangenen Milliarden nach einem hart umkämpften Schlüssel: Derzeit bekommen die Organisationskomitees (Nagano 1998 und Sydney 2000) insgesamt rund 1,5 Milliarden Dollar; die mehr als 200 Nationalen Olympischen Komitees 400 Millionen (davon allein 200 Millionen für das United States Olympic Committee/USOC, weil die meisten Geldgeber in den USA beheimatet sind); die derzeit 35 olympischen Sportföderationen 210 Millionen; darüber hinaus gibt es kleinere Sonderfonds. Das IOC behält 7 Prozent der Summe ein, »lediglich 7 Prozent«, wird penetrant betont. Dabei sind eine Viertelmilliarde Dollar als Transaktionsgebühr kein schlechter Lohn.

Die Anteile der verschiedenen Organisationen am Marketingerlös werden immer wieder neu verhandelt. Die NOKs fordern über ihre Dachorganisation ANOC genauso höhere Anteile ein wie die Dachverbände der olympischen Sportarten, ASOIF (Sommer) und AIWF (Winter). Da das IOC gegenüber den meisten Föderationen, die auf Gedeih und Verderb auf Erlöse aus den Spielen angewiesen sind, am längeren Hebel sitzt, ergeben sich sehr subtile Druckmittel. Eines ist die Aufnahme (oder der Rausschmiß) von Sportarten ins olympische Programm. Zugleich ein Bereich, in dem das IOC die Regeln der Charta sehr großzügig auslegt. Eine klare Politik ist nur insofern zu erkennen, als Samaranch 1994 die Zulassungskommission, die das Programm eigentlich revolutionieren und modernisieren sollte, kurzerhand aufgelöst hat. Seither bestimmt das Exekutivkomitee allein, was bei den Spielen passiert. Ein Umstand, der seltsame Blüten trieb, etwa im Spätsommer 1997, als Samaranch zum wiederholten Male erklärte, der Moderne Fünfkampf werde verschwinden,

»ganz gewiß«. Ein paar Tage später hatte er sich revidiert. Offenbar war dem Greis kurzzeitig entfallen, daß Sohnemann Juan Antonio junior im Fünfkampfverband den Vizepräsidenten mimt.

Geld und Macht sind die Komponenten, die in dieser Welt zählen. Im olympischen Wettbewerb mischen noch vielerlei andere Institutionen mit, die nicht immer die Notwendigkeit ihrer Existenz darzulegen vermögen. Es gibt sie, das ist wichtig, weil man dann mitreden kann. So existieren ein Superverband für alle Sportarten (olympische und nichtolympische) mit Namen GAISF, zahlreiche kontinentale Untergruppierungen, natürlich die nationalen Verbände, eine jede Sparte hat ihre eigene Organisation. Diese Gremien offerieren weitere Vorstandsposten, Sitze in Kommissionen und Ehrenmitgliedschaften. Wer sich ein paar Ämter gesichert hat, kann mühelos von Kongreß zu Kongreß, von Meisterschaft zu Meisterschaft eilen, man tagt mal hier und mal dort, alles ist miteinander vernetzt. Kaum wurde vor Ort die Vorbereitung des übernächsten Titelkampfs überprüft, muß auf einem anderen Kontinent schon die Planung der Sitzung einer Unterkommission erfolgen, schließlich war die Frau Gemahlin dort noch nie. Und daheim wartet der Sportminister, der etwas Wichtiges wissen will. Der neue Fernsehvertrag ist auch noch nicht unter Dach und Fach. Da kommt man als Ehrenämtler ganz schön ins Schwitzen, aber es dient ja dem guten Zweck. Tausende wichtige Funktionäre opfern sich auf, sie buhlen um Finanzen, Veranstaltungen, Perspektiven und Positionen. Sie schmieden Allianzen, bilden Fronten, fahren Kampagnen, ködern Sponsoren. Diese Aufzählung läßt erahnen, wie geschäftig es zugeht in diesem Mikrokosmos – das Ganze nennt sich dann Sportpolitik.

Der Kampf um die teuren, aber prestigeträchtigen Olympischen Spiele nimmt in dem sportpolitischen und ökonomischen Beziehungsgeflecht eine zentrale Stellung ein. Um die Sommerspiele 2008 wetteifern schon wieder zehn Metropolen. Das war nicht immer so. Als Ende der siebziger Jahre Los

Angeles die Sommerspiele für 1984 zugesprochen wurden, gab es keinen Gegenkandidaten. Niemand hatte sich bis dahin richtig mit den Vermarktungsmöglichkeiten der Spiele befaßt. Viele Olympier pflegten noch den Amateurgedanken und hielten Kommerz per se für Teufelswerk. Wirtschaftskrisen und Kalter Krieg taten ein übriges. Medienkonzerne und Sponsoren waren noch weit von globalen Vernetzungsmöglichkeiten entfernt. Montreal, Ausrichter 1976, stöhnt bis heute unter der Schuldenlast. In Moskau, Ausrichter 1980, kam Väterchen Breschnew mit seiner Staatsschatulle für die enormen Kosten auf.

Los Angeles war ein Wendepunkt. Organisationschef Peter Ueberroth erwirtschaftete mit eisernem Kostenmanagement und einem wilden Reklamerodeo einen Überschuß von 225 Millionen Dollar. Zu diesem Zeitpunkt hatte Dassler seine Agentur ISL bereits gegründet und seine Idee von der weltweiten Vermarktung der olympischen Symbole im TOP-Programm umgesetzt. Der Erfolg von Los Angeles und der zunehmende Druck auf dem Medienmarkt beflügelte auch die TV-Verhandlungen. Erst spät brachte Richard Pound die Verträge für 1988 unter Dach und Fach. Das Warten und Taktieren hatte sich gelohnt. Die Fernseheinnahmen stiegen rasant: von 110 Millionen Dollar (1980 für Lake Placid und Moskau) über 400 Millionen (1984 Sarajewo und Los Angeles), 800 Millionen (1988 Calgary und Seoul) auf 950 Millionen (1992 Albertville und Barcelona). Allein die Fernsehrechte für Sydney 2000 kosten mehr als 1,3 Milliarden Dollar. Im TOP-Programm wurden folgende Summen generiert: 95 Millionen Dollar (1985–88), 175 Millionen (1989–92), 350 Millionen (1993–96), 500 Millionen (1997–2000).

Diese ab Mitte der achtziger Jahre realisierten exorbitanten Steigerungsraten weckten Begehrlichkeiten in aller Welt. Natürlich hatte es auch in den Jahrzehnten zuvor diskrete Absprachen bei der Vergabe der Spiele gegeben, und das schon zu jener fernen Zeit, als IOC-Mitglieder ihre Reisekosten noch selbst begleichen mußten. Doch der ausufernde, unlautere Wettbewerb begann erst in den achtziger Jahren. So ließ Australiens Medienzar Rupert Murdoch, der Melbournes Bewerbung unterstützte, auf der IOC-Session 1985 in Ost-Berlin im Pergamon-Museum auftafeln: Meeresfrüchte und andere Köstlichkeiten im Wert von mehr als einer Million australische Dollar waren eingeflogen worden. Unter den Bewerbern um die Sommerspiele 1992 befand sich auch Samaranchs Heimatstadt Barcelona. Doch bevor wir uns der Frage widmen, wie die Spiele nach Barcelona kamen, bemühen wir die Statistik, eine Aufstellung aller Olympia-Entscheidungen seit Mitte der achtziger Jahre.

Winterspiele 1992: Albertville (51 IOC-Stimmen) gegen Sofia (25) und Falun (9) im fünften Wahlgang. Zuvor ausgeschieden: Berchtesgaden (6), Anchorage, Cortina d'Ampezzo und Lillehammer. Entscheidung 1986 in Lausanne.

Sommerspiele 1992: Barcelona (47) gegen Paris (23), Belgrad (5) und Brisbane (1) im dritten Wahlgang. Zuvor ausgeschieden: Amsterdam, Birmingham. Entscheidung 1986 in Lausanne.

Winterspiele 1994: Lillehammer (45) gegen Östersund (39) im dritten Wahlgang. Zuvor ausgeschieden: Sofia und Anchorage. Entscheidung 1988 in Seoul.

Sommerspiele 1996: Atlanta (51) gegen Athen (35) im fünften Wahlgang. Zuvor ausgeschieden: Belgrad, Manchester, Melbourne und Toronto. Entscheidung 1990 in Tokio.

Winterspiele 1998: Nagano (46) gegen Salt Lake City (42) im vierten Wahlgang. Zuvor ausgeschieden: Aosta, Jaca und Östersund. Entscheidung 1991 in Birmingham.

Sommerspiele 2000: Sydney (45) gegen Peking (43) im vierten Wahlgang. Zuvor ausgeschieden: Istanbul, Berlin (9) und Manchester. Entscheidung 1993 in Monte Carlo.

Winterspiele 2002: Salt Lake City (54) gegen Sion (14), Östersund (14) und Quebec (7) im ersten Wahlgang. In der Vorausscheidung: Graz, Jaca, Poprad, Sotschi und Tarvisio. Entscheidung 1995 in Budapest.

Sommerspiele 2004: Athen (66) gegen Rom (41) im vierten Wahlgang. Zuvor ausgeschieden: Buenos Aires, Stockholm, Kapstadt. In der Vorausscheidung: Istanbul, Lille, Rio de Janeiro, San Juan, Sevilla, St. Petersburg. Entscheidung 1997 in Lausanne.

Winterspiele 2006: Turin (53) gegen Sion (36) im Finale. Zuvor ausgeschieden: Klagenfurt, Helsinki, Poprad-Tatry, Zakopane. Entscheidung 1999 in Seoul.

Sommerspiele 2008: Zehn Kandidaten nach Ablauf der Meldefrist: Bangkok, Havanna, Istanbul, Kairo, Kuala Lumpur, Osaka, Paris, Peking, Sevilla, Toronto. Entscheidung im Juli 2001 in Moskau.

Die Geschichte der Bewerbung Barcelonas beschrieben die katalanischen Autoren Jaume Boix Angelats und Arcadio Espada in ihrer kritischen Samaranch-Biographie *El Deporte del Poder.* Barcelona hatte ein gutes Projekt, heißt es darin, »womöglich das beste, doch dies war auf dem IOC-Markt alles andere als eine Erfolgsgarantie. Der Beitrag des Präsidenten, der für die Erlangung der Spiele sehr wertvoll und vielleicht entscheidend war, bestand darin zu erklären, wie man die Stimmen der Mitglieder gewinnen konnte: Nicht etwa durch ein Standardprogramm, das nur auf der Qualität des Produkts beruhte, als ob es an ein anonymes Publikum gerichtet war, sondern durch einen individuell abgestimmten Umgang mit den Mitgliedern, durch das Schneidern von Maßanzügen. Es ging weniger darum, ein Produkt zu verkaufen, als darum, Wohlwollen zu gewinnen. Wie dies zu bewerkstelligen war, demonstrierte er mit seiner Kenntnis des Terrains und der Menschen. Er zeigte den Weg auf – und wie er zu beschreiten war. Über diese Sache sprachen IOC-Präsident und Bürgermeister im Februar 1985 in aller Deutlichkeit, während eines Abendessens im Hause des Unternehmers Leopoldo Rodes.«

Bewerberchef Rodes und der auf Samaranchs Betreiben 1985 ins IOC geratene Carlos Ferrer Salat (s. S. 104) wurden beauftragt, den Unternehmerverband Barcelona 1992 zu gründen. »Ferrer und Rodes übernahmen auch die internationalen Beziehungen. Sie zählten auf die unschätzbare Zusammenarbeit mit José Mercer Varela, einem alten Kenner des Innenlebens der olympischen Bewegung, der half, ein wertvolles Dossier der Mitglieder zu erstellen, und mit ihnen zahlreiche Einzelgespräche führte.« Die Bewerber hätten jedes IOC-Mitglied im Schnitt siebenmal besucht, jede Vollversammlung, jedes Treffen oder internationale Event nutzend. Sie bereisten 57 Länder und suchten am Ende nochmals jedes Mitglied persönlich »in seinem privaten Domizil auf, um das Dossier der Kandidatur zu übergeben und seine Stimmen zu erbitten. Eine gewissenhafte Arbeit.« Unter Anleitung Samaranchs.

Insgesamt, so heißt es, hätte die IOC-Familie, »Reisen, Geschenke und Aufmerksamkeiten inklusive«, Barcelona rund vier Millionen Mark gekostet. Das ist doppelt soviel, wie Salt Lake City Jahre später für die kreglen Kostgänger verbriet. Und doch weniger, als Jahre zuvor die Seoul-Bewerbung von Samaranchs koreanischem Busenfreund Kim Un Yong gekostet haben soll. Da wurden spektakuläre Geschenke gemacht und die Mitglieder gleich samt Familie zu Luxusaufenthalten in Korea eingeladen. »Seoul schenkte jedem IOC-Mitglied, unbeachtet von der Öffentlichkeit, zwei Rückflüge erster Klasse. Es war ein leichtes, die Tickets gegen Bargeld umzutauschen, was auch viele taten«, das sagte einst der Los-Angeles-Organisator Peter Ueberroth, der für seine Verdienste im Jahre 1999 auch einen Platz in der olympischen Reformkommission erhielt. Dies deckt sich mit einer Gesprächsnotiz, die der DDR-Sportchef Manfred Ewald 1982 nach einem Gespräch mit Samaranch anfertigte und zu seinen Akten legte: Samaranch sei »selbst überrascht gewesen, daß Seoul ausgewählt worden ist. Er sieht die Ursachen darin, daß Japan sich zu sicher gefühlt hätte, Seoul zu viele Einladungen an IOC-Mitglieder ausgesprochen habe und viele Versprechungen machte, was eigentlich nicht statthaft sei.«

Die Hohe Schule Samaranchs aber funktionierte natürlich

anders: »Man hat auf eine persönliche Betreuung gesetzt«, schrieben Boix und Espada. Rodes stellte für jeden seiner 69 privaten IOC-Gäste die passende Tafelrunde zusammen: War der Gast Banker, wurden Banker geladen, war er Politiker, kamen Diplomaten, wenn es ein Pferdeexperte war, wurde auf den Poloclub zurückgegriffen; Kunstliebhaber dinierten mit Künstlern. Für die Besuche der Stadt waren Helikopter das angemessene Transportmittel. Geschenke und Aufmerksamkeiten wurden entsprechend den Vorlieben und Schwächen jedes Mitglieds ausgesucht. Die Rechercheure: »Ein Mitglied fragte, ob sein Sohn, ein Arzt, nicht ein Praktikum in einem Hospital in Barcelona absolvieren könnte; es wurde arrangiert. Der nigerianische General Adefope hat eine Leidenschaft für Saatgut: Ins Haus geliefert bekam er Proben der seltsamsten Pflanzenspezies, die Barcelonas Olympier auftreiben konnten. German Rieckehoff aus Puerto Rico sammelt Spazierstöcke: Bei jedem Besuch überraschte ihn Rodes damit, daß er einen aus dem Ärmel hervorzauberte. Briefmarken-, Münz- oder antike Modellschiffsammler, Gaudi-, Miró-, Dali-Fans – alle wurden nach Erfordernis behandelt. Er [Samaranch], Meister des Taktgefühls, orientierte und beriet, aber das *savoir faire* hielt ihn auf wohl kalkulierte und kluge Distanz. Niemals hörte ein Mitglied aus seinem Mund den kleinsten Rat oder Hinweis. Er wußte, daß dies die beste Methode war, Stimmen zu bekommen. Als er ankündigte, an der Abstimmung nicht teilzunehmen, multiplizierte sich seine Stimme mindestens auf fünf.«

Laut Boix und Espada sei 1986 kurz vor der Abstimmung in Lausanne ein Hinweis gekommen, »daß die Spiele endgültig gesichert werden könnten, wenn man 15 IOC-Mitgliedern eine bestimmte Summe bot«. Darauf sei aber nicht eingegangen worden. »Nach allen befragten Zeugen hat Barcelona keinem Mitglied Bargeld gegeben. Das äußerste war, daß die Rechnung eines in der Stadt weilenden Mitglieds übernommen wurde, das einen Einkaufsbummel machte, und, als es ans Zahlen ging, den Verträumten mimte.«

Interessantes ist dazu auch den Stasi-Berichten des DDR-Sportfunktionärs Karl-Heinz Wehr alias IM »Möwe« zu entnehmen. Der Boxexperte (s. S. 150 ff. und S. 240 ff.) unterhielt damals enge Kontakte zu Samaranchs Gönner, dem Adidas-Patron Horst Dassler, und zu Anwar Chowdhry (Pakistan), seinem Kollegen aus dem Box-Weltverband AIBA. Chowdhry, ein guter Bekannter Samaranchs, war als freischaffender Lobbyist für Dasslers sogenannte sportpolitische Abteilung tätig. Diese Gruppierung, laut Wehr »eine Abteilung Sportspionage«, hatte den Weltsport mit einem feinmaschigen Netz überzogen, aus dem es kein Entrinnen gab. »Heute gibt es fachlich keine Beratung des IOC, der ANOC, von kontinentalen Organisationen oder Föderationen, bei dem nicht Horst Dassler oder die von ihm beauftragten Firmenmitglieder anwesend sind«, notierte Wehr. In den Jahren 1985/86 ging er mehrfach auf Barcelonas Bewerbung ein. Im August 1985 berichtete Wehr: »Chowdhry hat mir im Vertrauen mitgeteilt, daß er von Horst Dassler und Samaranch den Auftrag habe, alles zu tun, damit die Olympischen Spiele nach Barcelona gehen, und in dieser Richtung arbeite er und würde dabei eine Unmenge Geld verdienen, und er wäre der gemachte Mann, wenn das IOC im Jahre 1986 eine Abstimmung zugunsten von Barcelona machen würde.«

Zu diesem Zeitpunkt hatte Samaranch bereits die langjährige IOC-Direktorin Monique Berlioux gegen Zahlung eines Schweigegeldes (gerüchteweise eine Million Dollar, IM »Möwe« vermutete damals gar 7,3 Millionen Dollar) abgesetzt, weil die resolute Französin ihm zu mächtig geworden war. Zudem, so Chowdhry gegenüber IM »Möwe«, »war die Berlioux für die Vergabe der Spiele an Paris, da ihr durch das französische NOK zugesagt war, bei der Vergabe der Spiele an Paris als Chef des Organisationsbüros eingesetzt zu werden. Mit dieser Auffassung befand sich die Berlioux im eindeutigen Gegensatz zum IOC-Präsidenten, der für die Vergabe der Olympischen Sommerspiele 1992 an Barcelona eintritt.« Berlioux, die von 1967 bis 1985 für das IOC tätig war und sich nie wieder detailliert zu den Vorgängen geäußert hat, arbeitete später für Jacques Chirac und für den Pariser Bürgermeister Jean Tiberi.

Im August 1986, wenige Wochen vor der IOC-Entscheidung in Lausanne, berichtete Karl-Heinz Wehr: »Ich habe Dassler auch noch einmal über das Problem der Olympischen Spiele 1992 befragt. Dassler hat mir erklärt, daß einige Probleme auf die Tagesordnung gekommen sind. Und zwar, daß es jetzt plötzlich Probleme mit Barcelona gibt. Aus zweierlei Gründen: Erstens habe der IOC-Präsident die lateinamerikanische Gruppe verärgert, und man sei jetzt dabei, die Gruppe wieder auf Vordermann zu bringen. Ein zweites Problem ist das Problem der arabischen Länder, die durch Samaranch ebenfalls verärgert wurden, und wo man jetzt daran arbeitet, daß sie nicht auf Paris umschwenken.« Das war offenbar jener Zwischenfall, den die Spanier Boix und Espada in ihrem Buch erwähnten. Dassler »glaube aber«, so schloß Wehr, »daß bis zum 17. Oktober alle diese Probleme geklärt werden können, und ist dann davon überzeugt, daß die Mehrheit der IOC-Mitglieder auch für Barcelona entscheidet. Was die Winterspiele betrifft, so äußerte er sich, daß, wenn Paris die Sommerspiele nicht bekommt, Frankreich auf jeden Fall die Winterspiele erhält.« So geschah es: Die Spiele gingen an Barcelona und Albertville.

Zuvor hatten sich bereits andere Vorhersagen erfüllt, die DDR-Sportfunktionäre nach Gesprächen mit Dassler (s. S. 246 ff.) abgaben. Die Olympiastädte Seoul und Calgary benannte man ebenfalls korrekt. Probleme traten erst auf, nachdem Dassler im März 1987 an Augenkrebs verstorben war. Ohne den großen Inspirator, Strippenzieher und Geldgeber schien die sportpolitische Abteilung ein wenig hilflos zu sein. 1988 wollte Chowdhry die Wahl von Sofia zur Winterolympiastadt 1994 managen (»das kostet die Sofioter 300 000 US-Dollar«), doch es gewann das norwegische Lillehammer. Für die Sommerspiele 1996, als Samaranch seinen Freund Chowdhry als Berater um die Welt schickte, soll sich der Pakistani laut IM »Möwe« »100 000 Dollar von Toronto gesichert« haben, doch es gewann Atlanta.

Für seine vielfältigen Bemühungen wurde Chowdhry von Samaranch mit einem erlesenen Preis belohnt: Anläßlich der Olympischen Spiele 1992 in Barcelona erhielt er einen olympischen Orden – als verdienter Ehrenmann und großer Sportsgeist, der die Regeln achtet und Fairplay wie kein zweiter demonstriert. Es gab viele Funktionäre, die darüber aus gutem Grunde schallend gelacht haben. Wie hatte IM »Möwe« schon im Januar 1987 seinem Führungsoffizier berichtet? Box-Präsident Anwar Chowdhry, der »Gefolgsmann Dasslers und Samaranchs«, sei »unaufrichtig, hinterhältig und verschlagen«, er verstehe es blendend, sich »zu verstellen und zu tarnen«. Laut einer hochkarätigen Quelle aus dem AIBA-Vorstand soll Chowdhry bis heute damit prahlen, daß er »zu viele Dinge über Samaranch« weiß. Ihm wird der Satz zugeschrieben: »Ich habe Samaranch in der Tasche, er kann nichts gegen mich tun.«

Es gab gute Gründe, warum Samaranch seine IOC-Detektive dazu anhielt, die Korruption bei den Kandidatenstädten erst ab der Kür für Atlanta 1996 zu erforschen. Denn er ist ein Mitbegründer, ein wesentlicher Inspirator jener Kultur des individuellen Umgarnens, Beschenkens und Verknüpfens von Wirtschaftsinteressen – das behauptet auch der Amerikaner Robert Helmick, der das Geschäft nun wirklich kennt. Helmick hatte sein IOC-Amt Ende 1991 aufgeben müssen, nicht weil er als Lobbyist von Sportverbänden (Golf), Medienmagnaten (Ted Turner) und Sportartikelfirmen (Adidas) tätig war, das waren und sind ja viele – aber Helmick hat seine Verträge und Geldtransfers nicht geheimhalten können. Das war dumm. Und ärgerlich obendrein. Im Oktober 1999 sagte der ehemalige IOC-Vizepräsident Helmick vor dem US-Kongress in Washington, daß »die Kultur der Korruption« nicht auf amerikanischem Boden entstanden oder von US-Bewerbern ausgelöst worden sei – sondern vielmehr im Wettkampf zwischen Paris und Samaranchs Barcelona um die

Spiele 1992. Da sei der Boden für »exzessive Werbung, Geschenke und Bestechungsgelder« bereitet worden.

Juan Antonio Samaranch kam das alles sehr spanisch vor. Denn zeit seiner Mitgliedschaft im IOC, seit 1966, hatte er ja immer »nur viele Gerüchte« gehört. Bis zu den ersten Meldungen aus Salt Lake City im Dezember 1998. »Das erste Mal haben wir Fakten, und wir haben sofort gehandelt«, verkündete Samaranch wenig später auf seiner ersten, weltweit übertragenen Krisen-Pressekonferenz in Lausanne. Die herbeigeeilten Reporter mochten sich nicht ganz so billig abspeisen lassen. Also wurden ein paar Namen genannt (es hätten Dutzende sein können): Nagano? »Aus Nagano haben wir keine Fakten, sondern bisher nur Gerüchte gehört.« Werden Sie aktiv den Gerüchten nachgehen? »Die Adhoc-Kommission wird an die NOKs schreiben, um nach Fakten zu fragen.« Manchester und Quebec? »Dazu sage ich gar nichts. Darüber habe ich nur in der Presse gelesen.« Und was in der Presse steht, glaubt er nicht. Strenggenommen glaubte er auch nicht an jenen Report, den die gescheiterten Bewerber aus Toronto schon 1991 an das IOC geschickt hatten. Oder an Berichte deutscher Rechnungshöfe zu den Olympiaofferten von Berchtesgaden und Berlin. Da wurden Regelverletzungen in Heller und Pfennig benannt, dank deutscher Behördengründlichkeit mithin der Beweis erbracht, daß jene Besuchs- und Geschenkregeln, die das IOC immer mal variierte, einen großen Teil seiner Untertanen einfach nicht interessierte.

Der Präsident wollte es genau wissen. Aber nicht aus der Presse. Nicht von unabhängigen Institutionen. Nicht mal von seiner eigenen Adhoc-Kommission. Er erkundigte sich selbst bei jenen Städten, die sich seit 1987 (also nach der Entscheidung für Barcelona) für Olympische Spiele interessiert hatten. Da die meisten Bewerbungs- und Organisationskomitees längst aufgelöst waren, erging das Erkundungsschreiben an die entsprechenden NOKs, die in vielen Ländern von IOC-Mitgliedern geführt werden. So gründlich war Samaranch. Vierundfünfzig Briefe wurden abgeschickt – 13 Antworten gingen ein. Der Schriftverkehr ließ sich in etwa so zusammenfassen: Sagt mal, Freunde, ist da irgendwas gewesen, Unregelmäßigkeiten oder so? Antwort: Kaum der Rede wert, alles okay, Mister Präsident.

Da hatte er es wieder einmal schwarz auf weiß: Salt Lake City war eine Ausnahme, ansonsten ist nichts passiert. Assistiert wurde dem hart recherchierenden IOC-Präsident auch von seinem deutschen Verehrer, Doktor Bach. Als der von der Zeitung *Die Welt* auf das Buch *El Deporte del Poder* aufmerksam gemacht wurde, konterte er mit seiner für unangenehme Fälle üblichen Standardantwort: Ihm sei diese Publikation unbekannt. Dann legte Bach noch einmal seine Sicht auf die Dinge dar: »Es sind alle Kandidatenstädte von der Ethikkommission angeschrieben und um Mitteilung gebeten worden. (...) Die Ethikkommission, die mit unabhängigen Mitgliedern besetzt ist, untersucht seither aber auch, ob es weitere Vorkommnisse gibt. Sie ist unabhängig und unterliegt keiner Berichtspflicht. Wenn sie zu neuen Erkenntnissen gelangt ist, wird sie das mitteilen.«

Man muß Bachs Meinung nicht teilen. Man kann es auch anders sehen, logischer und lebensnäher zumal. David D'Alessandro, Chef des Versicherungskonzerns John Hancock und Sprecher der TOP-Sponsoren, hatte die IOC-Rundschreiben so kommentiert: »Genauso gut könnte man dem sprichwörtlichen Fuchs im Hühnerstall einen Brief schicken und ihn fragen, wie viele Hühner er verspeist hat. Wenn der Fuchs einen netten Brief zurückschickt mit der Antwort: Keines, danke schön, veröffentlicht man eine Stellungnahme, in der der Fuchs entlastet wird. Unglaublich. Wir haben es hier nicht mit entschlossener Verfolgung von Korruption zu tun, wie das IOC versprach, sondern mit klassischer Vertuschung.«

Die Nacht der Nächte

Eines muß man Roderick McGeoch lassen. Er ist ein ziemlich cooler Typ. Am Abend des 22. September 1993 war er sogar der coolste Typ der Welt. Diesen Eindruck vermittelt er jedenfalls in seinem Büchlein *The bid*, seinen Memoiren über die Olympiabewerbung Sydneys. Die Welt schaute in jenen Tagen gebannt nach Monte Carlo, wo sich der Gigant China, das bevölkerungsreichste Land der Erde, mit dem demographischen Winzling Australien duellierte. Peking gegen Sydney, das war ein Politikum. Hatten nicht eben noch der US-Senat und Großbritanniens Außenminister Douglas Hurd gemahnt, das IOC dürfe die Olympischen Sommerspiele 2000 wegen der Menschenrechtssituation nicht an China vergeben? Hatte es nicht diplomatische Verwicklungen auf höchster Ebene gegeben? Hatten die Chinesen nicht versprochen, im Falle ihres Sieges die Antlitze der IOC-Mitglieder in die Große Mauer zu meißeln? Und im Falle einer Niederlage die Spiele 1996 in Atlanta zu boykottieren? Botschafter und Minister waren wochen-, ja monatelang auf Tour gewesen in den Ländern der Dritten Welt. Wenn wir in ein afrikanisches Land kamen, hatte einer von McGeochs Mitarbeitern mal gesagt, war die Straße vom Flughafen in die City frisch geteert und ein neues Stadion gebaut – daran konnten wir sehen, daß der chinesische Sportminister vor uns dagewesen war.

In Monte Carlo, dem Paradies der Reichen und Schönen, fanden sich am Abend vor der Abstimmung die Olympiawerber und Lobbyisten noch einmal in der Oper ein, um die IOC-Mitglieder zu umschmeicheln. Fast alle trafen sich dort. Rod McGeoch aber blieb ganz gelassen. Seinen Text für die Abschlußpräsentation hatte er längst auswendig gelernt. Sein Feld war bestellt. Der Anwalt aus Sydney, der am nächsten Tag als Sieger von Monte Carlo australische Geschichte schreiben wollte, dieser Mann vergnügte sich in einem Restaurant mit ein paar engen Freunden, anstatt am Hofe Samaranchs zu buhlen. Fernab des olympischen Trubels speiste er seelenruhig mit seiner Frau Deeta, dem indischen IOC-Mitglied Ashwini Kumar und dessen Gemahlin Renuka.

Unter freiem Himmel scherzte das Quartett und erinnerte sich an viele gemeinsame Erlebnisse – war es nicht toll, wie der Dienst an der olympischen Bewegung Völker und Kulturen verbindet? McGeoch klinkte sich hin und wieder aus der Unterhaltung aus. Stolz dachte er darüber nach, wie professionell er diesen gigantischen Marketingcoup vorbereitet hatte. Sydney schlägt Peking, davon war er überzeugt. Nichts hatte er außer acht gelassen. Am Morgen war die *International Herald Tribune* mit einer farbigen Beilage erschienen, deren Titelseite ein riesiges Foto von Downtown Sydney schmückte: *»Sydney, Australia, The place to be.«* Die Anzeige hatte die Fluggesellschaft Quantas spendiert, einer der Hauptsponsoren des Bewerberkomitees. Für den Abend war eine weitere Aktion organisiert: Jedes IOC-Mitglied würde in seiner Suite im Hotel de Paris den buntbemalten Brief eines Schulkindes auf dem Kopfkissen finden, geschmückt mit dem Schriftzug: *Please give Sydney the Games.*

Zwei Tage zuvor hatte sich McGeoch auch von der Meldung nicht schocken lassen, der Brasilianer João Havelange sei in Samaranchs Auftrag für die Chinesen auf Stimmenfang. Fußballpräsident Havelange bedrängte wie eh und je seine südamerikanischen und afrikanischen Kollegen. McGeoch besprach den ärgerlichen Vorgang umgehend mit seinem Landsmann Kevan Gosper, dem IOC-Vizepräsidenten: »Du mußt Havelange unbedingt stoppen.« Soviel hatte Gosper ja zuvor nicht für Sydneys Bewerbung getan, eher viel zuwenig, wie John Coates monierte, der Präsident des Australian Olympic Committee (AOC). Doch diesmal ging Gosper knallhart ans Werk. Er stellte den imposanten Havelange, den Mann mit dem Cäsarenschädel, auf dem Flur des Konferenzzentrums Sporting d'Eté zur Rede. Er soll, in Gegenwart anderer IOC-Mitglieder, ziemlich laut geworden sein. Havelange ging verärgert und erstaunt seiner Wege. McGeoch nahm an, die Sache sei damit erledigt. Was wußte er schon von Havelange.

Während also der siegessichere McGeoch bei Wein und Meeresfrüchten gemütlich mit dem Ehepaar Kumar geplaudert haben will, müssen sich in Sydneys Wahlkampfzentrale erschütternde Szenen abgespielt haben, worüber McGeoch in seinen Memoiren leider nichts zum besten gibt. Eine schlechte Nachricht elektrisierte plötzlich das Team, denn nach neuesten Hochrechnungen und Gerüchten sollte Peking in der Gunst der IOC-Mitglieder noch deutlicher vor Sydney liegen, als Anfang der Woche die ehemalige IOC-Direktorin Monique Berlioux prophezeit hatte: Mit den Worten »Peking erreicht schon in der ersten Runde die absolute Mehrheit«, wurde die Französin vom Samaranch-hörigen Mitteilungsblättchen *sport intern* zitiert. Aus den 45 von Berlioux erwarteten Stimmen waren auf dem Graumarkt nun schon 48 geworden. Die Australier wurden panisch. »Unser Vorsprung war zusammengeschmolzen, es mußte etwas geschehen«, bangte John Coates. »Ich wollte mich nicht den Rest meines Lebens fragen müssen, warum wir nicht gewonnen haben.« Also entschied sich Coates für eine patriotische Tat, um die Sache des Vaterlands zu retten. Er hatte viele gute Freunde in Afrika, und es existierten bereits Förderprogramme unter dem Stichwort »olympische Solidarität«. Da mußte doch etwas zu machen sein.

John Coates war ein ausgewiesener Experte auf diesem Gebiet. Von 24. Juli bis 20. August 1993, einen Monat vor der Abstimmung in Monte Carlo, hatte er mit drei Mitarbeitern eine lange Bildungsreise durch elf afrikanische Länder unternommen, natürlich nur, um die sportlichen »Beziehungen auszubauen und zu stärken«, wie es in einem Memo an den späteren Olympiaminister Bruce Baird hieß. Die Tour der Freundschaft führte Coates nach Nigeria, an die Elfenbeinküste, nach Mali, Togo, Kamerun, Kenia, Uganda, Swaziland, Mauritius, Kongo und Simbabwe. Zehn dieser elf Länder hatten ein IOC-Mitglied, das elfte, Simbabwe, mit Tomas Sithole zumindest schon einen einflußreichen Funktionär, der drei Jahre später ins IOC gelangen sollte. In allen Ländern schloß Coates Kooperationsverträge ab. Das AOC verpflichtete sich, den jeweiligen NOKs finanzielle Hilfe bei der Ausbildung von Athleten angedeihen zu lassen. Die Kontrakte beinhalteten stets zwei Varianten: Im Falle, daß Sydney die Spiele nicht bekommen hätte, wären jedem NOK nur 18 000 australische Dollar zugegangen, insgesamt 198 000 Dollar. Für einen Sieg von Sydney wurden weitere 1,737 Millionen Dollar versprochen (aufgeteilt nach Größe der Länder zwischen 123 000 und 278 000 Dollar). Die 18 000 pro NOK waren also die garantierte Vorspeise – welches Interesse hätte die Afrikaner dazu bewegen sollen, nicht für Sydney zu stimmen und damit den ungleich schmackhafteren Hauptgang zu verschmähen?

Damit aber nicht genug. Ein Nachtisch mußte her. John Coates verabredete sich mit zwei IOC-Mitgliedern aus Uganda und Kenia, Francis Nyangweso und Charles Mukora, auf die Schnelle zu einem außerplanmäßigen Nachtmahl. Während die Gäste über ihren Speisekarten brüteten, trug Coates sein Anliegen vor, es blieb ja nicht mehr viel Zeit: Er offerierte beiden Funktionären, die auch die NOKs ihrer Länder führten, je 35 000 US-Dollar als Sondersolidaritätszahlung gewissermaßen für den Fall, daß Sydney die Spiele bekommt. Und er gab ihnen das Versprechen sogar schriftlich – Stunden vor der großen IOC-Präsentation der fünf Olympiabewerber. Natürlich läßt sich erahnen, wie Nyangweso und Mukora der nächtliche Vorschlag gefallen hat. Bevor wir aber Sydneys Blitzofferte weiter verfolgen, wollen wir die beiden Afrikaner näher vorstellen. Vor allem Nyangweso kann auf eine schillernde Karriere zurückblicken.

Francis Were Nyangweso, Jahrgang 1939, war Olympiaboxer 1960 in Rom. Er absolvierte eine britische Militärakademie und gelangte in seiner Heimat bald in verschiedene verantwortungsvolle Positionen. Er jobbte als Bankier, Protokollchef des Außenministeriums, Botschafter, Kulturminister und als Verteidigungsminister. Nyangweso befehligte die ugandischen Streitkräfte zwischen 1973 und 1975, diese Jahreszahlen wurden in der aktuellen Ausgabe der IOC-Biographien diskret getilgt. Zu dumm aber auch, denn Generalmajor Nyangweso war Verteidigungsminister unter dem Menschenschlächter Idi Amin. Der selbsternannte »Hitler Afrikas« hatte 1971 nach einem Militärputsch die Macht übernommen. Bis zu seinem Sturz acht Jahre später ließ Idi Amin mehrere hunderttausend Einwohner ermorden. Amin und Nyangweso, zwei passable Boxer, sind seit den fünfziger Jahren eng befreundet.

Ihre früheren Berufsaktivitäten füllen ganze Dossiers von Amnesty International. Anfang 1973 etwa warnte Nyangweso per Radioansprachen von Mbale aus die Bewohner des Bugusi-Distrikts, daß jedes Dorf, das Guerrilleros beherbergt, »komplett ausradiert« würde, der Distrikt selbst würde sich dann in »ein Schlachtfeld« verwandeln. Diese Drohungen waren laut *Africa Contemporary Report* Teil einer organisierten Terrorkampagne, »um maximale Angstgefühle in jeder Gemeinde zu wecken, die unter Verdacht stand, Regierungsgegnern zu helfen«. Amins Menschenschlachterei von 1971 bis 1979 hat nicht jeder in den eigenen Reihen verkraftet. Viele, darunter sein Schwiegersohn und Außenminister Wanume Kibedi, konnten sich irgendwann »nicht mehr gemein machen mit dem fortwährenden Verschwinden unschuldiger Menschen ohne adäquate Untersuchungen« und traten zurück. Amins guter olympischer Geist Nyangweso blieb bei der Fahne.

Aber wie konnte so einer ins IOC kommen? Der Vorgang ist kaum weniger skandalös, schließlich hat Samaranch ja seine afrikanischen Getreuen zur Hand, wenn es um die Einschätzung neuer Mitglieder geht. Allen voran den Saubermann dieses von der Korruptionsaffäre ja am heftigsten gebeutelten Kontinents: Richter Mbaye. Der Senegalese, seit 1987 Vizepräsident am Internationalen Gerichtshof in Den Haag, hat in jüngster Zeit selbst gemerkt, daß er im Olymp die Rolle des Vorzeige-Afrikaners spielen muß: »Ich bin hier doch nicht der Alibimann«, hat er Samaranch im Januar 1999 öffentlich angemotzt, als der ihn aufforderte, etwas zu den Sündenfällen der afrikanischen Mitglieder zu sagen. Mbaye sitzt in vielen wichtigen Gremien, so auch in der sogenannten Ethikkommission. Bloß, wie ist es um Mbayes ethische Tiefenschärfe bestellt? Ein Bericht von Amnesty International vom Juni 1978 (Index: AFR 59/05/78) zeigt, daß Mbaye einst Vorsitzender einer mäßig effektiven Internationalen Juristengruppe war, die Menschenrechtsverletzungen in Uganda untersuchte. Offenbar hat Mbaye dabei nichts erfahren über das Wirken von Amins Getreuen Nyangweso.

Als Amin dann ins Exil nach Saudi-Arabien geflüchtet war, begann Nyangweso eine Karriere als Sportfunktionär. Er übernahm das NOK und ließ sich seit 1981 stets wiederwählen, dabei bediente er sich zahlreicher Tricks: So installierte er alte Kampfgefährten an der Spitze von nationalen Föderationen (Rudern, Bogenschießen), die zwar nicht wirklich existieren und Verbandsarbeit betreiben, jedoch über den NOK-Vorsitz mit entscheiden dürfen. Ins IOC gelangte Nyangweso 1988. Seine Kontakte zum Massenmörder Amin sind nie abgerissen. Ein Reporter der Zeitung *New Vision* führte 1999 ein Interview mit »Big Daddy«, dem Exilanten. In dem Gespräch bezeichnete Idi Amin das IOC-Mitglied als einen seiner besten Freunde und seinen wichtigsten Kontaktmann in Uganda.

Charles Nderitu Mukora, Jahrgang 1934, wurde in England zum Sportlehrer ausgebildet. Nach der Unabhängigkeit Kenias wechselte er vom Schul- in den Staatsdienst. Er war Cheftrainer der kenianischen Leichtathleten und Sportverantwortlicher der Regierung. Bis er Gefallen an einer Arbeit beim IOC-Sponsor Coca-Cola fand. Er absolvierte eine Marketingausbildung und stieg bis zum Direktor der afrikanischen Niederlassung des Brausegiganten auf. In den achtziger Jahren dominierte er den kenianischen Sportdachverband, 1989 wurde er NOK-Präsident, gelangte 1990 ins IOC, gehörte zum Council des Leichtathletik-Weltverbandes IAAF und war Vizepräsident der Vereinigung der Commonwealth-Spiele. Mukora war der mächtigste Sportfürst Ostafrikas.

Zurück nach Monte Carlo, wo 1993 ja nicht nur die knallgelben Berliner Bewerbungsbärchen durch die Stadt irrten, sondern wo auch handfeste Sportpolitik gemacht wurde: Coates, sein Landsmann und IOC-Kollege Phil Coles, Nyangweso und Mukora stießen auf den Mitternachtsvertrag mit ein paar Gläschen an. So früh gingen sie nicht zu Bett. Die Afrikaner hatten eben noch routiniert 70 000 Dollar für ihre Sportverbände akquiriert. Den Australiern raubte schon die Aufregung vor dem großen IOC-Zeremoniell den Schlaf, auch grübelten sie über die Frage nach, ob sich der Aufwand mit diesen Blitzverträgen wohl gelohnt haben würde. Heute darf man zumindest behaupten, daß es Sydney nicht geschadet hat.

Stunden später kamen sie zur Sache, Mukora und Nyangweso und all die anderen Mitglieder des Internationalen Olympischen Komitees. Im Palais Sporting d'Eté ließen sie am 23. September 1993, ab neun Uhr früh, die Olympiainteressenten aufmarschieren. In der Reihenfolge Berlin, Sydney, Manchester, Peking und Istanbul gingen die mit prominenten Sportlern und Politikern verstärkten Werber in die Bütt. Teure Werbefilmchen waren für diesen Termin gedreht worden, allein das Berliner Produkt kostete knapp eine Million Mark. So wurde also noch einmal gelogen, daß sich die Balken bogen: Zum Beispiel Chen Xitong, der Pekinger Bewerberchef. Er schwärmte von Frieden, Harmonie und davon, daß 1,2 Milliarden Menschen den Traum haben, die olympische Flamme in Peking brennen zu sehen. Als Bürgermeister von Peking hatte Chen Xitong vier Jahre zuvor das Massaker auf dem Platz des Himmlischen Friedens mitzuverantworten. Zwei Jahre nach Monte Carlo wurde er wegen Amtsmißbrauchs und Korruption in Höhe von 2,2 Milliarden Dollar zu 16 Jahren Haft verurteilt.

Nach den vielen ermüdenden Reden gönnten sich die IOC-Mitglieder noch eine kleine Erfrischungspause, ab 18 Uhr wurden dann die Wahlurnen an ihnen vorbeigetragen. Im ersten Wahlgang verabschiedete sich Istanbul mit sieben Stimmen. Berlin erhielt neun, Manchester elf, Sydney 30, Peking 32. Im zweiten Wahlgang wanderten Istanbuls Stimmen nach Peking ab, so daß die Chinesen nun 37 IOC-Mitglieder hinter sich hatten, Sydney blieb bei 30, Manchester erhielt 13, Berlin schied mit kärglichen neun Stimmen aus, die mehr als 50 Millionen Mark aus dem Steuersäckel wert gewesen waren. Neben Berlin verabschiedete sich jetzt auch David Sibandze aus Swaziland von IOC-Präsident Samaranch. Über Sibandzes plötzlichen Abgang wurde später viel spekuliert. »Sibandze hat von außerordentlich wichtigen Problemen gesprochen, ich habe ihn ermächtigt zu gehen«, sagte Samaranch tags darauf. »Er hat mitten in der Session einen Anruf von seinem Minister bekommen. Er solle sofort nach Hause fliegen, weil am nächsten Tag Wahlen im Swaziland sind«, gab indes der Ungar Pal Schmitt zum besten. Von Urnengängen im Königreich Mswatis III. berichtete seinerzeit nicht eine Nachrichtenagentur, zudem hätte Sibandze seine Heimat von Nizza aus mit keiner Flugverbindung rechtzeitig erreichen können. Auf unsere Nachfrage erinnerte sich Sibandze später gar nicht mehr an den Vorgang. Der offizielle IOC-Geschichtsschreiber Wolf Lyberg entschied sich 1996 für eine unverfängliche Version: Sibandze habe einen Doktor aufgesucht.

Die Wahl nahm ihren Fortgang, und Manchester ereilte mit elf Stimmen das Aus. Nach der dritten Runde lag Peking mit 40 Stimmen vor Sydney (37). Die Mehrzahl derjenigen, die Manchester unterstützt hatten, wanderte nun ab nach Sydney – 45:43 triumphierten die Australier im Finale. Das Ergebnis blieb noch eine Weile geheim. Die IOC-Mitglieder wurden mit Bussen in die Salle Omnisports zur feierlichen, weltweit übertragenen Vergabezeremonie gekarrt. Die Wahlkommission überreichte Samaranch einen Briefumschlag. Der Peking-Freund nestelte an dem Papier herum, kramte ein Zettelchen hervor, erblickte den Namen – und stutzte einen Moment. Damit hatte er nicht gerechnet. Ordnungsgemäß gab er dann aber um 19.28 Ortszeit den Sieger bekannt. *The winner is Sydney.* Die erste Person im Saal, die jubelnd aufsprang, war Pekings Bürgermeister Chen Xitong. Der Parteigenosse, der kein Wort Englisch verstand, glaubte, Samaranch hätte Peking gesagt.

Als Wochen später in Sydney der Rausch verflogen und das Sydney Organising Committee for the Olympic Games (SOCOG) gegründet war, ging man auch an die Einlösung seiner Verpflichtungen. John Coates hatte eine raffinierte Variante gewählt: Gegenüber den elf afrikanischen NOKs und dem Duo Nyangweso/Mukora schloß er Verträge im Namen seines Nationalen Olympiakomitees AOC – offiziell hatte also weder Sydneys Bewerberkomitee noch das nachfolgende SOCOG damit zu tun. Die rund zwei Millionen Dollar waren auch nirgends budgetiert, wie der neue SOCOG-Vorstand im November 1993 konstatieren mußte. Die Sache wurde intern untersucht. Am 20. Dezember 1993 traf sich der Vorstand erneut: Zwar sei Coates nicht autorisiert gewesen, solche finanziellen Versprechungen abzugeben, wurde festgestellt. Doch habe »die Initiative in Afrika« einen guten Zweck erfüllt. Wahrhaftig. Am 23. März 1994 wurde die letzte Rate der zwei Millionen Dollar auf ein Treuhandkonto des AOC überwiesen und von dort über Jahre in aller Stille an die Afrikaner verteilt.

Die olympische Ruhe wurde erst im Januar 1999 gestört. Die Affäre um Salt Lake City kochte gerade richtig auf, da meldete sich in Sydney Bruce Baird zu Wort. Er habe in der Nacht vor der Wahl in Monte Carlo einige Angebote von IOC-Mitgliedern erhalten, die ihre Stimmen verkaufen wollten, sagte Baird, der 1993 Vizepräsident des Bewerberkomitees und anschließend erster Olympiaminister des Bundesstaates New South Wales gewesen war. Ein IOC-Mitglied habe ihn persönlich angesprochen, andere afrikanische Stimmen bot ihm ein IOC-Angestellter an. Ähnliches sei bereits im Jahr zuvor im mexikanischen Acapulco, bei einem Kongreß von IOC und ANOC, offeriert worden. Baird schrieb sogar dem IOC. »Ich habe zu verstehen gegeben, daß ich über eine Anhörung vor der Untersuchungskommission sehr froh wäre. Doch leider muß ich sagen, daß das Telefon sehr still geblieben ist.« Das Telefon blieb auch weiterhin still. Stattdessen wurde Baird von seinem Landsmann Kevan Gosper attackiert. »Was Baird erzählt, hält keinem Vergleich zu den Vorgängen um Salt Lake City stand. Es ist wirklich nur eine Meinungsäußerung«, bellte der IOC-Exekutivler in einem Radiointerview. Baird habe keinen Beweis für einen Betrugsversuch. Ein paar Tage später erklärte Richard Pound in Lausanne, Bairds Brief habe ihn »etwas enttäuscht«. Er habe dem Schreiben »keine spezifischen Anschuldigungen« entnehmen können.

Zu diesem Zeitpunkt, als sich die IOC-Exekutive mit der Pound-Kommission zum Krisenfall Salt Lake City traf, äußerte sich Australiens NOK-Chef John Coates recht freimütig über die Nacht der Nächte in Monte Carlo. Er plauderte über das nette Abendessen mit Nyangweso und Mukora, auch darüber, daß er ihnen so kurz vor der Wahl das Geld schriftlich versprochen hatte. »Ich weiß nicht, ob das Angebot für den Sieg entscheidend war. Aber ich dachte, es sei zu dem Zeitpunkt sehr wichtig, und ich stehe auch jetzt noch dazu«, sagte Coates. »Wir haben nicht wegen der Schönheit unserer Stadt und unserer Sportstätten gewonnen. Es gab andere Faktoren.«

Nun war wieder der bereits in Lausanne weilende Gosper am Zug. In einem ersten Interview bezeichnete er das Angebot als »jenseits des Erlaubten. Das ist eine ernste Angelegenheit, das kann uns die Spiele kosten.« Nachdem ihn die Weggefährten im IOC und in Australien auf die Tragweite seiner Äußerungen aufmerksam gemacht hatten, schwenkte Gosper um. Wenige Stunden später war alles okay: »Ich bin sehr zufrieden, daß John bis zur letzten Minute für Sydney gekämpft hat. Und ich bin froh darüber, daß man kontrollieren kann, daß unser Geld Sportlern zugute kommt.« Von Bestechung, soviel sei klar, könne keine Rede sein. Alles habe sich im Rahmen der olympischen Solidarität bewegt.

Die ehemaligen Kontrahenten Sydneys waren weniger

überzeugt. Sogar unter den Freunden aus Manchester regte sich vorsichtige Kritik, und die Chinesen machten natürlich sofort mobil: Sydney habe die Wahl nur durch Bestechung gewonnen, Peking sei von den IOC-Mitgliedern, dieser »kleinen Gruppe von Dieben«, betrogen worden, schimpfte die staatliche Jugendzeitung. Es gebe »keine saubere Erde unter der olympischen Flagge«, solange nicht das IOC »die Ratten« aus seinen Reihen entferne. IOC-Vorstand He Zhenliang erklärte, Sydney müßten die Spiele wieder entzogen werden, dies sei aber nur seine »persönliche Meinung«. Er wolle die IOC-Beschlüsse abwarten und respektieren, weil das »unschuldige australische Volk« nicht bestraft werden dürfe. In Australien brach Panik aus. »Sydney kann die Spiele verlieren«, titelte der *Herald Sun.* »Sydney-Spiele in Gefahr«, hieß es auf der Titelseite von *The Age.* Michael Knight, der amtierende Olympiaminister, ließ rasch verbreiten, niemand denke daran, die Spiele zurückzugeben. Es sei »absolut verrückt« zu behaupten, Sydney habe sich die Ausrichtung durch betrügerische Maßnahmen gesichert.

Und wie reagierte der IOC-Präsident? »Ich war sehr erstaunt über die Meldungen«, sagte Samaranch, »aber ich hatte großes Glück: Mein australischer Kollege Kevan Gosper war bei mir und hat mir den Vorgang erklärt.«

Die beste und wortgewaltigste Zusammenfassung der Affäre gab ausgerechnet der Sprecher der IOC-Sponsoren. David D'Alessandro. Er schrieb am 14. Februar 1999 in der *New York Times:* »Am 22. Januar gab John Coates, Präsident des Olympischen Komitees Australiens zu, zwei IOC-Mitgliedern aus Kenia und Uganda jeweils 35 000 Dollar für ihre nationalen Sportverbände zugesagt zu haben – ein paar Stunden bevor die entscheidende Wahl des Austragungsortes für die Olympischen Sommerspiele 2000 getroffen wurde. Obwohl es später auch Hinweise auf ähnliche Bemühungen anderer Bewerber gab, ist der Fall Sydney besonders eindeutig. Es gab einen klaren Versuch, das Ergebnis des Auswahlverfahrens zu beeinflussen: Coates erklärte, er habe sich dazu entschlossen, um ›mich nicht den Rest meines Lebens fragen zu müssen, warum wir nicht gewonnen haben‹. Coates enthüllte auch, daß die Zahlungen von der tatsächlichen Wahl Sydneys als Austragungsort abhängig gemacht wurden. Sydney gewann die Wahl mit zwei Stimmen Vorsprung. Am 2. Februar erklärte das IOC die Zahlungen, die in letzter Sekunde getätigt worden waren, als absolut korrekt und sprach Sydney von jeglichen Vergehen frei. Einen Tag vorher hatte das Australische Olympische Komitee zugegeben, eine Zahlung in Höhe von 10 000 Dollar an die persönliche Stiftung des kenianischen IOC-Mitglieds nicht schlüssig erklären zu können. Es stellt sich also die Frage, was das IOC unter korrekt versteht. In Lausanne scheint das IOC auch keine eindeutige Vorstellung von dem Wort Bestechung zu haben. Laut Wörterbuch bedeutet Bestechung ›die Beeinflussung einer anderen Person durch unerlaubte Geschenke‹. Das Verhalten des Bewerbungskomitees in Sydney scheint dieser Definition sehr gut zu entsprechen. Die Medien liegen wahrscheinlich richtig, wenn sie das IOC mit einer Monarchie vergleichen. Das IOC ist wie eine königliche Familie, in der Cousins und Cousinen solange einander geheiratet haben, bis es keinen mehr wundert, daß ihre Vorstellungen über bestimmte Dinge ein bißchen wirr sind. Doch jetzt zum wirklich interessanten Teil: Das IOC kam zu dem Schluß, daß in Sydney nichts Unrechtes geschehen ist, und zwar schon Wochen bevor eine von Samaranch angekündigte Untersuchung stattfand, ohne daß auch nur der Versuch einer formellen Ermittlung unternommen wurde, ohne daß die Bewerbungsunterlagen Sydneys veröffentlicht und ohne daß Gespräche mit offiziellen Sportvertretern in Kenia und Uganda geführt wurden. Trotz erdrückender Beweise räumte das IOC die Angelegenheit vom Tisch, indem die besagten Zahlungen nur als Beweis für Sydneys Glaubwürdigkeit bezeichnet wurden. Veröffentlichten Berichten zufolge gaben die Australier auch 160 000 Dollar für den Transport von sieben Pferden in die Mongolei aus, um sich die Gunst eines weiteren IOC-Mitglieds zu sichern. Wahrscheinlich hatten sich die Pferde dagegen gesträubt, Touristenklasse zu fliegen. Mit seiner Weigerung, den Fall Sydney zu untersuchen, versteckt sich das IOC hinter einem Feigenblatt – und kann so natürlich niemanden täuschen.«

Was das IOC versäumte, unternahm das in Bedrängnis geratene Organisationskomitee SOCOG, dem bereits die ersten Sponsoren absprangen. SOCOG-Präsident und Olympiaminister Michael Knight setzte einen unabhängigen Rechnungsprüfer ein. Mitte März legte Tom Sheridan seinen Bericht vor und belegte eine Reihe von Verstößen gegen die Bewerbungsregeln. Da tauchten sie dann wieder auf, die Herren Sibandze (der Schnorrer ließ kaum einen Olympiabewerber aus und war zu dem Zeitpunkt bereits zurückgetreten), Mzali, Tallberg, Magwan (der von D'Alessandro erwähnte Pferdeliebhaber), Nyangweso und Mukora. Die IOC-Vorschriften bezeichnete Sheridan in seinem 75 Seiten starken Schriftstück als »unklar, nicht ausreichend und mehrdeutig«. Das IOC hat sich »nie darum gekümmert, die Einhaltung zu überwachen«. Das Schlußwort hatte Minister Knight: »Ziemlich sauber« sei Sydneys Bewerbung gewesen. Kein Vergleich zu Salt Lake City.

Wie Sydneys Bewerber kam auch Nyangweso ungeschoren davon. Das Geld aus Sydney sei für Trainingslager von Boxern und Leichtathleten verwendet worden, erklärte Nyangweso: »Diese Sache wird nur zu einem Skandal aufgeblasen. Ich habe kein Geld kassiert, die einzige Bestechung, die ich angenommen habe, war ein Abendessen mit den Olympiabewerbern.« Der Generalmajor, Idi Amins treuer Gefährte, stieg im September 1999 als Nachfolger des aus dem IOC geworfenen Jean-Claude Ganga sogar zum afrikanischen Sportchef auf.

Für Charles Mukora indes war die traumhafte Zeit vorbei. Es gab ja nicht nur diese dumme Sache mit Sydney, die hätte er leicht überstanden. Aber es lag in Salt Lake City etwas gegen ihn vor. Von November 1993 bis Mai 1995, einen Monat vor der IOC-Abstimmung in Budapest, hatte Mukora insgesamt 34 650 Dollar erhalten. Das Geld sei für seine Stiftung zur

Unterstützung des kenianischen Sports gedacht gewesen, erklärte er vor der Adhoc-Kommission des IOC. Dummerweise hatte Tom Welch, der Bewerberchef vom Salzsee, aber schon gesagt, daß Mukora das Geld für persönliche Belange kassiert habe. Dummerweise gehörten Mukoras Tochter Salomé und sein Sohn Patrick zu den Verwaltern seiner Stiftung. So plädierten die IOC-Prüfer auf Ausschluß. Mukora kam der IOC-Session zuvor und trat am 27. Januar 1999 zurück. Fünf Tage später war er auch sein Amt als NOK-Präsident los, weil ihm zudem vorgeworfen wurde, er habe sich an einem Ausrüstervertrag mit dem Sportartikelkonzern Nike bereichert. Ein paar Monate vorher war sein Name auf der Schuldnerliste der National Bank of Nairobi aufgetaucht, die in mehreren kenianischen Zeitungen veröffentlicht wurde. Mit umgerechnet 1,1 Millionen Mark stand Mukora bei dem Geldinstitut in der Kreide, das nur mit einer Finanzspritze der Regierung überleben konnte.

Er sei ein »unglückliches Opfer« der Umstände, er müsse sich nichts vorwerfen und trete »aus prinzipiellen Gründen« zurück, sagte Mukora zu seinem Abschied aus dem IOC. »Ich bin nur zurückgetreten, damit keiner denkt, ich sei bestochen worden.« Übrigens gibt es in Kenia ein geflügeltes Wort, demnach ist dumm, wer einen hohen Posten nicht zur persönlichen Bereicherung ausnutzt. Dumm war Charles Nderitu Mukora also nicht. Eher ziemlich raffiniert. Der Name Mukora bedeutet, aus der Stammessprache Kikuyu übersetzt, nichts anderes als – Dieb.

Der Herr der Ohrringe

Als wir Phil Coles das erste Mal sprachen, war er phantastisch drauf. Kaum jemand im völlig überfüllten Tagungsraum des Loews-Hotel zu Monte Carlo, dem er nicht ein freundliches Wort zugerufen, den er nicht geküßt, umarmt oder dem er nicht Schulter und Hüfte getätschelt hätte. Oder alles zusammen. Egal. An diesem Abend war alles egal. Zwar gab es, obgleich noch nicht einmal Mitternacht, schon lange nichts mehr zu trinken, doch den genußfreudigen Coles kümmerte das nicht, ausnahmsweise. Für rund 250 Menschen war die Siegesfeier geplant, 1200 hatten dann in Windeseile das Buffet hinweggefegt. Was für ein Freudenfest, und er mittendrin. Sydney war Olympiastadt 2000. Phillip Walter Coles, Jahrgang 1931 und seit 1982 IOC-Mitglied, hatte in der Bewerbung eine verdammt wichtige Rolle gespielt. »Man muß einfach wissen, wie so etwas läuft im IOC«, dozierte Coles. »Fünf Monate habe ich in Paris gelebt, war nicht einmal zu Hause, aber der Aufwand hat sich gelohnt.« Die mit nur neun Stimmen jämmerlich gescheiterte Berliner Kandidatur hatte er im Nu analysiert: »Falsche Leute, falsche Taktik, falsche Stadt.« Dann griff er seine Freundin Patricia und drehte ab.

Das also ist Phil Coles, der ehemalige Bademeister von der Bondi Beach, Sydneys berühmtestem Strand. Flotte Sprüche, offenes Gemüt, kein typisches IOC-Mitglied. Ein hemdsärmeliger Prahlhans, heißt es deshalb unter Funktionären. Einer der, das ist nun wieder typisch, seinem Chef nach dem Mund redet: Wie im Sommer 1998, als Samaranch auf dem Höhepunkt des Dopingskandals der Tour de France für die Lockerung der Dopingbestimmungen eintrat. Da war auch Coles plötzlich dafür. Kurzzeitig aber nur, denn El Presidente, erschüttert vom mächtigen medialen Gegenwind, schwenkte ja schnell wieder um.

Phil Coles, in den sechziger Jahren dreimal Olympiateilnehmer im Kanurennsport, hat sich hochgedient im IOC. An seinem Arbeitseifer kann das nicht gelegen haben, behaupten Leute, die ihn schon etwas länger kennen. Die Österreicherin Erika König-Zens hat ihm, dem ehemaligen Generalsekretär des Triathlon-Weltverbandes ITU, jedenfalls wenig Schmeichelhaftes nachgesagt: »Phil Coles war nicht sehr präsent als Generalsekretär. Er war eine politische Schachfigur, er sollte den Weg für Sydney 2000 ebnen. Als arbeitender General-

sekretär war er inexistent. Er hat absolut nichts produziert.«
Als Coles im Sommer 1999 von diesem Amt zurücktrat, ohne
sich dem ITU-Kongreß in Montreal zu stellen, »war die Trauer
nicht sehr groß«, wie Frau König-Zens sagt, die im europäischen Verband die Geschäfte führt.

Nicht nur der Sommer, das gesamte Jahr 1999 wird Phil
Coles in unguter Erinnerung bleiben. Dabei hatte er es doch
routiniert mit einem schönen Spruch begonnen: »99 Prozent
aller IOC-Mitglieder sind sehr anständige und ehrliche Menschen«, teilte Coles australischen Medien mit, die sich für die
Bestechungsaffären in Salt Lake City interessierten – und
begannen, die Tätigkeit des IOC-Mitglieds Phil Coles ein
wenig zu durchleuchten. Siehe da, es dauerte nur ein paar
Tage, da mußte der aufs achte Lebensjahrzehnt zusteuernde
Beachboy schon einen Beratervertrag mit der Hotelgruppe
Thakral Holdings kündigen. Denn die Firma machte Geschäfte mit dem SOCOG, in dessen Aufsichtsrat Coles saß.

Im Februar 1999 wurde Coles dann im Ethikreport von Salt
Lake City erwähnt: Er war im Zeitraum Februar 1993 bis
März 1998 mit Freunden oder Familienmitgliedern fünfmal
für insgesamt fünfzig Tage in die USA gereist, davon viermal
in die Hauptstadt der Mormonen, vorzugsweise zum Skiurlaub. Einigemal wurde er dabei vom IOC-Mitglied Willi Kalt-
schmitt Lujan (Guatemala) und dessen Familie begleitet, ein
andermal vom amerikanischen IOC-Mitglied James Easton.
Coles & Co. logierten in den teuersten Hotels. Die Kosten
beglich zu großen Teilen das Bewerbungskomitee. Eine Reise
führte den Australier im Januar 1995 nach Miami zur Superbowl, dem Endspiel im American Football – mit einer Überprüfung der Sportanlagen für die Winterspiele hatte das nicht
viel zu tun. Coles, der sich ja zu den »99 Prozent ehrlichen
und sehr anständigen« IOC-Menschen zählte, warf den Ame-
rikanern umgehend und lautstark »Verleumdung« vor sowie
»unethisches und unmoralisches Verhalten«.

Zwei Briefe schrieb Coles an Samaranch, und er fand –
obgleich seine Gesundheit angegriffen war – die Zeit, um vor

der Adhoc-Kommission des IOC zu erscheinen. Dort stritt er so ziemlich alles ab und zweifelte sogar Rechnungen und Akten an, die ihm die IOC-Hauspolizei präsentierte. Neben den Belegen erschien auch der vertrauliche Ton in den Briefen des Bewerberchefs Tom Welch sehr aufschlußreich. »Wir brauchen Deine Hilfe, frischer Schnee wird bestellt«, so hatte Welch den Australier zum ersten Winterurlaub eingeladen. Ein andermal, der Jahreswechsel 1994/95 stand an, lockte Welch: »Wir werden Dich so versorgen, wie Du es gewohnt bist.« Also ließ Coles Freundin, Tochter und Schwiegersohn einfliegen und unternahm einen Abstecher zur Superbowl im heißen Miami – fünf Monate bevor Salt Lake City zur Olympiastadt 2002 gekürt wurde.

Die Adhoc-Kommission hatte Mitleid mit Coles. Natürlich habe er IOC-Regeln verletzt und Vergnügungskosten von mindestens 37 200 Dollar verursacht, urteilten die lieben Kollegen. Da drei Urlaubsreisen aber erst nach Vergabe der Winterspiele erfolgten, könne man nicht von Stimmenkauf sprechen. Skifreund Coles hätte nur etwas vorsichtiger sein sollen. Das IOC-Exekutivkomitee erteilte im März 1999 einen strengen Verweis. Sollten weitere Fälle gemeldet werden, habe Coles mit dem Ausschluß zu rechnen, hieß es. Dabei hatte es ähnliche Fälle bereits gegeben. In allen Einzelheiten war in australischen Medien eine Affäre aus Athen dargestellt worden, für die es eine erstklassige Zeugin gab: An dem Tag, als Phil Coles vom IOC-Vorstand in aller Schärfe verwarnt wurde, posierte seine geschiedene Frau Georgina vor Fotografen mit Ohrringen im Wert von 6270 Dollar, die sie in Athen von einem griechischen Geschäftsmann erhalten hatte. Seitdem hat Coles seinen Spitznamen weg: *The Lord of the earrings.*

Wochen später fragte das IOC dann doch in Athen an, wo man genug andere Sorgen hatte, schließlich gingen die Vorbereitungen so schleppend voran, daß Samaranch ein Jahr darauf sogar damit drohen mußte, die Spiele 2004 wieder abzuziehen. Und jetzt auch noch so merkwürdige Fragen nach

Schmuck? Athen meldete ein Nein nach Lausanne. Damit war die IOC-Spitze sehr zufrieden. Coles, der selbst gern Goldkettchen um Hals und Arme trägt, hätte froh und glücklich sein und schweigen können. Doch er wäre nicht Coles, wenn er für die Klunker seiner Geschiedenen keine abenteuerliche Ausrede parat gehabt hätte. Er streute das Gerücht, Opfer einer von Melbourne aus gesteuerten Verschwörung zu sein. Um das zu verstehen, muß man etwas ausholen: Athen, Melbourne und Atlanta konkurrierten bis zum September 1990 um die Olympischen Sommerspiele 1996. Atlanta erhielt den Zuschlag. Coles hatte als IOC-Mitglied dem Vorstand des Melbourner Bewerbungskomitees angehört. Da zwischen den australischen Metropolen Melbourne, Sydney, Adelaide und Perth traditionell eine gesunde Rivalität herrscht, war seine Arbeit mit Argusaugen beobachtet worden. Sehr zufrieden waren sie nicht mit ihm, die Melbournians. 1994 stellte Georgina Coles dann alte Telefonabrechnungen zur Verfügung, aus denen hervorging, daß Coles während des Olympia-Wettbewerbs insgesamt 44 mal mit Atlantas Bewerberchef Billy Payne und dessen Cheflobbyisten Charlie Battle telefoniert hatte – und das jeweils unmittelbar nach Vorstandssitzungen oder wichtigen Strategiebesprechungen in Melbourne.

Was es da wohl zu tuscheln gab? Coles beharrte darauf, keine Interna preisgegeben zu haben. Er habe seinerzeit genauso oft mit Toronto telefoniert.

Anfang März 1999 trat Coles »aus gesundheitlichen Gründen« vom NOK-Posten des Direktors für Internationale Beziehungen zurück. Der Job hatte ihm 140 000 australische Dollar jährlich eingebracht. Auf seinen SOCOG-Aufsichtsrat, der ihm nach der Olympischen Charta zusteht, wollte er jedoch nicht verzichten, obgleich ihn SOCOG-Präsident und Olympiaminister Michael Knight monatelang mahnte, diese Konsequenz zu ziehen. Coles, der sich selbst als »erfahrensten australischen Funktionär in der olympischen Bewegung« bezeichnete, ließ sein mit 50 000 Dollar dotiertes Amt nur ruhen. Als Direktor des olympischen Fackellaufs wurde er abgesetzt. Er bestand aber darauf, die Fackel im Jahr 2000 eine Meile zu tragen – ein Wegstück an seinem ehemaligen Arbeitsplatz entlang, der Bondi Beach.

Als sich die Aufregung um Coles ein wenig gelegt hatte, folgte der nächste Skandal. Die *New York Times* und der australische Fernsehsender ABC veröffentlichten Dossiers über IOC-Mitglieder, die vom Bewerberkomitee aus Sydney stammten und die später auch in Salt Lake City aufgetaucht waren. Zu dem mehr als 500 Seiten umfassenden Material gehörten auch Dokumente, die die Einbeziehung australischer Diplomaten und Politiker bei der Akquisition der Olympischen Spiele belegten. So hatte Anthony Kevin, Botschafter in Polen, einst empfohlen, es sei vielleicht ratsam, ein Kooperationsabkommen mit dem polnischen Sport abzuschließen, um die Stimme des IOC-Mitglieds Wlodzimierz Reczek zu erhalten. Tatsächlich wurde nach Sydneys Sieg ein solcher Kontrakt geschlossen. Im Sheridan-Report waren im März 1999 schon einige andere Fälle der fürsorglichen diplomatischen Betreuung von Olympiern erläutert worden. So war der Botschafter in Südafrika damit befaßt, Noma Sibandze, der Tochter des IOC-Mitglieds David Sibandze aus dem Swaziland, einen Hauswirtschaftskurs in Sydney zu verschaffen. Die strengen australischen Einwanderungsbehörden waren angewiesen, dem IOC-Töchterchen eine VIP-Behandlung zukommen zu lassen. Die Lehrgangskosten (rund 8000 Dollar) übernahmen die Australier. Um das mongolische IOC-Mitglied Magwan zu überzeugen, kümmerten sich eine ganze Reihe von Ministerien und Institutionen darum, aus dem Western Plains Zoo von Sydney 24 mongolische Wildpferde für ein Zuchtprogramm in die Mongolei zu überführen – die Rasse war in der Wildnis ausgestorben.

Noch interessanter an dem neuen Material war jedoch der Sachverhalt, daß Phil Coles über 67 IOC-Mitglieder Akten angelegt hatte. Es ging darin nicht nur um Termine und offizielle Informationen. Hier führte ein IOC-Mitglied – gemeinsam mit Partnerin Patricia Rosenbrock – detailliert Buch über Kollegen, über deren persönliche Neigungen, Ansichten, Partnerschaften, finanzielle Verhältnisse, etwaige Feindschaften und natürlich über die Präferenzen in bezug auf die Olympiavergaben. Das betraf nicht nur Sydney: Noch Monate nach der Entscheidung in Monte Carlo legte Rosenbrock handschriftlich ausführlich die Haltung eines jeden Mitglieds zu Salt Lake City dar. Oft genug, und in sehr vertraulichem Ton, tauchten dabei die Namen Tom & Dave auf – Tom Welch und David Johnson, die beiden Chefs der Bewerbung vom Salzsee, die dem Duo Coles/Rosenbrock so viele romantische Stunden in den schneebestäubten Rocky Mountains beschert hatten. Wenig erbaulich wird für Tom & Dave die Information gewesen sein, daß der Norweger Jan Staubo zwar auch gern Urlaub macht – aber in warmen Gegenden.

Dem einst so sonnigen Gemüt des Rettungsschwimmers Phil Coles taten die Veröffentlichungen überhaupt nicht gut. Er wurde gleich noch kränker, als Olympiaminister Michael Knight entschied, die Akten allen Medien zur Verfügung zu stellen. So kam auch der *Sydney Morning Herald* als Zentralorgan des SOCOG zu seinem Recht. Teile der Dossiers, in denen es richtig menschelte, stellte man ins Internet. Die Webseiten haben bis heute eine gigantisch hohe Besucherfrequenz. In der gedruckten Version befriedigte der sonst so seriöse *Herald* Informationsbedürfnisse seiner Leserschaft auf Boulevardart, indem er auf der Titelseite ausführlich auf einen von Rosenbrock notierten Sachverhalt einging. Über das russische IOC-Mitglied Witali Smirnow und dessen Ehefrau hieß es: »Sie hassen die Gospers, besonders Judy.« Die Mitteilung sorgte für beträchtliche bilaterale Verwirrungen im IOC. Frau Gosper war erzürnt, weil Smirnow ihr gegenüber »immer behauptet, er sei ein guter Freund«. Auf diesem Niveau spielt sich vieles ab im IOC.

Coles reagierte wie immer. Er hatte sich nichts vorzuwerfen, andere trugen die Schuld: »Es war Effekthascherei von Knight. Sein einziges Ziel ist es, mich in der Öffentlichkeit bloßzustellen.« Wegen der Freigabe der Akten haben IOC-Funktionäre bezeichnenderweise nicht den Kollegen Coles, sondern Minister Knight hart kritisiert. Erneut wies Coles auch alle Rücktrittsforderungen zurück. Dabei hatte Australiens Sportministerin Jackie Kelly gerade noch erklärt: »Seine Zeit ist abgelaufen.« Der stellvertretende Premierminister Tim Fisher antwortete auf die Frage, ob Coles aus dem SOCOG-Vorstand ausscheiden solle: »Ja, ja und ja!«

Dossier-Affären gehören zur olympischen Tradition. Zum Beispiel Berlin: Dort war man 1991 mit deutscher Gründlichkeit darangegangen, eine Datenbank zu erstellen, in der auch intime Neigungen von IOC-Mitgliedern erfaßt werden sollten. Zuvor aber hatte Marketingchef Nikolaus Fuchs versucht, in Atlanta, das gerade die Spiele für 1996 gewonnen hatte, an Dossiers zu gelangen. Doch er kam zu spät. Charlie Battle, einer der Initiatoren der Bewerbung, teilte ihm mit, Sydney hätte die Dossiers bereits für den Spottpreis von 37 500 Dollar gekauft. Die Episode erzählte Fuchs im Frühjahr 1999 mehrfach, erstmals hatte er darüber im Herbst 1995 vor dem Olympia-Untersuchungsausschuß des Berliner Abgeordnetenhauses gebeichtet. Sydneys Bewerberchef Rod McGeoch wies den Vorwurf natürlich empört zurück. Es sei vielmehr so gewesen, daß Sydney auf Unterlagen aus Brisbane und Melbourne zurückgegriffen habe. Wie auch immer – es wurden Akten geführt. Und Coles war bei allen diesen Bewerbungen aktiv für Brisbane, Melbourne und Atlanta.

Die Coles-Dossiers brachten das IOC erneut in Zugzwang. Hatte nicht das Exekutivkomitee noch im März beschlossen, Coles auszuschließen, würde er noch einmal mit »neuen Fakten« auffällig werden? Eine aus drei ausgebildeten Juristen bestehende Special Commission löste das Problem in altbewährter Form. Kéba Mbaye (Senegal), Marc Hodler und Anita DeFrantz (USA) äußerten in ihrem Bericht am 14. Juni 1999 zwar grundsätzliches Erstaunen über die Dossiers – »neue Fakten« aber, die unweigerlich zum Ausschluß hätten führen müssen, konnte das Trio nicht erkennen. Nicht nach

Lektüre von 520 größtenteils engbeschriebenen Seiten, erst recht nicht nach Anhörung von Coles. Auf die Frage, warum seine Lebensgefährtin auch nach der Entscheidung für Sydney noch Notizen über die Einstellung der IOC-Mitglieder zu Salt Lake City gemacht hatte, legte Coles drei Gründe dar. Erstens sei das ein Beweis, wie ernst Patricia Rosenbrock ihren Beratervertrag genommen habe, der erst im November 1993 auslief; zweitens habe sie die Notizen gemacht, um »Synergie-Effekte« zwischen den Sommerspielen in Sydney und den Winterspielen in den USA herauszuarbeiten; drittens sei es ihr auch darum gegangen, bei privaten Gesprächen mit ihren Freunden vom IOC immer auf dem laufenden zu sein. Den Freunden vom IOC leuchtete das ein.

Dem strengen Verweis vom März wurde ein strengster Verweis hinzugefügt. Außerdem verbannte man Coles für die Dauer von zwei Jahren aus allen IOC-Arbeitsgruppen. Eine brutale Bestrafung für den Sunnyboy mit dem legendären Arbeitseifer. Wie hatte Erika König-Zens, Coles' Kollegin aus dem Triathlonverband, gesagt? »Als arbeitender Generalsekretär war er inexistent. Er hat absolut nichts produziert.«

Olympische Agenten

Als Lobbyist für seine Heimatstadt Sydney muß der sonst mäßig arbeitsame Phil Coles jedoch wirkungsvoll gewesen sein. Fünf Monate waren er und Patricia Rosenbrock 1993 in Paris stationiert. Wenn es darum ging, diverse Festivitäten zu besuchen oder IOC-Mitglieder zu den French Open im Tennis auszuführen, war Coles in seinem Element. Champagner und ein Plätzchen in der Sonne, das gefiel ihm gut. Insgesamt 160 000 Dollar gab er mit seiner Freundin aus. Coles und Rosenbrock betreuten die IOC-Mitglieder in Westeuropa. Das sogenannte Paris Lobby Team, darüber waren sich alle Bewerber aus Sydney einig, hatte hervorragende Arbeit geleistet.

Rod McGeoch hielt in seinem Buch *The Bid* für die Nachwelt fest, wie clever er seine Truppen eingesetzt hat. Neben dem Duo Rosenbrock/Coles wurde für Osteuropa der Ungar Gabor Komyathy für 200 000 Dollar verpflichtet, der zuvor bereits für Melbourne und Atlanta aktiv war. Der sprachbegabte Komyathy zählt zu den Freunden der IOC-Führungskraft Pál Schmitt, dem damaligen ungarischen Botschafter in der Schweiz und späteren Abgesandten Ungarns in Spanien. Nichts überließen die Australier dem Zufall. Für Südamerika war die Agentin Elizabeth Fox zuständig, für den afrikanischen und Teile des asiatischen Raums der in Toronto lebende Ägypter Mahmoud El-Farnawani, der für seine Leistungen 180 000 Dollar erhielt.

El-Farnawani, ein ehemaliger Volleyballtrainer, war auch für die Bewerber Toronto und Salt Lake City (für 161 000 Dollar) sowie angeblich für Nagano und Athen tätig. Nach eigenen Angaben unterhält er glänzende Kontakte zu allen nordafrikanischen und arabischen Olympiern. Der Tageszeitung *Toronto Sun* sagte El-Farnawani: »Ich habe einen Vertrag mit Salt Lake City unterschrieben und ihnen alle arabischen Stimmen garantiert.« Doch er legte Wert auf die Feststellung, »einen sauberen Job« verrichtet zu haben: »Ich stamme aus einer sehr reichen Familie und ich bin ein sehr gebildeter Mann. Ich habe nichts mit Korruption zu tun.« Das übliche – alles war eine hochoffizielle, total seriöse Angelegenheit. Für Sydney war schließlich das gesamte australische diplomatische Korps engagiert. Botschafter, Minister, Staatsbedienstete. »Keine Bestechung, keine Korruption«, sagt natürlich auch Kevan Gosper. »Aber es war ein harter Wahlkampf und schließlich schon die dritte australische Bewerbung hintereinander. Wir hatten insgesamt schon 60 Millionen Dollar investiert.«

Für die besonderen Fälle führte McGeoch dann noch eine kleine, erlesene Eingreiftruppe: John Coates etwa, der in der Nacht vor der Wahl so überzeugend Nyangweso und Mukora bearbeitete, oder Kevan Gosper. McGeoch reiste mit seiner

Gemahlin Deeta sicherheitshalber selbst einige Monate durch die Welt, um Olympier zu bezirzen. Der Job bereitete ihm offenbar soviel Vergnügen, daß er sich danach als Berater für Athen 2004 betätigte. Später, als er seinen Vorstandsposten in Sydneys Organisationskomitee SOCOG losgeworden war, weil er für Vorträge Geld kassiert hatte, machte McGeoch aus der Not eine Tugend: Er verdingte sich in Thailand und versucht nun, die Sommerspiele 2008 nach Bangkok zu holen. Als erfolgreicher Bewerbungschef ist McGeoch eines der prominentesten Beispiele für die olympischen Agenten, jene Spezies, die nichts unversucht läßt, um IOC-Mitglieder im Sinne ihres Auftraggebers zur Abstimmung zu bewegen.

»Zum Tango des Teufels gehören immer zwei«, hat die *Los Angeles Times* einmal getitelt. Jene, die bestechen, und jene, die sich bestechen lassen. In der sogenannten olympischen Familie fällt es manchmal schwer, zwischen diesen Gruppierungen eine Trennlinie zu ziehen, weil viele Funktionäre und Ehrenmänner ständig die Fronten wechseln oder gar auf beiden Seiten arbeiten. Über Jahrzehnte kam niemand auf die Idee nachzufragen, was denn das für eine Kultur sei, wenn ein IOC-Mitglied, das selbst über die Vergabe eines Milliardenprojekts bestimmt und über vielerlei Posten davon profitieren kann, als Lobbyist auf andere Mitglieder angesetzt wird. Im Sheridan-Report von Sydney wurden die IOC-Vorschriften als »unklar«, »nicht ausreichend« und »mehrdeutig« gerügt, der amerikanische Mitchell-Report geht in seiner Kritik noch wesentlich weiter. Inzwischen hat es einige Regeländerungen gegeben, grundsätzlich aber funktioniert das System wie zuvor. Kaum einer der Agenten wurde ansatzweise vom IOC zur Rechenschaft gezogen. Wie auch: Soll sich das IOC mit jenen Leuten anlegen, die über das gesammelte Wissen verfügen, welche Olympier wann für welche Leistungen empfänglich waren?

Am Ende aber sind all die Details gar nicht so wichtig. Der verstoßene Jean-Claude Ganga hat mit Stimmen von IOC-Mitgliedern gedealt. Das aber tun andere nach wie vor –

wenngleich nicht so offen, nicht ganz so plump. Nicht nur Phil Coles betätigte sich als Lobbyist. Die Kanadierin Carol-Anne Letheren war sogar mit eigenen Firmen in der Bewerbung Torontos für 1996 involviert. Anita DeFrantz hat einst für Anchorage gearbeitet, und über die Vorgänge während der Bewerbung von Salt Lake City sei sie jederzeit unterrichtet gewesen, hat Dave Johnson 1999 der *New York Times* gesagt. Doch IOC-Untersuchungsrichter Richard Pound bügelte dies ab: »Anita hat uns gesagt, sie hat nichts gewußt. Ich wiederhole es: Wir sind sehr zufrieden mit der Antwort, die sie uns gegeben hat. Sie hat nichts gewußt.« IOC-Vorständlerin DeFrantz hat sich aber nie juristisch gegen die schwerwiegenden Vorwürfe Johnsons gewehrt.

Nikolaus Fuchs, heute geschäftsführender Gesellschafter der Lexington Consulting Group in Berlin, betätigte sich Anfang der neunziger Jahre als Marketingchef der Berliner Bewerber. Damals sicherte er seiner Firma Bossard Consultants auch einen umstrittenen Beratervertrag mit der Olympia GmbH. Fuchs ließ im Sommer 1991 zunächst etwa 80 Interviews mit Personen führen, die sich in den Jahren zuvor um Olympische Spiele beworben hatten. Mit den Siegern aus Los Angeles, Barcelona, Atlanta und Nagano, mit den Verlierern aus Paris, Toronto und Athen. »Die Aussagen waren eindeutig«, sagt Fuchs, »allen war klar, daß da auch mit unlauteren Methoden gekämpft wird. Jeder kennt im Detail die ganze Problematik. Und wenn er sie nicht kennt, dann ist er entweder dumm oder senil. Wenn sich jetzt ein Herr Bach hinstellt und sagt, er ist entsetzt über das Ausmaß, kann ich nur kichern.«

Auch Bossard Consultants bediente sich der Hilfe sogenannter Spezialisten. Für Berlin werkelten zum Beispiel der olympische Ordensträger Willy Ph. Knecht, Torontos ehemaliger Bewerberchef Paul Henderson, derzeit Chef des Segler-Weltverbandes, und einige Consultants mit Bewerbererfahrung aus Paris und Boston. Einer jener gutbezahlten Zuträger fand die Aufgabe offenbar so spannend, daß er sich

– wie in einem billigen Agentenfilm – einen Decknamen zulegte: Professor Manfred Lämmer von der Sporthochschule Köln unterschrieb seine Notizen über IOC-Mitglieder mit der Tarnbezeichnung »Astrid«. Lämmer alias Astrid wurde laut einer Bossard-Abrechnung für seine nebenberufliche Tätigkeit mit 9400 Mark zuzüglich Mehrwertsteuer entlohnt. Im Auftrag von Fuchs hatte er im August 1991 eine Erkundungsreise nach Athen unternommen und notierte Grundsätzliches: »Erfolg oder Mißerfolg einer Olympiabewerbung hängt ausschließlich davon ab, in welchem Ausmaße es gelingt, mit den Methoden des Personal Lobbying die Stimmen der IOC-Mitglieder für sich zu gewinnen. Es ist unbedingt erforderlich, daß im inneren Kreis eines Bewerbungskomitees eine Art zentrale Datenbank existiert, in der die genauen Lebensumstände, politischen Grundauffassungen, sportpolitischen Neigungen, Werthaltungen, Schwächen etc. bis ins Detail gespeichert und verknüpft sind.« Eigentlich nichts Neues: So hatte es schon Samaranchs Barcelona wenige Jahre zuvor gehalten.

Um solche Dossiers hatte sich Fuchs seinerzeit vergeblich in Atlanta bemüht. Deshalb ging er daran, eine neue Datenbank zu erstellen. Lämmer half dabei, indem er Informationen über IOC-Mitglieder zusammentrug und freundlicherweise Erfassungsmasken redigierte. In der Datenbank war unter anderem die Kategorie »sexuelle Neigungen« vorgesehen. Lämmer notierte für den Belgier Alexandre de Merode »spezielle Neigungen« – dies nur zwei Details aus einem delikaten Mix, der in Deutschland als Dossier-Affäre bekannt wurde. »Sexvorwürfe«, meint Fuchs rückblickend, »sind wegen des greisen Alters vieler IOC-Mitglieder mehr oder weniger theoretisch.« Dennoch gehörten offenbar auch hormongesteuerte nächtliche Aktivitäten zu den ständigen Begleiterscheinungen von Olympiabewerbungen. Ob in Falun oder Amsterdam – es gab IOC-Mitglieder, die an solchen Diensten interessiert waren. Sogar in der Mormonenmetropole Salt Lake City, die offiziell als Welthauptstadt der Prüderie gilt, wurden Striptease-Abenteuer für IOC-Mitglieder organisiert. Dies gaben jedenfalls George und Milena Georgiew, die einstigen Inhaber der Begleitagentur Snow White Escort Service, zu Protokoll.

Alle Welt munkelte viele Jahre über die legendären Notizen von Bewerberchef Billy Payne in Atlanta; die in Berlin ausgetüftelte Datenbank flog schon Anfang der neunziger Jahre auf; die Akten aus Sydney wurden von Coles und Rosenbrock für Salt Lake City weitergeführt; allein die bislang bekannten Dossiers und Unterlagen über IOC-Mitglieder, die in Bewerberstädten gehortet wurden, füllen viele Meter Aktenordner. Doch an einem ahnungslosen Gremium huschten all diese Informationen spurlos vorüber: Das IOC-Exekutivkomitee hat davon nichts mitbekommen. Erst 1999, so erklärte Hodler, habe er erfahren, daß »unter den Olympiakandidaten Listen zirkulierten, die festhielten, wie die Bestechung am besten funktioniert. Darauf stand auch, welche IOC-Mitglieder dafür besonders anfällig sind.«

Dummerweise halten die Enthüllungen an. So wurde im Mai 2000, ein halbes Jahr nach dem vom IOC verordneten Ende des Skandals, ein weiteres Dossier aus Salt Lake City zur Veröffentlichung freigegeben. Diese Unterlagen waren 1991 angefertigt worden, nachdem Salt Lake City mit seiner Bewerbung für die Winterspiele 1998 an Nagano gescheitert war. Hinter den Namen einiger IOC-Mitglieder wurde das Wort »Geld« notiert, weshalb die Akten auch in der englischsprachigen Welt als »Geld-Dokument« gehandelt wurden. Wie üblich verzeichnete man eine Mixtur aus Belanglosigkeiten und Basisinformationen (Adressen, Familienverhältnisse, Beruf, Sportfunktionen etc.), aber auch die Nummern von Bankkonten und Kreditkarten sowie konkrete Handlungsanweisungen, mit welchen Projekten einzelne IOC-Mitglieder überzeugt werden sollten. David Johnson und Tom Welch wußten mittlerweile ziemlich gut Bescheid, und sie zogen ihr Programm in den folgenden Jahren konsequent durch. Das Wort »Geld« taucht hinter den Namen der Sportfreunde

Essomba, Ganga, Keita, Mukora, Nyangweso und Sibandze auf. Alles Volltreffer.

Es gibt eine Fülle ernsthafter Warnungen und Hinweise, die im Laufe der Jahre ergangen sind. Torontos gescheiterte Bewerber teilten dem IOC schon 1991 ganz konkret Namen von Mitgliedern mit, die ungehörige Leistungen eingefordert hatten. In Berlin rügten ein parlamentarischer Untersuchungsausschuß und vor allem der Landesrechnungshof die systematische Verschwendung von Steuergeldern und viele Dutzend Regelverstöße. Doch der IOC-Führung war das bis Ende 1998 völlig egal. Das olympische Völkchen wiegte sich ja in der Sicherheit, daß die brisantesten Unterlagen sowieso im Reißwolf landen (wie in Berlin) oder etwa auf die kompromißlose japanische Art vernichtet würden, wie in Nagano: Dort wurden die Dokumente einfach verbrannt. Wie Sportfreund Junichi Yamaguchi aus dem Bewerberkomitee der *New York Times* erklärte, sei dies auf Bitten von IOC-Mitgliedern geschehen. »Es hätte ihnen Unannehmlichkeiten bereiten können«, sagte Yamaguchi. Aber nicht einmal die Akten aus Salt Lake City sind annähernd komplett. So wurden in der Zeit von November 1989 bis November 1991 bei Sitzungen des Bewerberkomitees überhaupt keine Notizen angefertigt, zwei Stapel mit den Minutes aus den Jahren 1992 bis 1995 wurden von der Anwaltskanzlei Ray, Quinney & Nebeker vernichtet – versehentlich.

In dem Maße wie das IOC den olympischen Städtewettbewerb zu einem eigenen Wettkampf (mit Live-Übertragungen von Vorentscheid und Finale) in den ungeraden Jahren zwischen den Olympischen Spielen umgemodelt hat, in dem Maße wurde der Nährboden für einen merkwürdigen Mikrokosmos gelegt. Ein paar Dutzend Firmen, ein paar hundert Leute leben ziemlich gut von diesem Spektakel. Ehemalige IOC-Mitarbeiter wie Jean-Michel Gumz, der im Glaspalast in Lausanne-Vidy viele Jahre die Olympiabewerber betreute. Dann wurde er selbständig und verdingte sich als Berater. Mit Athen 2004 hatte er großen Erfolg. Mit Sion 2002 und

2006 weniger. Für das Projekt Olympische Winterspiele 2010 in Montreux soll er schon wieder tätig sein. Manche gingen auch den umgekehrten Weg, wie der Äthiopier Fékrou Kidane: Er begann als Sportreporter, gab dann eines der vielen Mitteilungsblättchen im olympischen Dunstkreis heraus, beriet nebenher Bewerberstädte (Falun) und landete schließlich in der IOC-Verwaltung, wo er inzwischen als doppelter Direktor fungiert – verantwortlich für das *cabinet du président* und für Kommunikation. Als solcher überschwemmt er die Welt mit lobhudelnden Artikeln über seinen spanischen Boß und dessen Ideal, »eine friedlichere und bessere Welt aufzubauen«.

Im Umfeld des Präsidenten steht auch die Familie Takac ganz im Dienst des olympischen Ideals. Artur Takac, inzwischen weit im neunten Lebensjahrzehnt, dient dem IOC-Boß seit vielen Jahren als persönlicher Berater, dessen Gehalt einst sogar vom Exekutivkomitee abgesegnet worden ist. Takac war lange Zeit auch technischer Direktor des IOC. Er nahm als Aufseher in den Olympiastädten Mexiko, Montreal, Moskau und Sarajewo durchaus wichtige Funktionen wahr. Vor allem aber ist der alte Mann ein treuer Lakai seines spanischen Freundes, mit dem er selbst die Schwäche für die immer gleichen kobaltblauen Anzüge teilt. Bei tausenderlei Anlässen nahm Takac seinen Platz dicht beim Ringe-Boß ein, ohne selbst IOC-Mitglied zu sein – was aus protokollarischer Sicht, der wichtigsten im IOC, viel besagt über die Verbindung der beiden Männer. IOC-Generaldirektor Carrard indes, der bei heiklen Themen sonst ja stets mit konzertierter Ahnungslosigkeit auffällt, weiß es diesmal ganz genau: »Artur Takac hat das IOC nie als Sprecher vertreten, und er kann nicht als einer von Juan Antonio Samaranchs engsten Berater beschrieben werden.«

Man tritt Takac senior mit der Feststellung nicht zu nahe, daß er im Laufe der Jahre auch auf das geschäftliche Fortkommen seines Sohnes Goran ein Auge warf. Goran Takac, Jahrgang 1950, berät Olympiastädte und macht gutes Geld damit.

»Niemals habe ich oder ein Mitarbeiter meiner Firma dabei etwas Illegales oder moralisch Unakzeptables getan«, erklärte Takac zum Jahreswechsel 1998/99, als sein Name weltweit als Synonym für den olympischen Schmarotzer, für einen Olympiaagenten fragwürdigster Sorte gehandelt worden war. Takac stellt sich als Opfer einer »Massenhysterie« dar. Tag und Nacht werde er von Journalisten bedrängt, beschwerte er sich, »zu Hause, im Urlaub, mitten auf dem Sonntagsmarkt«.

Sogar das sonst so großzügige IOC-Sponsorenblatt *Sports Illustrated* hatte sich der Takac-Familie angenommen und eine Geschichte von der Session 1991 in Birmingham publiziert, als Artur Takac Dutzende IOC-Mitglieder dezent darauf hinwies, daß Seine Exzellenz, der IOC-Präsident, ganz schön sauer wäre, wenn Nagano das Ding noch verlöre. Wo doch sein Lieblingsprojekt, das im Bau befindliche Olympische Museum in Lausanne, immer noch auf die versprochenen 20 Millionen Dollar Spendengelder warte, die ein Konsortium japanischer Geschäftsleute versprochen hatte. Daß Goran Takac an einer erfolgreichen Bewerbung Naganos 363 000 Dollar verdienen sollte, erzählte Papa Artur den Olympiern natürlich nicht. Tatsächlich aber haben die damals gescheiterten Salt-Lake-Bewerber, darunter der US-Senator Orrin Hatch, sehr nervös verfolgt, wie unverfroren Takac operierte. Später forderten und erhielten sie sogar einen Entschuldigungsbrief, in dem Takac eingestand, daß sein Wirken unsauber gewesen sei: Er hätte nicht so tun dürfen, als spreche er für Samaranch. Aber da war das dicke Ding schon gedreht und die schlimmsten Befürchtungen der Mormonenabordnung Realität geworden: Nagano siegte, mit vier Stimmen Vorsprung.

Goran Takac behauptet dennoch, die mehr als dreißig Jahre andauernde Freundschaft seines Vaters mit Samaranch habe ihm nie genutzt. Im Gegenteil: »Mein Vater war ein Handicap.« Seine diskrete Form der Kundenakquisition erläuterte Takac junior so: »Wir sind nie an Bewerberkomitees herangetreten, sie kamen immer zu uns.« Das klingt alles ziemlich ungereimt. Es läuft überdies Aussagen vieler ehemaliger Bewerber zuwider, etwa aus Anchorage und Falun, die sich noch sehr genau daran erinnern können, wie Artur Takac ihnen die Dienste seines Sohnes aufgedrückt hat. »Er belagerte uns förmlich und versicherte uns, es sei auch ihm zu verdanken, daß Sarajewo die Spiele bekommen hätte. Er schlug uns vor, wir sollten mal mit seinem Sohn reden«, erzählte Dick Angell aus Anchorage. Als sich die Stadt aus Alaska dann ein zweites Mal bewarb, brachte Takac seinen Sohn und Bewerberchef Rick Nerland direkt zusammen – Goran Takac erhielt einen Vertrag über 10 000 Dollar im Monat. Lars Eggertz aus Falun berichtete: »Gorans Vater sagte mir, wenn ich seinen Sohn anheuere, dann könnten wir die Kontakte machen, um die nötigen Stimmen zu kriegen.«

Gorans in Lausanne ansässige Firma IMS/Studio 6 war seit 1976 tätig für Sarajewo, Calgary, Sofia (zweimal), Brisbane, Cortina, Anchorage, Athen, Nagano, Taschkent, Sotschi, St. Petersburg. Mithin zählten drei Siegerstädte zu den Klienten. Takac fühlt sich dem bulgarischen IOC-Mitglied Iwan Slawkow, dem skandalerprobten Schwiegersohn Todor Schiwkows, sehr verbunden, und er ist gut befreundet mit den russischen Olympiazaren. IMS/Studio 6, offizielle Marketingagentur des russischen NOKs, half auch, die Eishockey-WM 2000 nach St. Petersburg zu holen. Sie fertigte über viele Jahre Hochglanzbroschüren und Bücher im Auftrag des IOC und der Weltverbände in Leichtathletik und Skisport. Der größte Coup aber gelang dem Unternehmen damit, daß es das Design für die olympischen Orden entwarf – jene Klunker, mit denen Samaranch seine Kontakte vergoldet.

Goran Takac war selbstverständlich bei der vorerst letzten Vergabe der Spiele mit einer offiziellen Akkreditierung zugegen. Im Shilla-Hotel von Seoul setzte er sich auf der 109. IOC-Session im Juni 1999 für Turins Bewerbung ein. Wie wenig sich in jenem Krisenjahr, trotz der paar Rausschmisse und vielerlei öffentlicher Versprechen, geändert hat bei der Olympiakür, wurde damals eindrucksvoll offenbart.

Nicht etwa das schweizerische Sion, das laut dem Bericht der IOC-Prüfungskommission die technisch beste Bewerbung offeriert hatte, erhielt den Zuschlag für die Winterspiele 2006 – sondern Turin. Die 36:53-Niederlage war ein Desaster für Sion. Und es war ein offenes Geheimnis, daß sich viele IOC-Mitglieder damit an Marc Hodler rächen wollten. Was unter Experten weltweit seit Monaten diskutiert worden war, hat man offenbar nur in der Schweiz nicht für möglich gehalten.

Die Niederlage wurde in Schweizer Medien lang und breit debattiert. Siegessicher waren die Sittener bis zum Vorabend der Wahl gewesen, legte das Magazin *Facts* in einer umfänglichen Geschichte dar. Bei einem Empfang habe dann ein IOC-Mitglied dem Cheflobbyisten Gumz zugeraunt: »Achtung, das Blatt wendet sich.« Gumz alarmierte Bundesrat Adolf Ogi: »Wir müssen etwas tun.« Mit Unterstützung der beiden Schweizer IOC-Mitglieder René Fasel und Denis Oswald (Hodler war ja nicht vorzuzeigen) schwärmten die Stimmenfänger sofort aus. Am späten Abend traf man auf den kuwaitischen Scheich Al-Sabah, den Chef der asiatischen Olympiavereinigung, einen besonders abgebrühten Allianzenschmied. Al-Sabah teilte ungnädig mit, die Schweiz hätte sich dem IOC gegenüber »zu wenig dankbar« gezeigt. Einer aus Sions Delegation ersuchte kurz vor Mitternacht gar um Hilfe bei Samaranch. Am nächsten Morgen absolvierte Ogi eilends noch einige Krisengespräche mit wichtigen Fraktionsführern im IOC wie dem Mexikaner Mario Vázquez Raña – indes, es war zu spät.

Turin, gepuscht von vier gerissenen italienischen IOC-Mitgliedern, gewann souverän. *The winner is: Torino,* verkündete Samaranch. Wie viele gescheiterte Bewerber vor ihm – etwa 1993 Brigitte Schmitz aus Berlin – hat sich Sions Jean-Michel Gumz in den Minuten nach der Entscheidung die Gesichter der IOC-Mitglieder angeschaut. »Ich konnte sofort sehen, wer uns angelogen hatte«, behauptete er. »Wir haben mit einem Hämmerchen gearbeitet, während die Italiener mit einem Bulldozer auffuhren«, mäkelte Fasel. Ausgerechnet die

Bewerbung, die maßgeblich von Fiat-Ehrenpräsident Gianni Agnelli gesponsert wurde, gewann in Seoul. Agnelli war ja gerade erst von Samaranch in die IOC-Reformkommission berufen worden, und das, obgleich ihn Hodler erst ein halbes Jahr zuvor der Korruption beschuldigt hatte: Um die alpinen Skiweltmeisterschaften 1997 in seinen Wintersportort Sestriere zu holen, habe Agnelli den nationalen Verbänden bis zu 140 Autos zur Nutzung versprochen, hatte Hodler erklärt. Ein Anwalt aus Luxemburg hätte für 800 000 Schweizer Franken 19 Stimmen an Sestriere verkauft.

Am Ende des turbulenten Jahres 1999, exakt ein Jahr nach seinen überraschenden Bekenntnissen in Lausanne, resümierte Marc Hodler: »Es ist erstaunlich, wie schlecht die IOC-Mitglieder olympische Tatbestände kennen. So glauben im IOC heute noch viele, daß Sestriere nur ein paar Kilometer von Turin entfernt ist. Haarsträubend! Ich behaupte, daß nicht mehr als 7 bis 10 Prozent der IOC-Mitglieder jeweils den Evaluationsbericht zu den Kandidatenstädten lesen.« Und wieder sprach der alte Mann von »einer Art Korruption«. Von einer Reinigung im IOC könne nicht die Rede sein, erklärte Hodler: »Es gibt ein IOC-Mitglied, das vertritt die These, wonach Käuflichkeit allein eine Frage des Preises sei.«

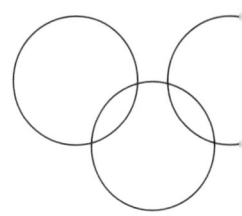

Der fromme Asket

Der treue Falangist

Obwohl Juan Antonio Samaranch seit zwei Jahrzehnten uneingeschränkte Kontrolle über die Bewegung ausübt, verbreiten viele Medien, besonders in ihren Sportressorts, die Einschätzung, daß dieser vitale, stets mobile, dauernd telefonierende, rundum informierte Alleinherrscher höchstens eine winzige Ahnung von den Fehlentwicklungen gehabt habe und persönlich integer sei. Er mag vielleicht durch allzu große väterliche Nachsicht manche Mißstände begünstigt haben – außer Zweifel stehe aber, daß er selbst nur saubere Geschäftsziele verfolge, und zwar immer zum Wohle des Sports. Kennt man ihn nicht als rastlosen, jedem persönlichen Pomp abholden, von Königen und Staatschefs eskortierten Edelmann?

In dem 1997 vom IOC herausgegebenen Hymnenbuch *The seventh President of the IOC,* das die ersten siebzehn Jahre (1980–1996) seiner Amtszeit Revue passieren läßt, wird Samaranch wie eine Gottheit verehrt. Das vom schwedischen Sportfunktionär (und ehemaligen Sportjournalisten) Wolf Lyberg verfaßte Werk beginnt mit den Worten Martin Luther Kings: »*I have a dream!*« Da sich die Olympier aber generell schwertun, ihre Visionen einleuchtend und überzeugend darzulegen, wird Samaranchs Traum dann auf 248 prallvollen Seiten lediglich in Zahlen und Fakten zerpflückt. Knapp hundert Fotos schmücken ein Huldigungsbuch, das es durchaus mit den Machwerken des Stalinschen Personenkults aufnehmen kann: Samaranch als Rollhockeyspieler, Samaranch mit eleganter Ballführung auf dem Fußballplatz, Samaranch mit

Sportstars, Samaranch im lockeren Plausch mit der Sportpresse, Samaranch beim Gottesdienst, Samaranch beim Frühsport, Samaranch mit Saddam Hussein, Castro, Indira Gandhi, Jelzin, Deng Xiaoping, Clinton, Reagan, Kaiser Akihito, den Königen von Spanien und Schweden und, der darf nicht fehlen, mit dem Papst. Insgesamt traf der Große Vorsitzende bis 1996 schon rund 190 Staats- und Regierungschef, manche davon ein halbes Dutzend Mal.

Samaranch gehört laut Lyberg nicht nur zu den »größten Olympiabriefmarkensammlern der Welt«, nein, er sammelt auch die auf Fotopapier gebannten Beweise seiner Wichtigkeit. Und er hat diese Manie an seine Gefolgsleute vererbt: Beim Vizepräsidenten Kevan Gosper stehen die Fotos, die ihn mit Staatsmännern zeigen, in der guten Stube auf dem Flügel, der mexikanische Medienzar Mario Vazquez Rana ließ sogar einst einen Prachtbildband mit seinen Erinnerungsfotos erstellen, und in den sonst eher schmucklosen Büros von Un Yong Kim hängen die Aufnahmen an der Wand. »Ich und die Großen der Welt« – diesen inoffiziellen Wettbewerb der Sportfürsten führt Samaranch mit großem Vorsprung an.

Ohne Zweifel ist dieser Präsident ein Arbeitstier. Allein bis 1996 schrieb er durchschnittlich 5568 Briefe pro Jahr, besuchte rund 200 Nationale Olympische Komitees (die meisten mehrfach), verpaßte kaum eine wichtige Sitzung, darunter zwei olympische Kongresse, 22 IOC-Sessionen, 79 Exekutivsitzungen und viele hundert Veranstaltungen des Sports. Leicht entrückt formuliert der Chronist Lyberg: »Niemand auf der Welt hat seit 1981 so viele Kilometer in der Luft zurückgelegt, niemand landete weltweit auf so vielen Flughäfen, niemand hat so viele Staatschefs getroffen wie unser Präsident.« Kurzum, Samaranch ist ein Gigant. In Zahlen ausgedrückt: An 2116 Tagen flog er durch die Welt, war 4805,5 Stunden in der Luft und legte dabei 3 480 280 Kilometer zurück. Weltrekord bis in alle Ewigkeit. Ein Mann für das *Guiness Buch der Rekorde,* und dabei sind die Jahre seit 1997 in den blendenden Statistiken noch nicht mal enthalten.

Diese Version ist die gängige. Aber stimmt sie – oder gibt sie nur ein oberflächliches, von PR-Profis poliertes Image wieder? Hat der achtzigjährige Machtmensch den olympischen Sport im Korruptionssumpf versenkt, oder hat er wirklich nur in den letzten Jahren den Überblick verloren? Und zwar ausgerechnet immer dann, wenn er ihn besonders benötigt hätte? Wurden er und seine Getreuesten in der IOC-Regierung von treulosen unteren Chargen hintergangen, die all die goldenen Anstandsregeln brachen, die von den führenden Funktionären so eisern eingehalten und überwacht werden? Oder haben sich da nur ein paar Subalterne ihr Stück vom großen Kuchen abschneiden wollen, und das IOC ist tatsächlich das, was nicht nur Ermittlungsbehörden in den USA oder die schwedische Staatsanwaltschaft argwöhnten: latent mafiös? »Geld rein, Geld raus«, so kam es dem Stockholmer Sonderermittler vor – alles unterm Deckmäntelchen von Olympia. Um diesem begründeten Verdacht, der auch die amerikanischen Ermittlungsbehörden beschäftigte, nachzugehen, muß zunächst geklärt werden, was Samaranch antreibt: Nur die nackte Lust an der Macht, oder gibt es daneben stille, konkrete Ziele – solche, die im verborgenen blühen? Weil sie nur über Praktiken erreicht werden, die das Licht öffentlicher Kontrolle nicht vertragen?

Juan Antonio Samaranch, im Juli 1920 geboren und zeit seines Lebens ohne existentielle Sorgen, blickt auf zwei stark divergierende Lebenshälften zurück. Seine Reifezeit erlebte er im ab 1936 von General Francisco Franco unterdrückten Katalonien. Die Jugend im Hause Samaranch, das damals noch nicht im spanischen Adelsregister verzeichnet war, darf als unbeschwert gelten. Der Bürgerkrieg hinderte Samaranch jedoch daran, eine Universitätsausbildung zu absolvieren, was er später einmal als sein »größtes Manko« beschrieb. Juan Antonio absolvierte lediglich Wirtschaftskurse in London, in den USA und im reiferen Alter auch in Barcelona – wir werden noch darauf eingehen. Ansonsten widmete sich Samaranch seinem geliebten Rollhockey und trimmte sich für die Herausforderungen des Lebens. Mitunter benutzte er dazu die Fäuste. Einmal konnte man ihn im Ring bewundern, wie er eine lokale Boxgröße verdrosch. Einer von Juan Antonios Jugendfreunden erzählte viele Jahre später, der heroische Schlagabtausch sei nur ein Scherz gewesen, man habe den Ringpartner dafür bezahlt, daß er sich vom zartgebauten Samaranch vermöbeln ließ. In Samaranchs Erinnerung nimmt Boxen dennoch einen angemessenen Stellenwert ein: Er nahm die Sportart in seine olympische Biographie auf.

Daß er sich durchgeschlagen hat im Sport, verdankt er aber eher Rollhockey, einer nichtolympischen Randsportdisziplin. In Katalonien ist diese Hockeyvariante überaus populär, und als Samaranch in den fünfziger Jahren die Organisation dieser Sportart übernahm, stieg damit sein persönlicher Bekanntheitsgrad. Er organisierte eine Rollhockey-WM 1954, ein Jahr später die Mittelmeerspiele, die dank seines offensichtlichen Managementtalents die Weltöffentlichkeit für das außenpolitisch isolierte Spanien interessieren konnten. Es war der Startpunkt für eine Bilderbuchkarriere im faschistischen Spanien.

Mit der Faschistenpartei »Falange« war Samaranch 1955 ins Geschäft gekommen. Zu einer Zeit, da viele seiner katalanischen Altersgenossen eine Autonomie ersehnten, mit eigener Regierung und eigener Sprache. Hoffnungen und Forderungen, die von der Falange systematisch unterdrückt wurden. Was tat damals der junge Samaranch? Er hörte auf, katalanisch zu sprechen, und pflegte das klassische Spanisch, Castellano. Und er wurde Anhänger von Real Madrid, der Mannschaft des Regimes und Erzfeind des FC Barcelona. 1956 rückte Samaranch als Vertreter Kataloniens in den Nationalen Sportrat ein. Von da an ging es bergauf. Gattin Maria Teresa, die ihm die Kinder Maria Teresa und Juan Antonio gebar, konnte ihn dabei unterstützen, denn Frau Samaranch war eine gute Freundin von Francos Tochter Carmen. Diese private Nähe zu Franco schadete Samaranchs Laufbahn nie. Er wurde Stadtrat in Barcelona, dann Abgeordneter in Madrid, stieg dort zum Chef der Behörde für Sport und Körpererziehung auf. Wobei er neuerdings Wert darauf legt, nur Staatssekretär und keinesfalls Minister im Kabinettsrang gewesen zu sein, wie das IOC am 1. Februar 1999 ganz eilig mitzuteilen wußte. »Korrektur von Ungenauigkeiten in den Medien«, so war die Pressemeldung überschrieben. Dabei hätte das erheiternde Schriftstück »Korrektur bisheriger Darstellungen des IOC« lauten müssen. Denn in den offiziellen IOC-Biographien hatte man Samaranchs Tätigkeitsbeschreibung als »Staatssekretär« unter Franco über Jahrzehnte verschwiegen. Noch im Januar 1999 erklärte Samaranch öffentlich, nur eine »untergeordnete bürokratische Position« eingenommen zu haben – dabei hatte er doch immer vom Ministerposten geträumt, wie er der französischen Sportzeitung *L'Equipe* Jahre zuvor selbst offenbarte.

In der Heimat unterhielt Samaranch beste Kontakte zur Hochfinanz. Er zog in Dutzende Vorstände und Aufsichtsräte ein, wie in den der mächtigen spanischen Sparkasse Caixa oder in den prosperierender Investmentfirmen wie der der Caixa angeschlossenen Caifor. Schon Ende der fünfziger Jahre wurde er mit unsauberen Geldtransfers ins Ausland in Verbindung gebracht. Damals hielt der in Lausanne residierende IOC-Kanzler Otto Mayer den amerikanischen IOC-Präsidenten Avery Brundage in der Regel brieflich und via Aktennotizen auf dem laufenden. Die umfängliche Korrespondenz wird im Brundage-Archiv in Chicago aufbewahrt. Sie birgt interessante Noten.

Am 12. Februar 1957 erwähnte Mayer erstmals den Spanier, der ihn in Lausanne besucht hatte: »Ein Freund von mir, sehr reich, Alter ungefähr 35. Sehr am Sport interessiert und ein Mitglied der Stadtregierung von Barcelona.« Mayer war angetan. Er berichtete nun ab und zu über Samaranch, den er ins IOC hieven wollte. Zwei Jahre später mußte er Brundage eine Hiobsbotschaft übermitteln: »Einem Telefongespräch zufolge, das ich unlängst mit Varela, Barcelona, [José Mercer Varela, Journalist und enger Wegbegleiter Samaranchs] hatte, fürchte ich, daß unser Freund Samaranch auch in diesem Skandal steckt«, schrieb Mayer. »Natürlich habe ich dafür keine offizielle Bestätigung, aber das ist es, was ich aus dem Telefongespräch heraushören konnte.« Mayers nächste Aktennotiz war schon konkreter: »Unser Freund Samaranch steckt auch mit in dem Finanzskandal in Spanien. Man spricht davon, daß ungefähr 400 Millionen Dollar in der Schweiz und in den USA plaziert worden seien. Wichtige politische Persönlichkeiten stecken auch mit drin.« Berichte aus jener Zeit sprechen von 100 Millionen Dollar, die in der Schweiz verschwunden seien. Die Aufregung hatte sich schnell gelegt, so daß Francos Vorzeigesportler 1966 ins IOC einziehen durfte, wo der Freund höfischer Zeremonien alsbald zum Protokollchef aufstieg.

Seit 1973 war Samaranch Regionalpräsident im traditionell aufmüpfigen Katalonien – ein Job, der einen verläßlichen Statthalter erforderte. Zwei Jahre später starb der große Gönner Franco, als dessen »hundertprozentiger Anhänger« er sich immer bezeichnet hatte. Damals zählte Samaranch bereits reife 56 Jahre – das ist unter Normalbürgern fast ein komplettes Berufsleben, in dem sich auch die Weltanschauungen gefestigt haben. »Als Präsident der Deputación mußt du nicht Loyalität mit dem Regime zeigen«, erklärt Santos Julia, ein spanischer Historiker. »Du warst das Regime!«

Es wurden bislang keine Beweise dafür veröffentlicht, daß Samaranch in seiner Zeit als Verwaltungschef der katalanischen Provinz unmittelbar Gewalt oder Repression ausgeübt hätte. Aber es gibt auch keinen Beweis dafür, daß Samaranch sich in diesen Zeiten durch Zivilcourage ausgezeichnet hätte – im Gegenteil: Ein trauriger Höhepunkt der Auseinandersetzungen mit dem Unterdrückerregime in Katalonien war der 2. März 1974, als in Barcelona das von einem Militärgericht verhängte Todesurteil gegen Salvador Puig Antich vollstreckt wurde, einen 26jährigen Dissidenten. Antich hatte einen Polizisten getötet, als der ihn festnehmen wollte. In den Tagen vor der Hinrichtung gab es Protestzüge in den Straßen: Anwälte, Ärzte, Studenten, Arbeiter – alle Schichten der Bevölkerung demonstrierten. Es suchten der Künstler Joan Miró und sogar Francos Leibarzt beim Diktator um Milde nach. Ein Prominenter aber schwieg: Samaranch. »Das hätte ja bedeutet, etwas Couragiertes zu tun, etwas Mutiges«, beklagte Carmen Puig Antich, die Schwester des Hingerichteten, 1999 im *Wallstreet Journal.* Sie hat eine Neuaufnahme im Fall ihres Bruders vor spanischen Gerichten erreicht.

1977, zwei Jahre nach Francos Tod, hatte die Bevölkerung von Samaranch genug. An einem sonnigen Apriltag fanden sich auf der Plaza St. Jaume in Barcelona hunderttausend Katalanen ein, um ihre Ablehnung gegen ein übriggebliebenes Symbol der verhaßten Diktatur kundzutun. Sie wollten das Land nun auf die lang ersehnten demokratischen Wahlen vorbereiten, die letzten hatte es in den dreißiger Jahren gegeben. Seit damals hatte das Franco-Regime die Autonomiebestrebungen der Katalanen rigoros und blutig unterdrückt. Am Tag des Schutzheiligen St. Jordi hatte das Volk genug. *Samaranch, fot e camp!* skandierte die Masse auf dem Platz, »Samaranch, hau ab!« Es war das Ende des Politikers Samaranch. Der Chef der Provinzregierung, der *Deputación,* entwich im Schutz seiner Sicherheitsgarde durch eine Seitentür. Aber, darauf legt das IOC neuerdings Wert, »Meldungen, daß er aus Spanien verbannt worden ist, sind unkorrekt und unbegründet«. Samaranch selbst hat des öfteren den »Stolz auf meine Vergangenheit« verkündet.

Damals, als die Demokratie aufstand und seine Welt versunken war, als ganz Spanien daranging, die Wende in die Welt eines modernen Parlamentarismus zu bewerkstelligen, wechselte Samaranch von dem einen in ein anderes diktatorisches Herrschaftssystem. In Madrid, wo der verehrte Kronprinz König wurde, gab es noch einflußreiche Freunde – und plötzlich war Samaranch Diplomat. Einer, der das neue Spanien vertreten durfte: Samaranch wurde 1977 als Botschafter – für die Sowjetunion und die Mongolei – nach Moskau expediert. Er blieb in einer von autoritären Strukturen geprägten Welt, und mühselige Dienste am Vaterland ersparte er sich damit auch. In der Heimat war man für die nächsten Jahre damit beschäftigt, die Scherben der Franco-Ära zusammenzufegen und den Umschwung zu meistern. Samaranch aber ging seiner olympischen Wege, bereitete den Umstieg in eine persönliche kleine Diktatur vor: auf dem Olymp des Sports.

Im sowjetischen Moskau des Kalten Kriegs zwischen West und Ost begann seine olympische Karriere. Hier wird sie auf der 112. IOC-Vollversammlung im Juli 2001 auch enden, wenn seine letzte Amtsperiode abgelaufen ist. In Moskau sitzen bis heute enge Freunde. Geschäftsleute, Funktionäre und Politiker, die ihm behagen. Von diesen Prioritäten zeugen nicht nur zahlreiche kostbare Ikonen, die die Wände seiner spanischen Domizile schmücken. Nach Rußland flog er öfter als sonstwohin auf der Welt. Hier, von Kontrolleuren und Kritikern unbehelligt, hatte er mit hohem Eigenaufwand und der wesentlichen Hilfe von Horst Dassler und André Guelfi, dem umtriebigen Geschäftsmann aus der Schweiz, seine gesellschaftspolitische Wiedergeburt initiiert. 1980, unmittelbar vor den Boykottspielen in Moskau, ließ sich Samaranch zum IOC-Präsidenten küren – zum siebten insgesamt nach Demetrius Vikélas (Griechenland), Baron Pierre de Coubertin (Frankreich), Graf Henri de Baillet-Latour (Belgien), Sigfrid Edström (Schweden), Avery Brundage (USA) und Lord Michael Killanin (Irland). Schon damals in Moskau waren all die flankierenden Maßnahmen zu beobachten, die im Reich Samaranchs in der Sportpolitik perfektioniert werden sollten: Druck, Deals, diskrete Absprachen und Intrigen.

Da die Wahlhilfe des spanischen NOK von fünf Millionen Peseten sehr spärlich ausgefallen war, investierte Samaranch selbst reichlich in den neuen Posten. Er verkaufte seine Anteile an der Banco de Madrid mit einem herben Verlust – aus einem früheren Anteilswert von umgerechnet rund zehn Millionen waren bei der Veräußerung an den Aufkäufer Banesto nur noch 650 000 Mark geblieben, die in die Moskauer Kampagnen flossen. Samaranch gelang eine schnelle und bemerkenswerte Transformation: vom Blauhemdträger der Falange, einem glühenden Franco-Anhänger, zum Moralapostel, dem obersten Ordensherrn des Weltsports. Vom faschistischen Staatssekretär zum IOC-Präsidenten, für den in aller Welt rote Teppiche ausgerollt wurden und der bald in den Chefetagen der Großkonzerne ein und aus gehen konnte. In einem Stasi-Dossier wurde damals zu Samaranch vermerkt: »Er wird als Mensch eingeschätzt, der zeit seines Lebens im richtigen Augenblick am richtigen Ort war.« Die Gabe, »sich unter den Mächtigen Freunde zu machen«, zeichne ihn aus. So konnte er auch den Makel des »früheren Bekenntnisses als hundertprozentiger Franco-Anhänger« überwinden.

Das Werk Gottes

Francos Spanien, Breschnews Sowjetunion – Samaranch hat sich bis zu Beginn seines siebten Lebensjahrzehnts nie in einer freien Gesellschaft entfaltet. Es gibt eine Fülle von Anhaltspunkten in Leben und Werk des Führers der olympischen Bewegung, die darauf hindeuten, daß ihm daran auch nie gelegen war. Er suchte die Welt der Geheimnisträger und Flüsterzirkel; Offenheit und freie Wahlen gelten ihm als Teufelszeug. Deshalb sind auch im neunten Lebensjahrzehnt seine persönlichen Ziele nur zu erahnen – es sei denn, man ist schlichten Gemüts und glaubt den pflichtgemäß verbreiteten PR-Unfug, daß es Samaranch (wie allen IOC-Leuten) nur um das Wohl des Sports und um die liebe Weltjugend ginge.

Auch sein IOC ist in den entscheidenden Positionen ein geheimer Zirkel. Diskreter, viel verschlossener, als es vor Samaranchs Zeiten war. Und immer steht in solchen Elitezirkeln ein heiliges Prinzip über allem: die *Cosa nostra* – »unsere Sache«. Diese *Cosa nostra* verträgt keine Transparenz, verträgt nicht mal Offenheit nach innen, gegenüber subalternen Mitgliedern: Wie im IOC, wo die Sitzungsprotokolle des Vorstands, der Exekutive, für zwanzig Jahre unter Verschluß gehalten werden – nur absolute Parteigänger wie der Schwede Lyberg erhalten Zugang, um mit harmlosen Informationen schönfärberische Broschüren zu fertigen. Absolut starr sind die Hierarchien: Wie im IOC, wo Samaranch »Exzellenz« genannt und auch so behandelt wird – nur neuerdings behauptet er, nie auf dieser Anrede bestanden zu haben. Gehorsam ist oberstes Prinzip: Wie im IOC, wo äußerst selten offene Debatten geführt werden. Jede Kontrolle von außen wäre tödlich für das Gedeihen der gemeinsamen Sache: Wie im IOC, das sich im Winter 1998/1999 nach dem Bekanntwerden der Bestechungen sogar sein Antikorruptionskonzept selbst gebastelt hat. Denn die *Cosa nostra* – das ist und bleibt unsere Sache. Dahinter verbirgt sich das immer gleiche Gemenge aus Geld, Macht und Moralhülsen, das es einer kleinen, sich selbst privilegierenden Gruppe gestatten soll, Gesellschaftsregeln zu umgehen oder zu brechen, die für alle anderen Menschen Gültigkeit besitzen.

Das Prinzip der *Cosa nostra* gilt in Struktur und Anwendungsformen weitgehend auch für die sogenannte heilige Mafia: das Opus Dei. Jene von Polit- und Wirtschaftsskandalen umwitterte fundamentalchristliche Organisation, die im Stil einer Geheimsekte operiert. Das Opus Dei wurde 1928 in Spanien gegründet und dort schon früh die *Santa Mafia*, heilige Mafia, genannt. Längst hat es sich den Kontrollinstanzen der katholischen Kirche entzogen – gelungen ist das mit der Macht eines immensen verborgenen Reichtums. Denn die Mitglieder der Organisation, die sich in geistige (Numerarier) und weltliche (Supernumerarier) aufteilen, sind in der Regel eher vermögend, und sie lassen nur das in die Öffentlichkeit dringen, was von ihnen bekannt werden soll. Natürlich ist es zweckmäßig, wenn die für die finanzielle Versorgung des Werks zuständigen Supernumerarier in ihrem Berufsalltag unauffällig arbeiten können – schon, damit sie nicht als suspekt angesehen oder gar am Karrieremachen gehindert werden können. Deshalb bleiben ihre Beziehungen zum Werk normalerweise verborgen. Auch alle maßgeblichen Leitlinien

über das Innenleben dieses mit Macht auf die Gesellschafts-
eliten zielenden Opus sind – natürlich – geheim.

Wenn das Opus Dei hier als Vergleichsgröße zu den Füh-
rungsstrukturen im IOC dient, geschieht das nicht willkür-
lich. Das Werk Gottes weist eine Fülle von Parallelen zur
Arbeitsweise der Olympier auf, die ja in wesentlichen Bereichen auch wie eine Geheimloge werkeln. Zudem fällt auf,
daß es in Samaranchs Vita eine Vielzahl Berührungspunkte
mit dem Opus Dei gibt. In einschlägigen Fachbeiträgen wird
er sogar immer wieder als Mitglied des Opus bezeichnet. Tatsächlich hat Juan Antonio Samaranch 1962 die berühmte
Wirtschaftsakademie des Opus Dei, das Instituto de Estudios
Superiores de la Empresa (IESE) in Barcelona, als einer der
ersten absolviert. Erklärt hat sich Samaranch zu seiner ver-
meintlichen Mitgliedschaft im Opus nie. Zahlreiche Anfragen
zu diesem biographischen Detail ließ er unbeantwortet. Es
kam nie eine Bestätigung. Aber auch nie ein Dementi.

Gegründet wurde das Opus Dei von dem spanischen Priester Josémaria Escriva de Balaguer, einem Mann mit missio-
narischen Zügen. Zu obskurer Macht und großem Reichtum
erblühen konnte es im Regime Francos. Noch heute ist die
Werkzentrale in Spanien zu lokalisieren, wiewohl sich das
Opus weltweit ausgebreitet hat. Eine besondere Stellung besitzt es im Vatikan, wo es 1982 sogar den Status einer Perso-
nalprälatur verliehen bekam. Ein einmaliger Vorgang, der bedeutet, daß das Werk Gottes nur noch dem Papst selbst
unterstellt ist. Nicht erst seit dieser Zeit melden sich immer
lauter Kritiker des Opus zu Wort. Zutiefst mißtrauen sie den
Absichten einer strikt auf Geheimniskrämerei bedachten
Katholikenzelle, die Kirchenforscher auf eine ähnliche Stufe
wie die Bewaffnete Islamische Gruppe und den Heiligen Isla-
mischen Krieg stellen. Das Opus Dei hat sich jedenfalls von
seinen ursprünglichen Prinzipien, die auf einer christlichen
Arbeitsethik fußten, rasch und konsequent zu einer Geldmaschine im Dienst eines »religiösen Radikalismus« entwickelt.
Dies hat unter anderem der kanadische Opus-Forscher David

Hutchison in seinem Buch *Die heilige Mafia des Papstes* mit überzeugender Beweisfülle dargelegt.

In internen Opus-Publikationen wie der *Cronica* finden sich kernige Leitsätze, die übergangslos in die IOC-Handlungsanleitung passen würden: »Das erste Zeichen Eurer Hingabe besteht darin, daß ihr nicht die Feigheit besitzt, die schmutzige Wäsche außerhalb des Werkes waschen zu gehen, falls Ihr wirklich heilig werden wollt; wenn nicht, seid ihr hier überflüssig.« Wesenszüge der olympischen Organisation beschreibt – natürlich ganz ohne diese Absicht – der Zürcher Theologe Matthias Mettner in seinem Buch *Die katholische Mafia:* »Hinter der glänzenden religiösen Fassade, die das Opus präsentiert, erkenne ich nur den Glauben an die Macht und das Geld, an den Primat der Macht.« Diese Einschätzung bestätigte Opus-Gründer Escriva sogar selbst in seinem Leitfaden *Der Weg.* Und zwar mit denkwürdigen Forderungen wie den folgenden: »Gehorchen … sicherer Weg. Blind dem Vorgesetzten gehorchen … Weg der Heiligkeit. Denn in einem Werk Gottes kann der Geist nur so sein: Gehorchen oder weggehen.« Das ist, Zufall oder nicht, der obwaltende Geist in Samaranchs Olympier-Loge. Was zählt, sind Kadavergehorsam und blinde Gefolgschaft, und es gibt nur wenige Persönlichkeiten im Einzugsbereich seiner Macht, die mit einem kritischen Satz gegen Seine Sportive Heiligkeit auffällig geworden wären.

Sogar in jenen Tagen im Frühjahr 1999, als es schlecht stand um die Zukunft des IOC, wurde ihm auf der Krisensession in Lausanne noch mit 86:2 Stimmen das Vertrauen ausgesprochen. Raffiniert hatte Samaranch zuvor das Gerücht gestreut, es sei eine Palastrevolution im Schwange. Auch sein getreuer Paladin Thomas Bach schwadronierte damals etwas von einer feindlichen Übernahme. Also scharten sich die so verängstigten olympischen Schäflein noch enger um ihren Oberhirten. 86:2 – »ein stalinistisches Wahlergebnis in einer Bananenrepublik«, spottete die französische Tageszeitung *Libération.* In Norwegen kommentierte *Aftenposten:* »In einer undemokratischen Versammlung haben Bonzen einander gegenseitig verteidigt.« Englische Blätter witzelten über die »obskure Gemeinderatssitzung« *(Daily Telegraph)* und erklärten Samaranch zum »Kegelkönig« *(Express).* Auch Sportsponsor Hans-Wilhelm Gäb, ehemals Aufsichtsratschef der Adam Opel AG, durchschaute die olympische Posse, die von Leuten wie Bach als »überwältigender Vertrauensbeweis« bejubelt wurde. »Als weltweit ein Sturm der Empörung losbrach, überkam die Delegierten offensichtlich ein Gefühl der Hilflosigkeit und die Furcht vor der Anarchie«, erklärte Gäb in der *Neuen Zürcher Zeitung.* »Da richteten sie in Ermangelung demokratischer Kontrollmechanismen ihre Hoffnung reflexartig auf den Herrn der Ringe selbst, und so geruhte der Herrscher dann auch im Amt zu bleiben.«

Dabei hatte der Kegelkönig Samaranch sogar schon bessere Zeiten erlebt: Dreimal war er seit seiner Inthronisation im Amt bestätigt worden – und zwar durch die sogenannte Akklamation, durch Händeklatschen. 1989 in San Juan, 1993 in Monte Carlo und 1997 in Lausanne hatte der jeweils Dienstälteste des IOC, damals Großherzog Jean von Luxemburg, seine Kollegen statt um eine Wahl nur um Beifall gebeten. Die Freunde klatschten sich dann die Hände wund, kein Wunder, hatte doch Samaranch seit seinem Amtsantritt alle Mitglieder selbst ausgewählt.

Samaranchs Führungsstil hat viel Sektiererisches und offenbart durchaus die mittelalterlichen, hohl tönenden Lehren des Opus-Gründers Escriva. Etwa, wenn er in der autorisierten Biographie *Die Olympische Revolution* beschreibt, wie er den früheren Intimrivalen Thomas Keller, einflußreicher Chef der Versammlung der Internationalen Sportverbände (GAISF), Mitte der achtziger Jahre abservierte: »Wir hatten die Mittel, um ihn zu vernichten, und wir taten es. Ohne Fernsehgelder war die GAISF erledigt.« Und weil, wer andere gern vernichtet, selbst öfter unruhig schlafen muß, litt Samaranch wenigstens zeitweise unter Verfolgungswahn. Besonders in den Anfängen als IOC-Boß, als ihm die damalige

Generaldirektorin Monique Berlioux zu mächtig erschien. Mit wichtigen Gästen ging er zur Besprechung lieber hinaus in die Gärten der IOC-Zentrale von Vidy. Das hatte er schon im geliebten Moskau so gehalten – aus Sicherheitsgründen, aus Angst vor Wanzen des KGB, war er mit Gesprächspartnern durch die Straßen flaniert. Und Jahre später, am ruhigen Genfer See? Da peinigten den Geheimstrategen immer noch Wahnvorstellungen: Seine Zimmerflucht im Palace-Hotel ließ er regelmäßig nach Abhörgeräten untersuchen.

Escrivas Lehrsätze werden seit gut vierzig Jahren den Studenten der IESE, der erzkatholischen Elite-Wirtschaftsschule des Opus Dei in Barcelona, vermittelt. Samaranch hat das IOC zwangsläufig in »eine gigantische Geldmaschine verwandelt«, glaubt der Opus-Forscher Hutchison. Und zwar genau »nach den christlichen und wirtschaftlichen Prinzipien, die er am IESE kennengelernt hatte«. Ist es so, daß der alte Grande das IOC nur als Lizenz zum Gelddrucken gebraucht? Zum Mittel- und Machtgewinn, mit denen andere, diskretere Ziele von ihm und Gleichgesinnten verfolgt werden könnten? Dergleichen würde in jedem Fall die Absenz aller Kontrollinstanzen voraussetzen. Diese Grundkondition ist erfüllt.

Disposition von Geld und Gunst

Seit kurzer Zeit schmückt sich der Weltkonzern IOC auf Druck der Außenwelt mit der Buchprüfergesellschaft Pricewaterhouse Coopers. Dabei geriet schon die Vorstellung des bislang aktuellsten Geschäftsberichts (1997/98) im März 1999 im Lausanner Palais de Beaulieu zu einem kleinen Kasperltheater. So tat Samaranch überraschend kund, das IOC habe schon einige Jahre vorher mal Bilanzen vorgelegt, nur habe sich die Presse nie dafür interessiert. IOC-Generaldirektor François Carrard stellte den IOC-Controller auf einer Pressekonferenz mit den Worten vor: »Mr. Sprunger kann jetzt lebend verspeist werden.« Thierry Sprunger wurde dann im Angesicht der Medienmeute sehr nervös. Ein Tagegeld von 1000 Schweizer Franken erhielten die Mitglieder des Exekutivkomitees neuerdings, gab Sprunger den staunenden Reportern bekannt – ein paar Stunden später dementierte die PR-Abteilung des IOC: Exekutivler erhalten lediglich 1000 Dollar Aufwandsentschädigung pro Meeting, hieß es nun.

Auf der Homepage des IOC *(www.olympic.org)* schwirren seither ein paar Zahlen durch den Cyperspace. Doch was sagen die Bilanzsummen, die Milliardenbeträge, die da stolz im Internet stehen, über ihre Herkunft aus? Wie sehen die Bilanzen vor 1997 aus? Und wie steht es mit Geldflüssen, die nicht direkt durch die Hände des IOC laufen, etwa denkbaren Geschäften, von denen die normalen Mitglieder nichts mitbekommen, weil sie ja nie eingeweiht wurden in die IOC-Finanzpolitik unter dem Geldvermehrer Samaranch?

Werfen wir einen Blick in den Maschinenraum des Olymps. Durch einen Spalt, den uns Manfred Ewald, der langjährige oberste Sportkommandeur der DDR, aufstieß. Im Bundesarchiv findet sich im Nachlaß des SED-Politbüros ein von Ewald im August 1986 gefertigtes Protokoll über ein vertrauliches Gespräch, das er mit dem westdeutschen IOC-Vizepräsidenten und Aufsichtsratschef der Krupp AG, Bertold Beitz, geführt hatte: »Seiner Meinung nach sei das IOC in der Hand einer ibero-lateinamerikanischen Gruppierung, die das Geld als Mittel der Macht betrachte«, notierte Ewald aus dem Gespräch mit Beitz. »Diese Gruppe sei in erster Linie daran interessiert, die Mittel und Möglichkeiten, die sich durch den Sport bieten, auszunutzen, um mit Hilfe des Geldes ihre Macht und ihren Einfluß zu vergrößern. Dabei orientiere sich Samaranch nur auf diejenigen, die über Geld und Macht verfügen (Havelange, M. Vázquez Raña, Nebiolo usw.) Die Ursache sieht Bertold Beitz unter anderem darin, daß dem IOC zu schnell – besonders bedingt durch die hohen Fernseheinnahmen – viel Geld zur Verfügung gestanden habe. Es seien aber nicht gleichzeitig exakte Festlegungen und Verfahrensregelungen über die Verwendung der finanziellen Mittel getroffen worden. Daher könne der IOC-Präsident selbstherrlich über große Summen entscheiden, ohne die Exekutive bzw. die Finanzkommission zu fragen.«

Im Samaranch-Faktenbuch von Wolf Lyberg heißt es, das IOC-Vermögen sei von 1984 auf 1985 von 39 auf 101 Millionen Schweizer Franken angewachsen. Vielleicht war den Ordensbrüdern ja der dramatische Aufschwung zu Kopf gestiegen. Die Einschätzung des olympischen Topmanagers Beitz gab Ewald seinerzeit so wieder: »Samaranch würde sich wie ein Börsenmakler ständig über Aktien- und Valutakurse informieren lassen und treffe dann mit Hilfe seiner Freunde und des IOC-Sekretariats eigenmächtige Entscheidungen über die Anlage der finanziellen Fonds des IOC. Eine solche vom IOC-Präsidenten praktizierte Finanzpolitik könne er als IOC-Vizepräsident nicht länger verantworten, und er habe sich bereits mit dem Gedanken getragen, von seiner Funktion als Mitglied des IOC zurückzutreten.«

Bertold Beitz, der 1988 seinen Platz für Walther Tröger freimachte und heute IOC-Ehrenmitglied ist, gibt seit Jahren keine Auskunft mehr zum Olympiakonzern. In den achtziger Jahren unterhielt er als Krupp-Vorstand glänzende Kontakte zu den DDR-Größen. Er traf sich häufiger mit Staats- und Parteichef Erich Honecker, zum Beispiel im Februar 1985 zur Einweihung der Semper-Oper in Dresden. Bei der Gelegenheit rügte Beitz gleich mal, daß Samaranch »die Exekutive des IOC vorzugsweise mit ihm hörigen Personen besetzt«. Warum sollte diesen offiziellen Berichten nicht zu trauen sein? Der brisante Rapport Manfred Ewalds landete übrigens direkt auf Honeckers Schreibtisch, wovon des Generalsekretärs geschwungenes Kürzel auf dem Deckblatt zeugt. »EH« steht da geschrieben, und Honecker hat auch das Datum notiert, den 25. August – es war also eine Geburtstagslektüre.

Als sich Honecker im Jahr darauf in Ost-Berlin mit Samaranch traf, verriet er dem Spanier, daß er zu »Dr. Beitz ein fast freundschaftliches Verhältnis« habe. »Gerade habe er noch mit ihm telefoniert« und Beitz auch geholfen, »die Ausstellung über Dresdens Kunstschätze auf der Villa Hügel zu ermöglichen«. Am Ende der achtzigminütigen Unterredung mit Samaranch wies Honecker darauf hin, »daß er den Inhalt dieses Gesprächs als vertraulich betrachte und alles Besprochene nur für den IOC-Präsidenten bestimmt sei«.

Beitz hat sich bei Manfred Ewald offenbar mehrfach über Samaranch beschwert. Von einem Gespräch mit Ewald im thüringischen Wintersportzentrum Oberhof notierte der Stasi-Zuträger Wolfgang Gitter, Generalsekretär des DDR-NOK: »Beitz sprach sich entschieden gegen die Korruptionspolitik von Samaranch und Horst Dassler (Adidas) aus, die bis zu direkter Erpressung von Sportfunktionären führt.« Der damalige Adidas-Chef Dassler war der große Puppenspieler im Weltsport – und kein Freund von Beitz. Dassler installierte Leute wie Samaranch, Primo Nebiolo, João Havelange, Un Yong Kim, Mario Vázquez Raña oder Joseph Blatter, er bildete Thomas Bach weiter aus, er hatte die Hand über allen wichtigen Vorgängen – ein Erich Mielke des Weltsports. Der 1991 ausgeschiedene IOC-Vizepräsident Robert Helmick gab zu, auch einst von Adidas auf eine Mitarbeit angesprochen worden zu sein. Er habe dann erfahren, daß Adidas schon andere IOC-Mitglieder »unter Vertrag« hat. Mit Dasslers Hilfe wurde Helmick zum Präsidenten des Schwimm-Weltverbandes gemacht. 1989, zwei Jahre nach Dasslers Tod, funktionierte die sportpolitische Gruppe immer noch: Helmick stieg, alimentiert und gefördert von den Adidas-Leuten, in die Exekutive auf.

Seinerzeit in Oberhof gab IM »Victor« Bertold Beitz folgendermaßen wieder: »Des weiteren ist er auch nicht mit der Finanzpolitik des Samaranch einverstanden, der großzügig Gelder des IOC verteilt, ohne das vorher mit den anderen IOC-Mitgliedern abzusprechen. Seiner Meinung nach dienen diese Aktionen Samaranchs nur der Imagepflege.« Geheime Börsendeals, willkürliche Geschäftsführung, Korruption waren demnach längst üblich. Schon damals bei Beitz – der auch darlegte, daß der IOC-Boß allen rüde über den Mund fahre, die sich nicht »seinen Auffassungen unterordnen« – klangen jene geheimbündlerischen Usancen an, die seit Dezember 1998, seit dem Bekanntwerden des olympischen Korruptionsskandals in Salt Lake City, die letzten Gutgläubigen aufschreckten. Auch wenn es Brauchtum von Betroffenen geworden ist, brisante Stasi- und SED-Dokumente umgehend (vorzugsweise vom jeweiligen Verfasser) dementieren zu lassen, gibt es doch keinen vernünftigen Grund, am Wahrheitsgehalt der Aufzeichnungen zu zweifeln. Zumal die Realität zeigt: Sie könnten von heute sein.

Die geheime Finanzpolitik des IOC unter Samaranch hat im April 1999 den amerikanischen Senatsausschuß regelrecht schockiert. Dessen Vorsitzender, der Republikaner John McCain, konnte bei der Anhörung der amerikanischen IOC-Mitglieder Anita DeFrantz und James Easton einfach nicht fassen, wie wenig Ahnung die von Samaranchs Finanzpolitik hatten und daß das IOC sogar seine Niederschriften von Exekutivsitzungen zwanzig Jahre, die von Generalversammlungen zehn Jahre geheimhält. »Amerika zahlt 60 Prozent der gesamten Einkünfte«, mahnte der Senator, »da hat es ein Recht darauf zu wissen, was in diesen Sitzungen passiert!«

Als McCain von Anita DeFrantz, Vizepräsidentin des IOC, näheres über die IOC-Finanzen wissen wollte, stotterte die Juristin herum und wich den Fragen immer wieder aus. Mehrfach wurde es McCain zu bunt: »Miss DeFrantz, ich frage Sie: Wieviel Geld investiert das IOC direkt in die Athletenförderung?« DeFrantz erklärte, das IOC behalte nur 7 Prozent der Gesamteinnahmen für sich. McCain hakte nach, wieviel das IOC in die Sportler investiere. Die Regierungsdame des Olymps wich wieder aus. McCain: »Miss DeFrantz, ich frage Sie jetzt das dritte Mal: Wieviel Geld investiert das IOC in die Förderung der Athleten?« Hätte sie gewußt, daß es ums Geld geht, jammerte DeFrantz später vor Journalisten, dann hätte sie vorher die Webseiten des IOC studiert. Das war also die Frau, die von sich selbst behauptete: »Ich weiß, wie der

Sport in den Vereinigten Staaten funktioniert. Es ist für Amerika wichtig, eine unmißverständliche Stimme im IOC zu haben.« Da saßen die DeFrantz und ihr IOC-Kollege, der Sportartikelhersteller James Easton, wie überforderte Schulkinder bei einer Matheprüfung. Zwei Olympiamanager, die von Samaranch ausgewählt worden waren, schwafelten pathetisch ums Thema herum. Die Senatoren waren nicht amüsiert.

McCain, erzürnt »über den Mangel an Mitarbeit«, nahm den beiden vor allem eines ab: daß sie keine Ahnung von den Geldflüssen im IOC hatten. »Sie wissen nichts«, sagte McCain, »schon deshalb hätte Präsident Samaranch hier sein müssen, denn er hat alle Informationen!« Aber Samaranch war der als Einladung getarnten Vorladung des US-Senats ebenso wie anderen Terminen in den USA ausgewichen. Erst Mitte Dezember 1999, nach der Reformsitzung in Lausanne, ging er nach Washington und holte sich vor dem Kongreßausschuß des Republikaners Fred Upton seine peinliche Abreibung ab. Sogar vereidigen lassen mußte er sich, und schließlich wurde er einmal mehr zum Rücktritt aufgefordert.

Als großartiger Diplomat, so lehrten die Vorgänge rund um die US-Anhörungen, gibt sich der IOC-Boß offenbar nur, wenn er in der starken Position des Geldverteilers auftreten kann. Mit dem Skandal hatten sich die Verhältnisse allerdings umgekehrt: Samaranch, der stets innig den Dollar umarmte, wurde plötzlich vom Dollar umarmt. Opel-Manager Gäb analysierte das Problem so: »Wer im Milliardengeschäft der globalen Wirtschaft mitmischt, wer vom weltweiten Interesse am olympischen Wettkampf profitiert, der muß in Form von detaillierten Bilanzen und scharfen Eigenkontrollen genauso Transparenz und Ordnung garantieren, wie es jedes mittelständische Industrieunternehmen tun muß. Daß Samaranch für solche Notwendigkeiten kein Gefühl entwickelte, weist ihn als Vertreter einer vergangenen Epoche aus.«

Ein Ohr für die frühen, prominenten Mahner in den eigenen Reihen hatte das IOC nie. Und die um die Institution schnurrende Presse hat derlei geflissentlich totgeschwiegen – sobald es um konkrete Vorgänge geht, stört Moral nur das Geschäft. Samaranchs präsidialer Vorgänger, der im April 1999 verstorbene Lord Killanin, hatte schon 1981 von Bestechungen orakelt. Auch Willi Daume, der 1996 verstorbene große deutsche Olympier, merkte seinerzeit an: »Sie wissen von bedenklichen Erscheinungen im IOC. Die tumultartige Entwicklung der Fernseheinnahmen, deren Ausmaß in den neuen Medien noch gar nicht abzusehen ist, hat einiges Schlimme bewirkt. Organisation breitet sich in unvorstellbarem Maße aus. Immer neue Organisationen ohne einleuchtende Aufgaben, Wichtigtuerei, Politik und Propaganda im Hintergrund. Kein Wissen um die Grenzen in dieser Hinsicht, keine Bescheidenheit. Sport und die Jugend stehen im Hintergrund, keine geistige Führung. Wohin soll das alles führen?«

Daume hatte zeit seines Lebens auf Inhalte statt leerer Phrasen, auf eine große, bahnbrechende und intelligente Rede Samaranchs gehofft. Vergeblich, statt dessen nur jene »geistige Katastrophe« 1994 in Paris, die als olympischer Kongreß bezeichnet wurde. »Die Olympier hassen geistige Anstrengungen«, analysierte der Sozialwissenschaftler Gunter Gebauer, »sie halten kritische Geister weit von sich, und sie suchen nicht im allergeringsten eine Auseinandersetzung um die Rolle der Olympischen Spiele heute.« Keine geistige Führung von Samaranch und seinen Wirtschaftssoldaten – wohin das führte, weiß nun jedenfalls alle Welt. Die wenigen Kritiker von außerhalb waren bis zum Dezember 1998 ja noch einigermaßen zu kontrollieren, doch seither wurden Samaranch und seinen Schäfchen in einer Tour Begriffe um die Ohren gehauen, die viele aus der olympischen Herde nur mit Hilfe eines Bedeutungswörterbuchs entschlüsseln können: Transparenz, Demokratie, freie Meinungsäußerung, Rechenschaft, Verantwortung, Umgestaltung, externe Kontrolle, Aufarbeitung der Vergangenheit.

Bundesinnenminister Otto Schily rügte gemeinsam mit seinen für den Sport verantwortlichen EU-Kollegen »feudalistische« Gebräuche im Olymp. Das IOC hätte »seine logenähnlichen Strukturen« längst ändern müssen, erklärte Hans-Wilhelm Gäb. »Unabhängige Köpfe wurden zur Minderheit, demokratische Mandate gab es so wenig wie parlamentarische Kontrolle oder unabhängige Gerichtsbarkeit.« Im IOC werde nur nach der Maßgabe des persönlichen Ruhms gehandelt. »Sie haben sich mit der Disposition von Geld und Gunst am Ende mehr beschäftigt als mit der Glaubwürdigkeit der olympischen Botschaft.« Auch der frühere Vizepräsident des Weltkonzerns General Motors hat große Zweifel, »ob das Netz gegenseitiger Abhängigkeiten und Mitwissereien tatsächlich noch zu zerreißen ist«.

Immer wieder taucht es auf, in jeder Phase der Samaranch-Regentschaft – das Bild vom verborgen operierenden Netzwerk. Natürlich gibt es auch eine andere Lesart zur Machtpolitik des Geldmenschen. »Über mich ist alles bekannt. Es gibt keine Geheimnisse«, flötete Samaranch in seiner offiziellen Biographie *Die Olympische Revolution*.

Vitaminkomplexe und Religion

Nun ist es keineswegs so, daß sich Samaranch erst seit 1998 mit Kritik auseinandersetzen muß. Als er zum Beispiel 1994 zu den Olympischen Winterspielen nach Lillehammer reiste, bereiteten ihm die norwegischen Medien einen überaus frostigen Empfang. Dazu ließ sich die Zeitung *Dagbladet* eine Persiflage auf die sonst üblichen Gewinnspiele auf der Titelseite einfallen: Man druckte ein Foto des spanischen Granden und stellte die Frage, wen das Bild darstelle. »A. einen guten Kumpel von Franco. – B. einen viel zu alten Mann. – C. jemanden, der unbedingt Friedensnobelpreisträger werden möchte, jedoch ohne den geringsten Grund.« Kurz zuvor hatte der Journalist Frank Brandsaas vom *Arbeiderbladet* den peinlichen Vorgang enthüllt, daß das IOC die PR-Agentur

Grey Advertising beauftragt hatte, den Friedensnobelpreis »zu akquirieren«.

Das IOC war verständlicherweise *not amused,* zumal kurz vor den Winterspielen Vegard Ulvang, mehrfacher Olympiasieger im Skilanglauf und norwegischer Nationalheld, den Präsidenten (»eine unwürdige Führungsperson«) wegen seiner Vergangenheit attackierte. Von Bach bis Carrard, von Gosper bis Pound – die Prätorianer des olympischen Cäsaren zogen umgehend über Ulvang her, der doch in Lillehammer den olympischen Eid sprechen sollte. Es wurde ein Treffen mit Samaranch arrangiert, und am Tag vor der Eröffnungsfeier verteilte das IOC dann eine Erklärung, in der man Ulvang mit den Worten zitierte: »Wenn der Eindruck entstanden sein sollte, ich hätte etwas gegen Herrn Samaranch persönlich, dann ist das ein Mißverständnis.«

Mit dieser vermeintlichen Entschuldigung gingen Samaranchs Getreue dann fleißig hausieren. Thomas Bach etwa stellt die Sache mit Ulvang heute gern noch so dar. Wie man im IOC ja überhaupt für nahezu alles Unangenehme eine Antwortpauschale hat, in der immer nur die Buchstaben respektive die Namen ausgetauscht werden müssen. Das geht dann etwa so: »Die Sache X hat sich durch das Dementi der Person Y gegenüber Z, der kritisiert worden sei, schon längst selbst erledigt. Ich verstehe also die Aufregung der Presse nicht.«

Wie war das also damals mit dem Treffen von Ulvang und Samaranch? Der 36 Jahre alte Norweger erinnert sich: »Samaranch hat mich eine Stunde warten lassen. Ich habe ihm dann gesagt, daß ich finde, auf seine Vergangenheit könne er nicht stolz sein und daß das IOC eine undemokratische Organisation ist. Er hat gesagt, ich läge falsch. Er würde mich nach Lausanne einladen, damit ich das IOC kennenlernen könne und meine Informationen nicht mehr nur aus den Zeitungen erhalte. Ich habe aber nie eine Einladung bekommen, wahrscheinlich hat er das nur so gesagt.« Nach fünf Minuten war die Audienz für den olympischen Champion beendet. »Das alles kam mir ziemlich unwirklich vor. Da schwirrten viele seiner Mitarbeiter herum. Das Umfeld war unglaublich pompös, es war, als würde ich von einem König empfangen.«

So erlebte ihn einer jener Spitzensportler, die sich eine eigene, kritische Meinung gönnen über Samaranchs IOC. Das will alles nicht zu den offiziellen Mitteilungen passen, die seit 1999 die Welt überschwemmen – und erheitern. Demnach haßt Samaranch jedweden Pomp, er bitte seine Gastgeber immer wieder, ihm keine »Luxusautos« oder »Luxusunterbringung« bereitzustellen. Dabei liest sich etwa der Veranstaltervertrag, den das IOC den interessierten Städten für 2004 vorlegte, wie ein Partybulletin anläßlich der Genfer Automesse. Appendix C regelt den »Transport der olympischen Familie«, Punkt drei besagt: »Individuelle Fahrzeuge mit Chauffeuren muß das Veranstalterkomitee auf seine Kosten für folgende Personen zur Verfügung stellen: alle IOC-Mitglieder, Generaldirektor und Generalsekretär, Sportdirektor, Direktor für Olympische Solidarität, Marketingdirektor, Direktor für Juristerei, weitere hohe Mitglieder des IOC-Stabs, die Mitglieder der IOC Presse-Unterkommission und weitere Personen, die vom Generaldirektor ernannt werden.« Nachfolgend werden noch die Chefs und Sekretäre der Verbände und NOKs bedacht.

Auch Kim Warren kennt den olympischen Transportbedarf aus eigenem Erleben. Die Dame, die für Salt Lake City die internationalen Beziehungen koordinierte, war hell empört über das Geprotze um den Boss: »Er mußte in einem Privatjet einfliegen. Er mußte in einer Präsidentensuite logieren – es mußte der feinste Raum in der ganzen Stadt sein. Es gab einen speziellen Typ von Nordic Trak, an dem er gern trainierte, also mußten wir dieses Ausrüstungsstück besorgen. Wir mußten Limousinen für ihn anfordern – Lincoln Town Cars waren nicht gut genug. Das war das Beispiel, das er gab.« In einem Leserbrief an die *Berliner Zeitung* erinnerte sich eine Dolmetscherin an ihre Arbeit während der IOC-Session 1985 in Ost-Berlin: »Einmal lud Juan Antonio Samaranch zu einem großen Abendessen ein, und ich begleitete seinen Sekretär, der den Festsaal abnehmen sollte. Sogleich kam die erste Kritik: Es sind viel zuwenig Olympiafahnen da. Dabei stand in jeder Ecke eine! Der Herr Präsident, so wurde erklärt, liebe die olympischen Ringe über alles, bei ihm zu Hause seien sogar Handtücher und Bettwäsche damit verziert. Weiterhin ginge nicht an, daß der Herr Präsident von seinem Platz aus über das (für sündhaft teures Geld aus West-Berlin beschaffte) Blumenarrangement seine Gattin nicht richtig sehen könne, und Sitzkissen zu seiner Erhöhung – als Kompromiß vorgeschlagen – kämen überhaupt nicht in Frage. Also weg mit den Blumen und neue her!«

Solche Erfahrungsberichte spiegeln die olympische Realität unter Samaranch wohl eher wider als die sensationellen Enthüllungen der IOC-Kommunikatoren, der Präsident sei jedem Luxus abhold. In dieser »Korrektur von Ungenauigkeiten in den Medien« teilte das IOC ebenfalls mit, es würde »während Olympischer Spiele bei den Speisen nur Qualität und Vielfältigkeit für die Athleten im olympischen Dorf verlangen, nicht für die IOC-Mitglieder. Es gibt keine IOC-Bestellungen für Speisen irgendwelcher Art.« Zumindest letzteres mag vielleicht auf Samaranch zutreffen, der mit legendärer Disziplin Vitaminkomplexe und Mineralwasser zu sich nimmt, und die Festivitäten fast immer als erster verläßt. Das Phänomen Samaranch aber erklärt es nicht.

1994, im Jahr der Lillehammer-Spiele, wurde Samaranch vom US-Fernsehsender ABC eine Frage gestellt, die sich damals noch unter dem Begriff Utopie abhaken ließ: Ob das IOC jemals derart unter Druck geraten könne, daß es einen Demokratisierungsprozeß einleiten müsse. Seine Antwort kam prompt: »Wir glauben, daß unser Begründer Coubertin ein demokratisches System erfunden hat. Hundert Jahre haben wir dieses System angewendet, und die Ergebnisse sind nicht schlecht. Das System wollen wir auch in Zukunft beibehalten.« Die Ausstrahlung dieses Interviews konnte vom IOC gerade noch verhindert werden. Nichts mehr zu retten war allerdings zwei Jahre später. Kurz vor den Olympischen Spielen in Atlanta verkündete der IOC-Boß gegenüber dem US-Kabelsender HBO, seine olympische Bewegung sei »wichtiger als die katholische Religion«. Das Interview wurde gesendet. Samaranch eilte anschließend zum Bischof von Atlanta, dementierte seine Aussage, obwohl die doch unerschütterlich auf Video dokumentiert war, und hinterließ zwei Tickets für die Eröffnungsfeier.

Was ist so jemandem heilig, abgesehen vom Geld? Die Kirche ist es, die sonntäglichen Messen, die sind ihm äußerst wichtig. Papst Johannes Paul II. bezeichnete er einmal als seinen Helden der Wirklichkeit. Ein Grundschulwissen über Moral sickert in seinen Interviews immer wieder durch. Religiosität und Familie führen die private Prioritätenliste an. Tatsächlich ist Samaranchs Lebensstil sehr asketisch und unauffällig – und solchermaßen bemerkenswert exemplarisch: Man kleidet sich klassisch, läßt sich möglichst nie spärlich bekleidet ablichten, auch die Gattin ist da überaus korrekt. Scheidung ist Sünde, Sex ein Tabuthema, Abtreibung ein Verbrechen, man lebt von Traditionen geleitet, politisch verhält man sich konservativ, ohne selbst Politik zu machen, man hat keine radikalen Ideen, man ist Katalane, aber immer auch Spanier, also nicht für Autonomie. Die eigene Erziehung wie die der Kinder findet an Privatschulen statt, so bleibt man unter sich und über dem Normalbürger. Man hat großes Vermögen und bevorzugt Bekannte mit gleicher Gesinnung (Bankiers, Industrielle, Medienbosse) und gleichem diskret-luxuriösem Lebensstil. Man faßt Kritiken stets als Attacken oder Verleumdungen auf und sagt: »Diese Fragen gefallen mir nicht.« Oder man antwortet stereotyp: »Ich habe keine Fehler gemacht. Ich habe alles richtig gemacht« Das Wörtchen »man« läßt sich immer durch Samaranch ersetzen. Und der diskrete Stil ist der, den man auch beim Opus Dei sehr zu schätzen weiß.

In Barcelona besucht Samaranch gern die Kirche Iglesia Gregorio Taumaturgo. Das Vertrauen in Gott und sich selbst zu verlieren, hat er einmal gesagt, sei für ihn das größte Unglück. Überhaupt, der liebe Herrgott soll schon immer mit ihm sein. Einmal, als Samaranch den damaligen Bewerber um die Austragung der Spiele Salt Lake City besuchte, rief am Sonntagmorgen George Bush an, der präsidiale Kollege vom Weißen Haus. Doch Bush mußte warten, weil Samaranch gerade in der Kirche war.

Bei den Winterspielen im Februar 1998 in Nagano fühlte sich der örtliche Franziskanerpater Otaro Hamada sogar regelrecht bedrängt, Samaranch zu Diensten sein zu müssen. »Ich erhielt den Anruf einer IOC-Mitarbeiterin«, erzählte uns Vater Hamada, den wir damals in der St. Joseph's Kirche aufsuchten. »Die Dame fragte mich, ob ich für Herrn Samaranch eine Messe lesen würde und ob ich dafür am Sonntagmorgen, pünktlich um neun Uhr, in seinem Zimmer im Kokusai-Hotel sein könne.« Hamada lehnte ab. Er müsse zu der Zeit seine Gemeinde in der Kirche betreuen, erwiderte er, er möchte Samaranch aber gern dorthin einladen, seine Kirche liege ja nur eineinhalb Kilometer vom Kokusai entfernt, wo Samaranch standesgemäß die Kaiser-Suite bewohnte (angeblich 3000 US-Dollar pro Nacht). Die Gesprächspartnerin sei daraufhin »sehr verärgert« gewesen. »Sie hatte nicht mit einer Absage gerechnet, sie erklärte, daß Samaranch auch in Tokio von einem Priester auf dem Zimmer besucht worden sei.« Hamada blieb trotzdem konsequent, und Samaranch, der partout nicht ins nahegelegene Gotteshaus gehen mochte, behalf sich mit Geld: Er ließ für die drei olympischen Sonntage während der Winterspiele zwei Geistliche aus dem vierhundert Kilometer entfernten Tokio per Schnellzug anreisen. Den einen, den spanischen Pater Isidro Ribas, kannte er, welch ein Zufall, seit seiner Jugendzeit.

Religion, Macht und Geld. Exerzitien, Glaube, Gehorsam. Geschäfte auf Gegenseitigkeit statt Kontrolle, Gedankenfreiheit und Nonkonformismus – das ist die Wertetabelle am Hofe Samaranch. Im Auftragswerk *Die Olympische Revolution* nähert sich ein angesehener Olympier vorsichtig den Hintergründen des in den Adel aufgestiegenen Katalanen. Der belgische Chirurg Jacques Rogge, der selbst Chancen auf die IOC-Präsidentschaft hat, wuchs zeitweise in Spanien auf. Er kennt Land, Leute und Gebräuche, und vielleicht verriet er Samaranchs britischem Hofbiograph mehr, als er wollte: »Da ist etwas in Spanien, eine Art Institution, die Grandezza. Sie ist eine besondere Art von Nobilität, die ihre Anfänge im Mittelalter hat. Der König von Spanien pflegte Leute in die Nobilität zu erheben. Dies war mit einem hohen Moralkodex verbunden, und diese Leute wurden mit der Verantwortung betraut, Spanien groß zu machen. Sie waren erbliche Granden.« Samaranch wurde von König Juan Carlos Ende 1991 ob seiner Verdienste ums Vaterland zum Marqués geadelt; der Titel ist erblich. Rogge weiter: »Wie Mönche verfolgten sie asketisch und mit Hingabe ihre Tugenden; sie hatten die Grandezza. Hier ist nun ein solcher Mann: Er geht früh zu Bett, geht in die Kirche, ist bescheiden. Er ist ehrgeizig mit einem Hauch von Brutalität. Ihn umgibt ein Hauch von Bestimmung. Obwohl er scheu ist, glaubt er, ein Missionar zu sein.«

Ein Missionar mit einem Hauch von Brutalität, wie das IOC-Exekutivmitglied Rogge beobachtet hat? Ein obskurer Finanzmakler mit Hang zu Korruptionspolitik, wie Beitz geklagt hatte? Ein Feudalherr, wie Schily und Kollegen meinen? Die Spinne im Netz? So empfand es Gäb, der von »Gottesgnadentum« sprach. Oder nur ein cleverer Politiker im aufreibenden Dienst am Sport – so die Meinung, die IOC-Vizepräsident Richard Pound vertritt. Ist er womöglich tatsächlich der »Erneuerer und Bewahrer der Olympischen Spiele«, wie Samaranchs olympischer Ziehsohn, der deutsche Industriekontakter Thomas Bach, flötet?

Samaranch lebt seit 1980 in der Suite 310 des Lausanner Palace-Hotels, die per Video überwacht wird und eine Bibliothek beherbergt mit einem breiten Spektrum der Tagespresse und aktueller Publikationen (oft über ihn), aber wenig literarischen Werken. Lediglich 300 Schweizer Franken pro Nacht soll »die kleine Suite« kosten, teilte das IOC Anfang 1999 mit. »Während er auf Reisen ist, wird das Zimmer für ihn zu einem Vorzugspreis von 100 Schweizer Franken freigehalten. Der IOC-Präsident besitzt keine Villa außerhalb von Lausanne.« Auf Anraten der PR-Agentur Hill & Knowlton, die sein Image aufbessern soll, gewährt Samaranch im Palace neuerdings Foto-Sessionen. So kam Mitte April 2000 auch die *Bild*-Zeitung, sportpolitisch im allgemeinen sehr zurückhaltend, zu einer netten Story. »Hier turnt der Herr der Ringe – Olympia-Boß Samaranch, wie ihn noch keiner sah.« Acht Fotos zeigen den Ringemakler bei der Morgengymnastik, beim Hanteltraining, mit Expander, Springseil und auf dem Ergometer (»Samaranch studiert dabei die Weltpresse, denn Zeit hat der IOC-Boß nie«). Der Sport-Marqués wird schließlich mit den Worten »mein Leben ist Sport und Leistung« zitiert. *Bild* ist im Namen seiner Leserschar begeistert: Der Spanier, »den wir von würdevollen Ansprachen kennen«, der seit 1980 »allen Belastungen trotzt«, er »turnt wie ein Junger«. Ist das nicht sympathisch? Was, dieser freundliche Opa soll ein Vertuscher des Dopings sein, ein eiskalter Machtpolitiker, einer, der mit Milliarden Monopoly spielt?

1991 rollte die Biographie *El Deporte del Poder* Samaranchs Leben in Spanien auf. Sie legt einen Vergleich von Samaranchs Bewegung mit der katholischen Kirche nahe. Tatsächlich bildet ja auch das IOC ein Kardinalskollegium (das Exekutivkomitee), es hat Bischofskonferenzen (die NOKs), die es in vielen Ländern vertreten, ein Evangelium (die olympische Charta), einen Stifter (Pierre de Coubertin), einen Glauben (Sport), ein Symbol (Ringe), eine Liturgie (Spiele) sowie ein immenses Handelsvolumen von Dollarmilliarden. Und natürlich einen Vatikan – die prunkvolle olympische Gebäudelandschaft am Genfer Seeufer zu Lausanne. Tatsächlich hat Samaranch auch die übrigen Fachsport-Weltverbände an den Lac Léman beordert, und zehn olympische folgten dem Ruf. Längst befinden sich das Olympische Museum, das ewige Feuer und der Internationale Sportgerichtshof CAS dort. Die Weltdopingagentur (WADA) soll ebenfalls in Lausanne angesiedelt werden. Das ursprüngliche Olympia, der antike griechische Ort der Spiele ist von hier so weit entfernt wie Bethlehem vom Vatikan in Rom. Wie faßte das einmal der mächtige (1999 verstorbene) Leichtathletik-Boß Primo Nebiolo zusammen? »Den Vatikan, den Samaranch geschaffen hat, kann man zu Recht als Vatikan des Sports bezeichnen.«

Die katalanischen Autoren Boix und Espada wagten sich an eine »Größenbestimmung der Dividende« Samaranchs: »Dieser Papst hat kein Gehalt, aber er lebt gut und gratis. Der Papst macht selbst keine Geschäfte, aber er kann sie erlauben oder verhindern. Sein Prestige erhebt ihn zu einem hochgeschätzten Ratgeber. Ist er nicht immer so in die Aufsichtsräte aufgestiegen? Waren es nicht immer seine optimalen Verbindungen mit der Macht, der Politik, der Verwaltung, die ihm erlaubten, jene rund dreißig Unternehmen, Banken und Gesellschaften zu sammeln, in denen er Verwaltungsrat bzw. Aufsichtsrat oder Ratspräsident wurde?«

Günstlinge und Vettern

Über Samaranchs zahlreiche Ämter außerhalb des IOC wurde bislang relativ wenig öffentlich. Vom Ehrenvorsitz in Spaniens viertgrößtem Finanzinstitut, der Sparkasse La Caixa, hat er sich im Januar 1999, als der Korruptionsskandal seinem Höhepunkt zustrebte, schlagartig zurückgezogen. Ob freiwillig oder nicht, darüber waren die Meinungen geteilt. Doch schon die Art, wie er einst in das mächtige Geldinstitut gelangt war, verrät alles über die Günstlingstaktik in Spaniens erzkonservativer Wirtschaft: Nach den Spielen von Los Angeles 1984, die den Aufschwung der olympischen Wirtschaftspolitik bedeuteten, bekam Samaranch hohen Besuch in Lausanne. Josep Vilarasau war Generaldirektor der Caixa, und er hatte in seinem Aufsichtsrat einen Platz frei. Samaranch ging es ähnlich: Er hatte eine Mitgliedschaft frei, nachdem der spanische Marquis de Mac-Mahon seinen Platz im

IOC räumen wollte – allerdings zugunsten der Tochter. Samaranch entschied, daß statt der Tochter ein Cousin in den Olymp einrückte: Natürlich der Cousin von Vilarasau. Carlos Ferrer Salat wurde 1985 auf der Session in Ost-Berlin vereidigt. Als das geschah, war Samaranch gerade frischgebackener Aufsichtsrat der Caixa. So ein Zufall.

Doch Vilarasau hatte auch eine Vision unter Vettern in petto. 1987 lief die Amtszeit des alten Caixa-Chefs ab, und der künftige Boß mußte aus dem Kreis der Aufsichtsräte gekürt werden. So wurden frühzeitig die Weichen gestellt, damit sich Samaranch zum Chef eines großen Finanzinstitutes krönen lassen konnte. Eine Hand wusch die andere – oder muß man an einen der typischen olympischen Zufälle glauben, wenn der Verwandte jenes Mannes ins IOC aufrückt, der Samaranch den Weg in die Caixa bereitete? Ihm, der gern ein paar Uhren als Geschenke für Freunde oder Journalisten bei sich hat, ist es stets auffallend schwer gefallen, zwischen Freundschaft und Geschäft zu trennen. Immer gab es dürre Ausreden, immer ging es ums große Geld.

Gute Amigos hat Samaranch auch in der Fernsehbranche. Männer wie Alex Gilady. Den Israeli, seinen persönlichen Berater in TV-Angelegenheiten, holte Samaranch 1994 ins IOC, und das nicht etwa, weil Gilady ein Vertreter des organisierten Sports gewesen wäre. Nein, Gilady kam von der anderen Fraktion: Er war zu jener Zeit Sport-Vizepräsident des US-Fernsehsenders NBC. Dort war er Anfang der achtziger Jahre eingestellt worden, um dem Network internationale Kontakte zu verschaffen. Bis dahin verfügte zumeist Konkurrent ABC über die olympischen Fernsehrechte in den USA. »Gilady hat das in fünfzehn Jahren geändert. Er hat seine Arbeit verdammt gut gemacht«, lobte der ehemalige Sportchef Kenneth Schanzer. »Alex ist eines der Fundamente, auf denen unsere Beziehungen zum IOC stehen.« Mittlerweile führt NBC, ein Tochterunternehmen von General Electric, die olympischen Ringe im Logo. Die Sommerspiele überträgt der Sender seit 1988 durchgängig, und das wird mindestens bis zum Jahr 2008 so bleiben. Denn seinen bislang größten Coup, Verträge im Wert von 3,57 Milliarden Dollar, landete Alex Gilady bereits ein Jahr nach seinem Eintritt ins IOC.

Im August 1995 war Samaranchs Fernsehberater Gilady gemeinsam mit seinem NBC-Vorgesetzten Dick Ebersol zur Leichtathletik-WM nach Göteborg geflogen. Dort schloß sich Ebersol stundenlang in ein abgelegenes Zimmer des Sheraton-Hotels ein – aus Angst, Rupert Murdoch und andere Konkurrenten könnten von seinen Absichten Wind bekommen. Gilady organisierte schließlich ein konspiratives Treffen mit Samaranch. Als der IOC-Präsident endlich seine mündliche Zustimmung gegeben hatte, düste Ebersol sofort nach Montreal zu Richard Pound, dem für die großen Verträge zuständigen IOC-Vizepräsidenten. Zwei Tage später war in Pounds Anwaltskanzlei die Entscheidung gefallen: Die Rechte an Sydney 2000 und Salt Lake City 2002 sicherte sich NBC. Mitte Dezember 1995 schockte NBC dann erneut die Fernsehwelt, als auch die Spiele 2004, 2006 und 2008 erworben wurden, für die noch nicht einmal Austragungsorte feststanden. So etwas hatte es bis dahin nicht gegeben, und auch dies war neu: In früheren Jahren (so für Atlanta 1996) hatte IOC-Geldbeschaffer Pound die Networks noch regelmäßig zur Auktionsrunde gebeten, doch diesmal fand kein offener Wettbewerb statt, das IOC hatte die Rechte von 2004 bis 2008 nicht einmal offiziell ausgeschrieben. Nichtsdestotrotz lobte Samaranch damals Giladys »Brückenfunktion« – und die NBC-Konkurrenten waren erbost.

Die geheimen Verhandlungen zwischen dem IOC und NBC wurden in amerikanischen Zeitungen, sogar im Sponsorenblatt *Sports Illustrated,* im Frühjahr 1999 noch einmal thematisiert. Von Interessenskonflikten und möglichen Insidergeschäften war die Rede. Siehe da, Ebersol behauptete plötzlich, Gilady hätte mit den Verträgen gar nichts zu tun gehabt. Der ahnungslose Gilady bezeichnete sich in guter IOC-Tradition als Opfer einer »Hexenjagd«. Als Samaranch im Dezember 1999, nachdem das IOC zum Schutz gegen Vernehmungen des FBI diplomatische Immunität ausgelotet hatte, doch noch nach Washington reiste, wurde er vom Handelsauschuß des Repräsentantenhauses auch zu den NBC-Verträgen befragt. Samaranch konnte nichts Unanständiges daran finden, daß die Rechtevergabe ohne vorherige Ausschreibung erfolgte, nichts daran, daß Unterhändler Gilady beiden Seiten (dem IOC und NBC) verpflichtet war, und auch nichts daran, daß NBC eine Million Dollar für das Olympische Museum gespendet hatte. Da überkam den Abgeordneten Waxman das Gefühl, Samaranch wolle »gar nicht wissen, was wirklich vorgeht«.

Wenn Alex Gilady für das IOC oder den Leichtathletik-Weltverband nicht gerade Fernsehrechte einfädelt, trifft man ihn mit hoher Wahrscheinlichkeit in der Relais-Bar des Palace in Lausanne. Sein Platz in einer tiefen schwarzen Ledercouch bleibt immer reserviert. Gleich neben der Tür, die auf den Gang zur Toilette führt, pafft der große bullige Kerl seine Zigarren – oft gemeinsam mit Richard Pound –, schluckt seinen Whiskey, brüllt ab und zu quer durch den Raum, telefoniert viel über Handy; doch es liegt falsch, wer nun meint, Gilady pflege allein den Müßiggang: Mit flinken Augen beobachtet Gilady alles genau, er lotet an diesem Treffpunkt der IOC-Prominenz, dieser Informationsbörse, für seinen Kameraden Samaranch die Stimmung aus. Inzwischen hat Gilady, Jahrgang 1942, ein neues Betätigungsfeld gefunden: Er puscht die Olympiabewerbung Tel Avivs für 2012.

Gilady ist ein sehr aufmerksamer Zeitgenosse. Nachdem Samaranch im März 1999 auf der IOC-Sondersession die Vertrauensfrage gemeistert hatte, empfing er den Präsidenten abends im Palace mit einem opulenten Bukett. Exakt 89 Rosen überreichte Gilady seinem Gefährten: 86 rote für die Jasager – drei gelbe für die kärglichen beiden Gegenstimmen und die eine Enthaltung. Auf gute Freunde kann man sich eben verlassen.

Beste Beziehungen unterhält Samaranch auch zu einem anderen TV-Experten, seinem Landsmann Manolo Romero

Canela. Romero führt eine Firma namens International Sports Broadcasting und sitzt nebenbei seit vielen Jahren in der IOC-Kommission für Radio und Fernsehen (wie Gilady). Als das FBI im Zuge der Salt-Lake-City-Affären auch die Vergabe der olympischen Produktionsrechte für den internationalen Markt untersuchte, kam heraus, daß diese an Romero gegangen waren, obwohl der Samaranch-Freund rund 20 Millionen Dollar teurer war als die Angebote diverser US-Konkurrenten. Warum er dennoch den Zuschlag bekam? Wegen des unsanften Drucks, der vom IOC ausgeübt worden sei, sagte Ken Bullock, der zuständige Manager am Salzsee. Das IOC hätte seinen Wunsch deutlich durchblicken lassen. Bullock erklärte der Zeitung *Salt Lake Tribune:* »Es war eine Art Insidergeschäft. Ich kann mich nicht erinnern, daß ein anderer Vorschlag überhaupt ernsthaft geprüft wurde.« Auch in Spanien wurde gegen Romero ermittelt, er soll bei den 92er Spielen in Barcelona 1,5 Millionen Dollar über eine Schweizer Firma in die eigene Tasche gewirtschaftet haben. Trotzdem ist Romero in Sydney und Salt Lake City als offizieller Produzent groß im Geschäft.

Spaniens Staatsanwälte haben neuerdings eine stark olympisch orientierte Klientel. Die Chemiefirma Ercros, bei der Samaranch bis 1991 als Aufsichtsrat firmierte, geriet wegen unsauberer Geschäfte ins Visier der Justiz. Untersuchungsrichterin Maria Asunción Gonzáles lud Samaranch im April 1999 zur Vernehmung. Die Anfang der neunziger Jahre in Finanznot geratene Ercros hatte laut Staatsanwaltschaft 24 Millionen Mark Schulden der Tochtergesellschaft Ertoil als eigenes Minus ausgegeben, um diese nicht zahlen zu müssen. Gerügt wurde, daß Samaranch alles versucht habe, um seinen Termin mit der Justiz hinauszuzögern. Er hatte sogar die Anschrift des IOC in Lausanne angegeben – statt seiner Wohnung in Barcelona. Insbesondere die Anklage bemängelte diese Trickserei ausdrücklich. Samaranch sagte schließlich im April 1999 aus – so wie man es von ihm bei anderen Gelegenheiten kennt: Er habe nichts von der Sache gewußt.

Auch Samaranchs Sohn Juan Antonio junior wurde verhört. Juanito soll mit dem Vater in just der Zeit, als die Mauscheleien stattfanden, im Aufsichtsrat gesessen haben (was der Senior bestritt). Der Sohn erklärte, er habe »wie alle anderen für den Konkurs gestimmt« – aber leider nie »die Dokumente, die die finanzielle Situation der Firma anbelangten, genau durchgelesen«. Erinnern könne er sich an nichts. Solche signifikanten Kontrolldefizite bei angeblich hochqualifizierten Führungskräften sind auch im IOC an der Tagesordnung.

Die Chemiefirma Ercros, die Samaranch früher beaufsichtigte, war Teil der Torras-Gruppe. Die gehörte wiederum zum Kuwait Investment Office (KIO) des 1990 verstorbenen Scheich Fahd al-Sabah. Zufällig war der Scheich auch IOC-Mitglied und Samaranch gut mit ihm befreundet. Anzunehmen ist daher, daß dem IOC-Chef (und seinem Sohn) die Wechselbeziehung nicht geschadet hat – auch wenn den beiden die umstrittenen Geschäfte vor Gericht nicht mehr so erinnerlich waren. Das KIO übrigens ist ein umtriebiges Unternehmen. KIO's Spanien-Repräsentant war Javier de la Rosa, ein Finanzberater von König Juan Carlos. Doch Anfang der neunziger Jahre wanderte der Mann mit dem blumigen Namen wegen Betrugs ins Gefängnis. Bei den Ermittlungen hieß es, er habe versucht, den König zu bewegen, während der Golfkrise die Landung von US-Flugzeuge auf spanischen Stützpunkten zu gestatten – für 60 Millionen Pfund Schmiergeld. So geriet der Name des Königs erstmals mit einem öffentlichen Skandal in Verbindung.

Javier de la Rosa gehört wie einst Samaranch zu den Absolventen der Opus-Dei-Wirtschaftsakademie IESE in Barcelona. Der Skandal um ihn hatte sich im Umfeld des Opus abgespielt. Hutchison schreibt in *Die heilige Mafia des Papstes,* daß de la Rosas Ehefrau Supernumerarierin gewesen sei, wie die nichtzölibatären Mitglieder des Werks heißen, die Gattin seines Stellvertreters ebenfalls. Zudem war de la Rosa Vorsitzender der Grand Tibidabo, die Jahre zuvor den unter weltweiten Schlagzeilen bankrott gegangenen spanischen Multikonzern Rumasa als Geldbeschafferorganisation für das Opus Dei abgelöst habe. Im Vorstand von Grand Tibidabo, die später wiederum von Samaranchs Caixa übernommen wurde, saß auch Samaranch junior. Die Wege kreuzten sich recht oft in der spanischen Wirtschaftsspitze. Eine tolle Schule für Netzwerker.

Wie sehr Spaniens Wirtschaft vom Opus Dei kontrolliert wurde, kam erst im Zuge des Zusammenbruchs der Firma Rumasa richtig ans Tageslicht. Der Rumasa-Skandal hatte das ganze Land erschüttert. Rumasas Konzernchef war José-Maria Ruíz-Mateos, der es zum reichsten Bürger des Landes gebracht hatte, indem er rund 600 Firmen zuammenraffte. Er hatte das Opus mit immensen Zahlungen unterstützt. Ende der siebziger Jahre wurde er der Steuerhinterziehung und des Verstoßes gegen Devisenvorschriften angeklagt. Seine Rumasa war, als er enteignet wurde, mit rund vier Milliarden Mark überschuldet. Ruíz-Mateos sagte sich vom Opus los und packte aus – er lieferte ein Füllhorn an Wissen um die Machenschaften des *Obra*. Es ergab sich, vernetzt mit den Aussagen anderer Opus-Aussteiger, ein atemraubendes Bild der Infiltration: Schlüsselstellen in Politik, Wirtschaft und Hochfinanz in Spanien standen längst massiv unterm Einfluß des geheimen Werks.

Ruíz-Mateos gab an, über 60 Millionen Mark an das Opus weitergeleitet zu haben, wie wohl generell üblich, über Tarnorganisationen und Stiftungen des Ordens, auch im Ausland. Die Schweiz spielte eine Schlüsselrolle – er belegte dies 1986 sogar mit Fotokopien von Bankauszügen, um nachzuweisen, daß Opus-Leute und Opus-nahe Institutionen tief in die Affäre verstrickt seien. Aber der Prozeß fand nie statt. Beobachter führten dies darauf zurück, daß es sich beim zuständigen Staatsanwalt gleichfalls um ein Opus-Mitglied gehandelt habe. Ruíz-Mateos beschuldigte ihn, von den Überweisungen gewußt zu haben. Aus der bankrotten Rumasa ging später der mächtige Baukonzern Hispano Alemana de Construcciones S. A., kurz HASA, hervor. Auch in dessen Aufsichtsrat saß

Samaranch. Ein Sachverhalt, der lediglich (und einmal mehr) belegt, daß es wirklich nicht einfach war, sich als Wirtschaftsgröße in Spanien dem Netz des Opus zu entziehen. Und damit auch dessen diskreten, ziemlich reißfesten Strickmustern.

Der Rumasa-Zusammenbruch war der größte Finanzskandal im Nachkriegsspanien, der zweitgrößte, der Matesa-Skandal, lag ein Jahrzehnt zurück. Juan Vila Reyes hieß der Chef dieser Zulieferfirma für die Textilindustrie. Auch er ein Tausendsassa. Samaranch kannte ihn jedenfalls gut genug, um ihn überzeugen zu können, das Präsidentenamt bei seinem Hockeyklub RCD Español Barcelona zu übernehmen. Auch das eine oder andere kleine Geschäft der beiden soll zustande gekommen sein. Ende der fünfziger Jahre stieg Vila Reyes zum Paradeunternehmer des Francismus auf, bis sein Konzerngebilde 1969 zusammenbrach. Matesa hatte 230 Millionen Mark Schulden gemacht – nie ganz geklärt werden konnte, wohin rund 320 Millionen Mark Exportfinanzierung geflossen sind, die der Staat beigesteuert hatte. Und natürlich, wie man fast sagen muß, wenn es um Wirtschaftsvergehen im großen Stil in der Franco-Zeit geht, war Vila Reyes zumindest extrem Opus-nahe. Auch er hatte die Opus-Akademie IESE absolviert, und er hatte – wie das Werk einräumte – der Kaderschule mehrere Jahre lang persönliche Spenden zukommen lassen.

»Unter Franco«, sagt Opus-Forscher Hutchison, »traten viele dem Opus bei, weil dies die sicherste Art war, Karriere zu machen.« Franco hatte Opus-Gründer Escriva zum Beichtvater, und er schob dessen Schäfchen bevorzugt in Spitzenämter der Regierung. Als er sich entschloß, die Monarchie zu restaurieren, wünschten sich die Erzkatholiken den jungen Kronprinzen Juan Carlos als König. Dessen Erziehung oblag dem Opus-Mitglied Anael Lopez Amo, dem Sekretär von Königin Sofia. Aber nicht alle waren einverstanden mit dem Kandidaten der Fundamentalisten, manche wollten Carlos' Vater Don Juan auf den Thron sehen. Ein verdeckter Glaubenskrieg brach aus, und Samaranch erzählt dazu Interessantes in seiner Biographie: »Ich wurde Mitte der sechziger Jahre diskret gebeten, den Prinzen [Juan Carlos] in meine Obhut zu nehmen. Er begleitete mich zu den Mittelmeerspielen in Tunis 1967, und ich bekam deshalb einige Schwierigkeiten bei meiner Rückkehr. Doch wurde 1969 von den Cortes [denen Samaranch angehörte] beschlossen, daß Juan Carlos Francos Nachfolger werden sollte.« Ganz so demokratisch ging es selbstverständlich nicht zu. Es war Franco, der am 22. Juli 1969 bekanntgab, er habe Juan Carlos zu seinem Nachfolger bestimmt. Monate später war der Opus-Triumph perfekt: 12 von 19 Ministern der neunten Franco-Regierung waren Opus-Angehörige.

Ordensgründer Escriva war happy. Der Königsmacher im Priestergewand hatte früh erkannt, daß eine Infiltration der spanischen Eliten auf Dauer nur über eine starke Positionierung im Bildungssystem erfolgen konnte. Man muß an die Schulen ran, um die gewünschten Eliten zu schaffen. Im katholischen Spanien erhielt das Werk großen Zulauf aus der Professorenschaft, die 1956 zu 40 Prozent mit dem Orden sympathisierte oder Mitglied war. Ideale Bedingungen, um mit dem Aufbau eigener Kaderschmieden für Führungskräfte zu beginnen. Die wichtigste wurde die von Escriva ins Leben gerufene IESE, von der auch Samaranch abging.

Die IESE schuf über Opus-nahe Banker, Broker und Manager das wohl mächtigste Wirtschaftsnetzwerk in einem Land, »in dem Beziehungen häufig zum persönlichen Vorteil genutzt werden«, wie nicht nur Dieter Joswig beobachtet hat, der mehr als zwanzig Jahre lang Commerzbank-Chef in Spanien war. IESE-Direktor Carlos Cavalle ist stolz auf diese Rasselbande, die ihren erstaunlichen Korpsgeist auch dankbar gegenüber der Schule entfaltet: Rund die Hälfte der Abgänger spendet offiziellen Angaben zufolge jährlich für deren Fortbestand. Das ist ein weltweit einzigartiger Liebesbeweis, selbst Harvard, ein Vorbild in Sachen Networking, bleibt bei der Spendenbereitschaft seiner Ehemaligen unter der Zwanzigprozentmarke. Aber die ehernen Bande der Schüler mit der IESE dürfen nicht verwundern. Die pseudo-ethischen Komponenten von Vater Escriva ziehen sich als roter Faden durch die Ausbildung, in jedem Schulzimmer hängt das Kruzifix, und ein IESE-Professor erklärt: »Unser Ziel ist es, durch unsere professionelle Arbeit heilig zu werden.« Für den renommierten deutschen Opus-Experten Peter Hertel ist daher ein Studium am IESE »ein starker Hinweis darauf, daß der Absolvent die Nähe zum Opus bewahrt hat«.

Der Sport-Vatikan

Die (Ton-)Spurensuche: Unverkennbar ist der salbungsvolle Verlautbarungsstil des Opus, in dem Banalitäten in unendlichen Redundanzen widergekäut werden. Worthülsen wie beim olympischen Festpathos, wenn sich plötzlich abgebrühte Geschäftsleute, überwältigt vom Klang der Sporthymnen und der eigenen moralischen Bedeutung für die Welt, als Laienprediger versuchen. Erschöpfend wird im IOC wie im Opus das weitverzweigte Metaphernfeld des Sammelbegriffs »Familie« abgegrast. Familie, Einheit, Stärke, Einheit, Familie – das geht so pausenlos rauf und runter wie ein Mantra; wie eine logopädische Übung.

»Der Kontostand stimmt dann ganz besonders gut, wenn man seine Geschäftsidee verbinden kann mit einem Konglomerat von scheinbar großen Botschaften, scheinbar großen Ideen wie Frieden, Vereinigung der Welt, Verständigung, Jugend und ähnliche Dinge. Ohne einen solchen Anschein, große Ideen vertreten zu wollen, wäre das IOC nichts anderes als irgendein kleiner Geschäftemacherverein«, analysierte der Berliner Soziologe Gunter Gebauer schon 1996. Doch muß sich das IOC dafür nicht schämen. Auch Vater Escrivas Maximensammlung *Der Weg* prägt ja eine überaus schlichte Denkart – der plumpe Versuch, die Gemeinde zu entmündigen, sie wie dumme Kinder hinter dem allwissenden Vater auf Erden hertrotten zu lassen.

Vom 1975 verstorbenen Opus-Gründer Escriva ist unter anderem die Ankündigung überliefert, daß er wiederkommen werde und dann zu bleiben beabsichtige. Samaranch wollte eigentlich nie gehen, jedenfalls nicht aus irgendwelchen Ämtern, und im Sog schon erkennbarer Allmachtsphantasien raffte er jeden neuen Posten an sich, dessen er habhaft werden konnte. Keiner seiner Paladine wagte oder wagt ein offenes, ein einfaches Wort der Vernunft dagegen – so als ob es nie wieder Olympische Spiele gäbe, wenn man den Greis bremsen oder gar zur Räson rufen würde. Sogar der neuen unabhängigen Weltdopingagentur des Sports (WADA) wollte Samaranch unbedingt präsidieren – dabei hatte er sich im Sommer 1998 gegenüber der Zeitung *El Mundo* offiziell als Befürworter einer medikamentösen Leistungssteigerung entlarvt: »Die Liste der verbotenen Dopingmittel muß drastisch reduziert werden.« Braucht es mehr Parallelen? Escriva hat wie Samaranch daran gearbeitet, aus dem Bürgerstand in den spanischen Erbadel aufzusteigen. Geschafft haben das beide.

Michael J. Farrell, Herausgeber des amerikanischen *National Catholic Reporter,* sieht offenkundige Analogien zwischen Samaranchs IOC und dem Opus Dei: »Im Auge des Sturms sitzt ein spanischer Marqués, Juan Antonio Samaranch, IOC-Präsident seit 1980. Nur wenn die Karrieren solcher Leute aus der Flugbahn geraten, wird ganz abrupt die Frage aufgeworfen, wie sie überhaupt in diese Machtfülle gelangen konnten. Vielleicht sollte es keine Überraschung sein zu hören, daß Samaranch ein Mitglied von Francos faschistischer Regierung war – aber es sollte gerade eine sein. Vielleicht ist es unwichtig, daß er ein Mitglied des Opus Dei ist; vielleicht ist es das gerade nicht.«

Es würde aber, so oder so, nichts daran ändern, daß Wirkweisen der Opus-Strategien auch im IOC zum Tragen kommen. Samaranch hat sich dazu nicht geäußert, ging also auch nicht offiziell auf Distanz, wenn wie in *Die heilige Mafia des Papstes,* in *Le Monde diplomatique* und im *National Catholic Reporter* behauptet wurde, er sei im Opus. Was das bedeutet?

Vielleicht, daß es Fragen gibt, auf die Schweigen eine Antwort ist. Immerhin hat sich das Werk aus guten Gründen so lange vor der Welt verborgen. Franklin Servan-Schreiber, Kommunikationsdirektor des IOC, sah sich übrigens auch nach Monaten der Hinhaltetaktik außerstande, auf die einfache Frage zu antworten, ob Samaranch Opus-Mitglied ist. Er wünschte aber viel Erfolg bei den Nachforschungen, so merkte er gallig an.

Maria Carmen del Tapia, eine in Kirchenkreisen renommierte Opus-Kennerin, die selbst lange in den Fängen des Werkes war, bezweifelt, daß Samaranch ein Supernumerarier ist. Ihre Nachforschungen, sagte sie, hätten dies nicht erbracht. Gut denkbar sei aber, daß in der Arbeitsweise Ausprägungen im Sinne der Opus-Leitlinien erkennbar seien. Tatsächlich muß man, um die harten Strategien der kirchlichen Geheimsekte umzusetzen, nicht unbedingt derselben angehören. Es genügt der Kontakt zu Mitgliedern und ein genaues Studium der Strategien.

Rechercheure wie der Watergate-Enthüller Carl Bernstein (im Buch *Seine Heiligkeit*) haben aufgezeigt, wie Karol Wojtyla, der dem Opus sehr geneigte Papst Johannes Paul II., und US-Präsident Ronald Reagan seit Ende der siebziger Jahre die polnische Gewerkschaft Solidarność von Lech Wałesa unterstützten. Und Opus-Forscher Hutchison steuerte dazu bei, wie das Werk Gottes von seiten des Vatikans die Dinge regelte. Denn Geld war wichtiger als gute Worte. Anfang der siebziger Jahre hatte der hohe Opus-Vertreter Laureano Lopez Rodo als spanischer Botschafter in Wien die Offensive auf Osteuropa begonnen. Höchste Bedeutung kam Wojtylas erstem Polen-Besuch als Statthalter Christi, 1979, zu. Laut Hutchison war viel Geld für den Aufbau einer katholischen Untergrundorganisation in Polen vom Opus gekommen. Es floß über die obskure Banco Ambrosiano, deren größter Minderheitsaktionär die Vatikanbank IOR war und deren Zusammenbruch 1982 geradezu gespickt war mit mafiösen Vorgängen, die nie aufgeklärt wurden. Ambrosiano-Chef Roberto

Calvi wurde in einer anspruchsvollen Selbstmordvariante unter einer Londoner Brücke aufgefunden, das IOR geriet in den Kollapsstrudel – dann soll das Opus Dei in der größten Not die entscheidenden Finanzhilfen gewährt haben.

Damals, während der Polen-Krise, hielten die katholischen Ultras Kontakt mit der CIA. Häufig reisten CIA-Chef William Casey und Stabsgeneral Vernon Walters, zwei Ritter des Malteserordens, in den Vatikan. US-Präsident Reagan sagte dem Papst Hilfe bei der Rettung der Solidarność zu. Auch dabei hätten diskrete Helfer die Hände im Spiel gehabt: »Der spanische Botschafter in Moskau«, schreibt Hutchison, »der Supernumerarier Juan Antonio Samaranch, dürfte das Opus Dei über die Aktivitäten der Sowjets jedenfalls auf dem laufenden gehalten haben.«

Supernumerarier? Samaranch schweigt zu solchen Bezeichnungen. Aber er ist gern im Vatikan, fühlt sich dort wohl. Ende 1991 hat er, in Gegenwart der spanischen Königin, vor Kardinälen und anderem Kirchenvolk beim Kongreß »Drogen und Alkoholismus gegen das Leben« referiert und dabei eine »brillante Vorstellung« hingelegt, wie das IOC-Hofprotokoll *sport intern* jubilierte. Brillant am Auftritt des von Kardinal Angelini als »Vater des Weltsports« angekündigten Olympiers war nämlich der Umstand, daß er die ihm »zugestandene Redezeit weit unterboten« hat. Dabei entbehrt diese Kürze der Rede nicht der Logik: Was soll einem Geldhändler und Investmentprofi so ausführlich zum Thema Doping einfallen?

Der Autor Michael Walsh meint, daß die Mitglieder und die Organisation des Opus Dei in puncto Ideologie, Struktur und Strategie »militärischen oder anderen repressiven, rechtsgerichteten Regierungen zu empfehlen« seien. Dies gilt auch für das IOC. Seine Mitglieder verehren den Vater des Olymps, bei Abstimmungen verwöhnen sie ihn mit Voten, wie man sie aus Diktaturen und Politbüros kennt: Einheit, Einstimmigkeit, stehende Ovationen – die Demokratie der glühenden Hände. Die Masche mit der Macht funktioniert. Das einzelne Mitglied ist Teil einer kompatiblen Gefolgschaft, es hat zu funktionieren und wird dafür mit Privilegien entlohnt – mit Titeln, schönen Reisen und Tophotels und bis vor kurzem auch damit, daß ihm keiner der höheren IOC-Chargen auf die Finger schaute, wenn es um die individuelle Meinungsbildung – oder Bereicherung – im Wettstreit der Bewerber als Olympiastadt ging.

Gier und dünner Geist

Alles ist nackte Macht. Samaranch hat seit seiner Machtübernahme die meisten der heutigen IOC-Mitglieder selbst erwählt, er hat sogar, gegen alle Regeln, durchgesetzt, daß er ein persönliches Erhebungsrecht für Mitglieder bekam. So trickste er 1992 endlich den Leichtathletik-Boß Primo Nebiolo ins IOC. Legendär war auch die »Wahl« des schnauzbärtigen Mexikaners Mario Vázquez Raña. Don Mario, der schwerreiche Sportbaron, wollte um jeden Preis hinein, doch der erste Versuch 1984 schlug fehl. Förderer Samaranch zuckte zurück, als er der Gefahr einer Abstimmungsniederlage gewahr wurde. Die Aussicht aber, über den Medientycoon aus Mexiko den zentralamerikanischen Markt zu beherrschen, war einfach zu verlockend. 1991 boxte ihn Samaranch durch, wenn auch mit gewaltigen Blessuren. Anita DeFrantz, die nach den Absprachen der Raña-Gegner eigentlich die Stimme gegen den Mexikaner erheben sollte, verstummte plötzlich. Der Plan mißlang. Irgend etwas muß den IOC-Mitgliedern sehr spanisch vorgekommen sein, als ihr neuer Kollege Vázquez Raña durch dunkle Gläser in die Runde blickte. Das Wahlergebnis legte davon Zeugnis ab: 13 Ja-Stimmen, zehn dagegen – und rund sechzig Enthaltungen. Vorschlag angenommen: echte Demokratie.

Die Masse kuscht vor dem Machtmenschen, und seine Getreuen im Vorstand befördern das mit allen Tricks. Etwa Thomas Bach. Der erzählte im Vorjahr anläßlich der Vertrauensfrage, die Samaranch wegen der Rücktrittsforderungen aus aller Welt stellen mußte, treuherzig wie immer: »Das IOC ist in einer schwierigen Phase. Reformen müssen eingeleitet werden. Da ist es guter parlamentarischer Brauch, daß man sich das Vertrauen des Wahlgremiums holt.« Köstlich. Zuweilen funktioniert dieser parlamentarische Brauch so gut, daß die Wählenden erst am Tag der »Wahl« erfahren, wen sie da überhaupt zu sich ins IOC holen sollen. Wie es dem deutschen NOK-Präsidenten Walther Tröger 1996 in Atlanta bei der Berufung des Südkoreaners Lee Kun He geschehen ist. Wem erst kurz vor der Abstimmung der Kandidat vorgestellt wurde, der konnte natürlich nicht mehr in Erfahrung bringen, daß der Neue gleich nach dem Eid auf die IOC-Fahne erst einmal von der Justiz in seinem Heimatland wegen Korruption verurteilt werden würde.

Seine Exzellenz, der Marqués de Samaranch, bricht die Regeln nach Bedarf. Schön zu besichtigen war das auch 1995 in Budapest, als er das Alterslimit für IOC-Mitglieder auf achtzig Lenze anheben ließ – für sich selbst natürlich, sonst hätte er 1997 nicht wieder antreten können. Damals wurden die Regeln gleich reihenweise verletzt, und die Sportwelt war sprachlos. Doch weil das seit zwanzig Jahren so geht, kennen es IOC-Mitglieder nicht mehr anders. Sie alle, einfache wie höhere, heben tief beeindruckt die legendäre Arbeitswut ihres Führers hervor. Vater Samaranch malocht mit mönchischem Eifer, er lebt asketisch und büßt für die Gruppe – denn die anderen fangen erst richtig mit dem Tafeln an, wenn sich der Boß gegen neun, spätestens zehn Uhr abends zurückzieht. Auch das Opus betet seine Führerfigur an und verfolgt die »Heiligung« des Alltags – ganz speziell gilt das für die religiöse Überhöhung der Berufsarbeit.

Daß er dabei alle Mittel einsetzt, nicht immer legitime, beschrieb einmal Peter Ueberroth am Beispiel eines der olympischen Heiligtümer, des olympischen Feuers. Das mochten die traditionsbewußten Griechen dem Cheforganisator der Spiele von Los Angeles nicht herausrücken, weil der es 1984 für den ersten kommerziellen Fackellauf nutzen wollte. Ueberroth und seine US-Sportsfreunde sannen also auf »eine andere Lösung, um die Flamme heimlich aus Griechenland rauszuschmuggeln. Samaranch wollte uns dabei helfen, für den Fall, daß die Griechen die Zusammenarbeit verweigerten. Das konnte nicht öffentlich gemacht werden. Eine seiner Fähigkeiten war, einen privat zu beraten, wenn er dachte, daß man im Recht sei.« Und bald war die Lösung ausgemauschelt: »Wir filmten das Anzünden des alternativen Feuers in Olympia mit einigen Studenten, so daß man nicht sagen konnte, daß wir es nicht von der ursprünglichen Quelle hatten. Wenige Leute wissen bis heute, welche Flamme in New York an den Start des Fackellaufs ging.«

»Wenn eine Organisation Geheimpolitik zu ihrem obersten Prinzip erklärt, sich gegenüber der Öffentlichkeit abschottet und sich gegen jede Kritik zu immunisieren versucht – auch wenn sie stereotyp das Gegenteil in ihren offiziellen Erklärungen behauptet –, ist es dringend erforderlich, Licht ins Dunkel geheimbündlerischer Strukturen zu bringen.« Der katholische Theologe Matthias Mettner hat diesen Satz auf das Opus Dei bezogen, aber die Aussage trifft genauso auf das IOC zu. Die Gier und der dünne Geist von Elitenetzwerken wie dem Opus schimmern durch die eng geknüpften Maschen des IOC. Überall Geheimnisse, Rituale, Rätsel, Verschlußsachen. Wenig dringt nach außen, es sei denn, es wird gezielt lanciert – dafür hat Samaranch seine Leute.

»Nach außen stellt sich das immer als sehr sauber dar, also als ethisch, das gehört ja mit zum Funktionieren dieser Sache. Ehre und Ehrenamtlichkeit, diese Wörter werden unglaublich strapaziert, so daß das Publikum dann meistens das Gefühl hat, da reiben sich Leute furchtbar auf, damit die Jugend der Welt Freude haben kann«, sagt der Wissenschaftler Gunter Gebauer. »Diese Leute schützen sich auf diese Weise. Dabei kann kaum noch jemand alle Verflechtungen durchschauen. Man muß Ideen haben, wie man auf schlitzohrige Weise weitere Millionen eintreibt. Man braucht also eine ganze Menge an geschäftlicher und manchmal sogar krimineller Energie, um das hinzukriegen. Man muß herausbekommen, wo Grauzonen sind, wo keine expliziten Verbote bestehen, wo man neue Geldquellen erschließen und neue Verbindungen herstellen kann. Das favorisiert doch alle Leute, die auf krumme Weise in ihre Positionen gekommen sind, die sich Netzwerke geschaffen haben. Sie werden weiterhin diese Netzwerke dominieren und mit anderen dominierenden Personen gemeinsame Sache machen. Das wird immer so gehen, da gibt es keine Revolution.«

Zwangsläufig stößt auf mafiöse Verhaltensmuster, wer die krakenartige Präsenz der IOC-Leute im Weltsport, die anmaßende Führungsrolle und Selbstkontrolle sowie ihre *omertà*, die Verschwiegenheit des Gremiums, untersucht und dazu seine Terminologie heranzieht, in welcher der Begriff der Familie zentrale Bedeutung hat. Man kann die Auffassung Samaranchs teilen, daß sein IOC eine Familie sei. Es ist eine Familie ohne verwandtschaftliche Grade und emotionale Bindung. Es ist eine Familie, in der Gewalt, die aus Abhängigkeit entsteht, zelebriert und ausgelebt wird in einem Geist der Protektion und Gefolgschaft.

An der Spitze steht der Patron. Samaranch, kein brillanter Kopf, aber arbeitsam und beseelt von unerschöpflichem Machtwillen. Ein abergläubischer Mensch, der ungern an Dienstagen oder Dreizehnten reist und einen spirituellen Bezug zur Zahl 17 pflegt. Der in punkto Eigenverantwortung angesichts endemischer Korruption nur die Art Echos in petto hat, die man von Reichsparteitagen oder IOC-Sitzungen kennt: »Ich habe keine Fehler gemacht. Ich habe alles richtig gemacht.« Ein Mann, der keine Vergangenheit und keine Zukunft kennt, nur den Augenblick. Ein Mann, den Spaniens ehemaliger Gesundheitsminister Ernest Llunch einst als »größtes Chamäleon« bezeichnete. »Er paßt sich an alles an.« Der Olympiasieger in Opportunismus. »Samaranch ist ein extrem eitler Typ«, beobachtete der Berliner Olympiabewerber Nikolaus Fuchs. »Er wollte immer behandelt werden wie ein Staatschef, immer Wasser auf dem Schreibtisch rechts, nur Fischgerichte und Hühnchen, keine Abendtermine usw. usf. Er war in keiner Weise als bestechlich eingestuft, aber es gab immer Konsens unter allen Gesprächspartnern, daß sein finanzieller Wohlstand ausschließlich über das IOC kommt. Kein Mensch glaubte, daß der von Hause aus Geld hatte, niemals.«

Samaranch ist ein nach außen durchsetzungsfähiger, nach innen charismatischer und gewaltbereiter Führer und Beschützer. Einer, der die Interessen seiner Herde, berechtigte wie unberechtigte, durchboxt. Als Gegenleistung entbieten die Schäfchen blinde Gefolgschaft. Im IOC äußert sie sich in grotesken Abstimmungen, gern per stehende Ovation – wie bei der TV-Saalwette von »Wetten daß?«, nur, daß dort das applaudierende Publikum mehrere Gags zur Auswahl hat und nicht nur einen. Samaranch nennt dies die »Einheit der Bewegung« und die wichtigste Qualität des Olymps wie des Weltsports. Aber in Wirklichkeit hat das olympische Parteitagsgejohle mit Einheit, mit einer überzeugten Einmütigkeit nichts zu tun. Es ist ein Ritual, ein Arrangement mit der Klientel: Gehorsam gegen Protektion. Eine solche Günstlingskultur kann sich mühelos jeder Modernisierung anpassen und in alle Lebensbereiche hineinwuchern. Sie schafft ein Geflecht aus Freundschaft; einen Filz aus Seil- und Komplizenschaften, aus Cliquen und Klüngeln. So ist das weltliche Netzwerk Olympia entstanden, das nur einen echten Feind kennen kann: Transparenz, öffentliche Kontrolle und damit die Möglichkeit zur Korrektur.

Der wilde Osten

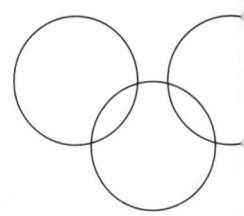

Guelfis trübes Gewerbe

»Neulich hat mich Juan Antonio Samaranch zum Besuch der Wiener Oper überredet, die Berliner Philharmoniker spielten. In der Pause machte ich Uff, und als der Vorhang fiel, begann ich zu klatschen und suchte den Ausgang. Aber die Oper war gar nicht zu Ende, es war bloß der erste Akt. Und sie hatten fünf davon!« Der Logengast, der hier erzählt, wie er sich mit dem IOC-Präsidenten durch die Arien quälte, heißt André Guelfi und hat statt langatmiger Koloraturen lieber das Knistern von Geldscheinen im Ohr. Guelfi ist der Mann, der uns durch dieses Kapitel begleiten wird – vor allem nach Rußland, in Samaranchs heimliche zweite Heimat, wo der IOC-Boß die »glücklichsten Momente« seines Lebens durchlebt, aber auch in andere Staaten des sogenannten Wilden Ostens. Denn André Guelfi, der in seiner Schweizer Wahlheimat immer mal wieder per Haftbefehl gesucht wurde, ist ein ständiger Begleiter des IOC-Präsidenten in die ehemaligen Sowjetrepubliken. Ein Umstand, den das IOC heute herunterspielt und am liebsten ganz verschweigen würde.

Das Schweizer Finanzmagazin *Bilanz* zählte Guelfi schon Mitte der neunziger Jahre zu den 200 reichsten Schweizern und taxierte ihn dabei auf 250 Millionen Franken. Dort, wo er ans Werk geht, in Ländern wie Gabun, Usbekistan oder Kasachstan, wird man kaum nebenbei zum Musikliebhaber. Dort gibt es nicht so viele Opernhäuser, dafür jede Menge armes Volk sowie ein paar wenige superreiche Unternehmer und Politiker. Diese Leute bei Laune zu halten – im Interesse verdeckt agierender Großkonzerne – und sich selbst nicht zu vergessen, das ist das diskrete Gewerbe des André Guelfi. Er tritt als Geschäftsmann von der Sorte auf, die Staatsanwälte und Steuerfahnder ständig im Auge behalten müssen. Er schmiert Kontakte zwischen Konzernen und Staaten – und zwischen Sportverbänden. Und er verteidigt seinen Ruf: »Leute wie wir sind keine Pestkranken«, sagt Guelfi. »Wir fördern die Absatzmärkte.« Er pirscht mit riesigen Geldsummen durch die Grauzonen der Weltwirtschaft, ist im Erdöl-, Flugzeug- und Rüstungssektor tätig, und er ist auf seine Art sehr erfolgreich: »Wenn man nur gut schreiben können müßte, um Entscheidungsträger für Geschäfte zu gewinnen und einen Markt an sich zu reißen, wäre ich heute nur ein pensionierter Autorennfahrer. Aber wenn es darum geht zu verführen, zu überzeugen, dann bin ich in meinem Element.«

Verführen, überzeugen – das ist das oftmals trübe Gewerbe von Leuten, die neuerdings die Schlagzeilen beherrschen: Kontakthändler wie André Guelfi oder seine deutschen Artgenossen Dieter Holzer und Waffenhändler Karl-Heinz Schreiber, für deren Freundschaften mit den Mächtigen der Welt sich gleichfalls die Staatsanwaltschaften interessieren.

Einen gängigen Weg zum Ziel im internationalen Geschäftsleben hatte vor einem Vierteljahrhundert bereits der Adidas-Chef Horst Dassler beschritten, der den Weltsport seit Mitte der siebziger Jahre mit geheimdienstlicher Akribie modernisierte und vielerlei stille, nicht immer seriöse Geschäfte tätigte. Einer seiner treuen Kompagnons war jahrelang André Guelfi. *Der Spiegel* berichtete schon 1986: »Die Fäden laufen in der Schweiz zusammen. Dort steht Dasslers Partner André Guelfi als Besitzer einer Dachgesellschaft in den Büchern. Guelfi ist der Mann, der Dasslers Aufstieg finanziert.« Auch die Marketingagentur ISL (bis 1996 Partner des IOC) und deren Vorgänger wurden von Dassler und Guelfi aus der Taufe gehoben. Das umtriebige Duo verhalf 1980 in Moskau sogar dem Sportfreund Samaranch auf den IOC-Thron – mit beträchtlichem Aufwand, wie Guelfi sagt.

Trotz dieser hochkarätigen Dienstleistungen gelang es Guelfi lange Zeit, noch mehr im Hintergrund zu bleiben als der ohnehin öffentlichkeitsscheue Dassler. Das Tandem zerbrach Mitte der achtziger Jahre, als Guelfi, Spitzname *Dédé la Sardine*, selbst Dasslers abgebrühten Leuten zu ölig wurde. Zum Abschied, nach dem Zerwürfnis mit Horst, war Guelfi noch bei der Familie Dassler in Herzogenaurauch aufgekreuzt und hatte den ahnungslosen Verwandten allerlei Herzgefährdendes über die Unternehmungen Horst Dasslers mitgeteilt – »alles Tätigkeiten und Firmen, von denen man daheim nichts ahnte oder zumindest wenig wußte«, wie es in der offiziellen Dassler-Biographie heißt. Auch in den privaten Aufzeichnungen des einstigen FIFA-Generalsekretärs Helmut Käser wird Guelfi als Verleumder beschrieben, der massiv versucht habe, aus dem Hintergrund Käsers Ruf zu ruinieren. Der entsetzte Mann erhielt »mit Gift und Galle gespickte Briefe, gezielt darauf ausgehend, mich als unsauberen, vertrauensunwürdigen Generalsekretär hinzustellen«. Es folgten »Lügen über Lügen« und schließlich kam es gar zu »Erhebungen unter Inanspruchnahme von Polizeiorganen«. Die perfide Taktik hatte Erfolg: Käser, der Dassler und FIFA-Chef Havelange im Weg war, dankte ab – und wurde vom Dassler-Intimus Joseph Blatter ersetzt, der auf der Payroll von Adidas stand.

»Lügen über Lügen«? Dabei präsentiert sich der olympische Schattenmann André Guelfi in Interviews doch so charmant, weltmännisch und gewinnend. Der rüstige Achtziger bleibt mit seinem Falcon-900-Privatjet mobil. In jungen Jahren fuhr er Autorennen in Le Mans. Seine Biographie liest sich wie eine Mischung aus Agententhriller und Märchenbuch: Marokkanischer Abstammung, auf Korsika geboren, trat er in den vierziger Jahren dem gaullistischen Geheimdienst bei, mit Operationsbasis Algier. Später machte er Geschäfte in Indochina, versuchte sich dann in Marokko im Fischhandel – daher sein Pseudonym »Sardine« –, wobei ihm das große Pech widerfuhr, daß eines seiner Schiffe vor der Küste Mauretaniens havarierte. Die Versicherung kam für den Schaden auf, und

Guelfi fand Gefallen daran, auf die etwas andere Art Geld zu verdienen. Mauretaniens Staatschef Moktar Duld Daddah verwies ihn des Landes, weil er einen Minister geschmiert hatte. Auch Marokko mußte Guelfi bald, nach dem gescheiterten Putsch gegen König Hasan II., verlassen. General Mohammed Oufkir, der Verteidigungsminister, hatte den König 1972 in dessen Boeing 727 abzuschießen versucht. Der Anschlag schlug fehl, tags darauf fand man Oufkir erschossen auf. Selbstmord lautete die offizielle Diagnose – sportlich anspruchsvoll, denn es wurden drei Kugeln im Rücken gefunden. Da Guelfi zu Oufkirs engsten Vertrauten zählte, flüchtete er mit einer Cessna, über deren Besitzverhältnisse noch lange gestritten wurde, in die Schweiz. Oufkirs Clan dagegen wanderte für die nächsten Jahrzehnte ins Gefängnis, und Guelfi mied Marokko fortan. Schließlich wartete dort jahrelang der königliche Kerkermeister auf ihn.

Als günstig für alle weiteren Aktionen könnte sich erwiesen haben, daß Guelfi für die mit 25 Millionen Dollar prall gefüllten Konten General Oufkirs zeichnungsberechtigt war. Guelfi wirtschaftete offenbar gut. Er war als Immobilienmakler tätig, als Sportartikelproduzent (Le Coq Sportif) und Vermarkter (mit Dassler), später dann als Geldbote für die Mineralölfirma Elf Aquitaine. Der Abenteurer und Lebenskünstler stieg zu einer schillernden Person im Jet-set auf. Zu seinen engeren Freunden zählt er neben Samaranch auch Jean-Paul Belmondo, IOC-Mann Jean-Claude Killy, Fußballstar Michel Platini, Fiat-Boß Giovanni Agnelli (der wiederum gern flammende Lobreden auf Samaranch hält und die Winterspiele 2006 in seinem Turiner Skiressort empfängt). Guelfi war mit einer Cousine Georges Pompidous verheiratet. All das ist bekannt, nur weiß kein Mensch so genau, wie er seinen märchenhaften Reichtum angehäuft hat.

In diesem Punkt sind nicht einmal die Leser seiner Autobiographie *L'Original,* die er Anfang 1999 veröffentlichte, etwas schlauer. In Lausanne, das jahrzehntelang Guelfis Firmen- und Privatsitz war, hielt sich das Lesevergnügen bei mindestens einem Buchkäufer in Grenzen: beim Boß des IOC. Denn Guelfis detaillierte Erinnerungen rücken Samaranch in die Nähe internationaler Wirtschaftskriminalität. Daß ausgerechnet die Sardine ins Plaudern geriete, damit hatte Samaranch nicht rechnen müssen – das hatte ja nicht einmal Guelfi selbst erwartet. »Ich habe immer versteckt gelebt«, erklärt er. »Nun bin ich ins öffentliche Interesse geraten, aber nicht aus eigenem Willen.«

Man kennt derlei Selbstläuterungsprozesse auch andernorts. So drängte es den Waffenhändler Karl-Heinz Schreiber massiv an die Öffentlichkeit, als seine berufliche Identität publik und die Justiz tätig geworden war. Ihr umfassendes Wissen über die Mächtigen schützt einflußreiche Lobbyisten ja in aller Regel vor Nachstellungen. Und es schützt sie auch noch, wenn sie (wie im Falle Guelfis oder Schreibers) überführt wurden – zumindest hilft es bei der Schadensbegrenzung. In Erinnerung geblieben sind die merkwürdigen Umstände, unter denen die Anklageschrift der Augsburger Staatsanwaltschaft gegen den in Kanada um seine Nichtauslieferung kämpfenden Schreiber auf dem Luftpostweg zwischen Bonn und Ottawa verschlampt wurde, so daß sie ein paar Tage nach der juristisch festgesetzten Frist in Kanada eintraf. Als das verschwundene Päckchen endlich wieder auftauchte, wies es Beschädigungen auf, die eine Manipulation nicht ausgeschlossen erscheinen ließen.

Bevor wir uns ausführlicher der merkwürdigen Allianz des IOC-Präsidenten mit dem anrüchigen André Guelfi widmen, wollen wir skizzieren, wie Guelfi zu operieren pflegte. Als Beispiel dient eine Politaffäre, die eine europäische Integrationsfigur, einen Staatsmann und olympischen Ordensträger in Bedrängnis brachte: Helmut Kohl.

Schmiergeldbote im Leuna-Deal

Gegen Samaranchs Opernfreund, den zeitweise mit internationalem Haftbefehl gesuchten André Guelfi, wurde drei Jahre ermittelt, ehe der Genfer Untersuchungsrichter Paul Perraudin im April 2000 Anklage erheben konnte: wegen Fälschung, Betrugs und Geldwäsche im Zusammenhang mit Guelfis Mittlerdiensten für Elf Aquitaine. Aber der gewaltige Sog, der ihn so jäh ins Rampenlicht der Weltöffentlichkeit spülte, daß er vor Schreck seine Memoiren verfaßte, hatte Guelfi schon drei Jahre früher erfaßt: Von Ende Februar bis Anfang April 1997 fand er sich im Pariser Hochsicherheitsgefängnis Santé wieder und brütete 36 Tage lang über der Frage, was in seinem Erwerbsleben schiefgelaufen sein könnte. So schief, daß er als besonders gefährlicher Häftling behandelt wurde und nicht einmal zum Hofgang in das große Karree gelassen wurde, in dem sich damals andere, prominentere Leidensgenossen ergingen – wie Carlos, der Weltterrorist. Zuweilen packte Guelfi der Frust, dann weinte er sich beim Zellennachbarn aus. Der hieß Bernard Tapie und borgte ihm Tennisschuhe für den täglichen einsamen Hofgang. Tapie hatte auch sonst viel Verständnis – ein wegen Betrugs, Bestechung und anderer Delikte verurteilter französischer Ex-Minister und Klubchef von Olympique Marseille, der Anfang der neunziger Jahre die abgewirtschaftete Firma Adidas regiert hatte.

So suchten und fanden sich im Knast zwei Männer des Weltsports, Geschäftspartner, auch wenn ihr gemeinsamer Anfang, wie Guelfi meint, eher »lächerlich« erschien: »Das muß man sich vorstellen: Er, der frühere Chef von Adidas, und ich, der einige Jahre vor ihm die Marke mit den drei Streifen in meinen Aktiva hatte, wir mußten uns nun ein und dasselbe Paar von jenen Sportschuhen teilen, die uns einst millionenfach gehört hatten!« Womöglich träumten sie deshalb so süß vom unermeßlich reichen Osten, für diese neue Geschäftsrichtung hatte sich Tapie jedenfalls bald begeistert. Wenn er alle seine Strafen abgesessen habe, wolle sich Tapie nach Rußland absetzen, meldete das Schweizer Magazin *Facts.* Denn in Moskau, so ließ der ehemalige Minister und Finanzjongleur seine Freunde wissen, nähmen es die Behörden weniger genau mit jenen Untugenden, die ihn hinter Gitter gebracht hatten. Wer ihm die neue Hoffnung schenkte? Sein Zellennachbar.

Auf einem so engem Fuß wie mit Turnschuhbruder Tapie stand Guelfi in jener Zeit nur mit der Untersuchungsrichterin Eva Joly. Diese Dame lebt aufgrund ihres beruflichen Umgangs gefährlich, zuweilen erhält sie Morddrohungen und wird daher stets von zwei bewaffneten Leibwächtern begleitet. Madame Joly ermittelt in der größten Staatsaffäre Frankreichs, dem Bestechungsskandal um Elf Aquitaine. Und Guelfi, so fand sie mit Hilfe von Steuerfahndern und Polizei heraus, hatte für den Konzern den Geldbriefträger gespielt bei Deals mit Politikern in der Dritten Welt, bei denen Elf den eigenen Namen lieber unerwähnt ließ: Es ging um Bohrlizenzen für Erdöl, konkret aber um Korruption, Bestechung, Geldwäsche und Bilanzfälschung großen Stils.

Freimütig äußerte sich Guelfi gegenüber Richterin Eva Joly zu seinen speziellen Verführungskünsten. Die Höhe seiner Provisionen von Elf Aquitaine bezifferte er mit 100 Millionen Dollar. Hatte er erst einmal das Entree bei den Staatsoberen geschafft, dann »ging ich zu den Bürgermeistern und habe sie mit Krediten für die Wirtschaftsentwicklung ihrer Regionen gelockt. Was ist falsch daran, einer Stadt, ihren Bewohnern etwas anzubieten?« In der Praxis sahen diese Wohlfahrtsprogramme so aus, daß Guelfi etwa über ein Genfer Konto Politiker aus Venezuela mit insgesamt 20 Millionen Dollar bediente. Auch Gabuns Präsident Omar Bongo ist angeblich bedacht worden. Er soll über viele Jahre Elf-Kommissionen bezogen und als »Schaltstelle für die illegale Finanzierung französischer Wahlkämpfe« fungiert haben. Als die Steuerfahnder sein Konto prüften, schrieb der Boß des westafrikanischen Landes zornentbrannt dem französischen Staatschef. Er drohte auszupacken, sofern Chirac die Untersuchung nicht einstellen ließe, und machte vorsichtshalber eindeutige Anspielungen auf eine französisch-deutsche Affäre. In der Zeitung *L'Union* veröffentlichte Bongo unter dem Autorennamen Makaya eine Haßtirade auf Frankreich: »Eine mittlere Macht, die nur existiert, weil sie sich an Deutschland klammert, das sie stets auf allen Ebenen beherrscht hat. Aber ich will lieber nicht alles auspacken.« Was er Journalisten gegenüber dann mehrfach doch tat: »Schaut euch Leuna mal genauer an, was dort passierte, ist ernst, sehr ernst.«

Bingo, Monsieur Bongo, wir schauen mal nach. Längst weiß man, André Guelfi hatte auch bei jenem Deutschland-Geschäft von Elf die Hände im Spiel. Der Skandal, der daraus erwuchs, führte hierzulande zur großen CDU-Krise und trug zur Entzauberung des »Bimbes«-Kanzlers Helmut Kohl bei. Guelfi hatte die Schmiergelder, die irgendwohin nach Deutschland flossen, kanalisiert. Er behauptete später, er habe dies mit reinem Gewissen getan, weil ihm gesagt worden sei, die gesamte Aktion werde von Kohl und Mitterrand mit getragen.

Anfang der neunziger Jahre wollte Elf 4,8 Milliarden Mark für eine Raffinerie im maroden Chemie-Dreieck bei Leuna investieren und erhielt von der Regierung Kohl das Minol-Tankstellennetz der DDR als Zugabe. Allein um letzteres aber war es den Franzosen gegangen, weil nur die Tankstellen gewinnversprechend waren. Die verlotterte Raffinerie indes, dazu am falschen Ort, tief im Binnenland angesiedelt, galt bereits als Milliardengrab. Aber Kohl hatte den Neubürgern im Osten »blühende Landschaften« versprochen und Leuna speziell eine Bestandsgarantie gegeben. Mitterrand wiederum stand bei Helmut Kohl im Wort. Hätte man Leuna abgewickelt, wären im Osten Tausende von Arbeitsplätzen verlorengegangen – und der Einheits-Kanzler hätte ein gehöriges Problem gehabt so kurz vor den Bundestagswahlen 1994. Mitterrand wollte Kohl über 1994 hinaus im Amt sehen – nur der konnte ihm garantieren, den Deutschen den Euro schmackhaft zu machen. Und den Euro brauchte Frankreich, nachdem es mit dem überstarken, an die Mark gekoppelten Franc Opfer gebracht hatte; auch bei der Finanzierung der deutschen Wiedervereinigung. Also erhielt Elf 1992, im Verbund mit der Thyssen-Handelsunion, von der Treuhand den Zuschlag im Leuna/Minol-Projekt.

Nicht nur der frühere EU-Wettbewerbskommissar Karel van Miert vermutete bald, daß das Investitionsvolumen des Projekts künstlich aufgebläht wurde, damit Elf an Steuerzahlers Subventionsgelder in Höhe von letztlich 1,4 Milliarden Mark herankam. Bald hatte sich überall der begründete Verdacht festgesetzt, daß Elf über stark überhöhte Kostenkalkulationen Subventionen erschleichen wollte. Hinzu kamen weitere Ungereimtheiten. Über Briefkastenfirmen flossen mindestens 80 Millionen Mark an Provisionen, also offenkundig Schmiergelder. Eine der mit ins Boot gehobenen Firmen für den Anlagenbau, die trotz überzogener Forderungen und ohne saubere Ausschreibung den Zuschlag erhielt, war die französische Firma Technip. Sie entpuppte sich später als Ableger von Elf – der Konzern hielt zu jener Zeit 35 Prozent an der Firma. Der Dumme war am Ende der Steuerzahler.

Das desaströse Geschäft, das anfangs als Glanzlicht deutsch-französischer Zusammenarbeit gefeiert wurde, beschäftigt bis heute die Aufklärer. Schon 1997 mühte sich ein Untersuchungsausschuß des Bundestages vergeblich darum, Licht in das Dunkel zu bringen. Was schon deshalb schwierig war, weil der damals amtierende Kanzler Kohl Leuna zur Chefsache erklärt hatte. Seltsamerweise verschwanden aus dem Bundeskanzleramt gleich nach dem Wahlsieg der SPD im Herbst 1998 reihenweise Akten mit erhellenden Unterlagen über die Deals der Kohl-Ära. Nun ermittelt ein neuer Untersuchungsausschuß, doch viele Akten sind erst versteckt, dann vernichtet worden, so fand der Sonderermittler Burkhard Hirsch heraus. Kohl demonstriert der Welt seither, was er schon immer besser konnte als viele andere: aussitzen und schweigen.

André Guelfi indes hatte 1997 in der Haft gezwungenermaßen zum Elf/Leuna-Fall ausgepackt. Das erschien ihm gesünder; sein Auftraggeber, der vormalige Elf-Chef Loik Le Floch-Prigent, war für fast ein halbes Jahr in U-Haft gewandert. Der umtriebige Guelfi gestand also, im Auftrag von Elf über seine Liechtensteiner Briefkastenfirma Noblepac Ende 1992 rund 80 Millionen Mark an sogenannten Kommissionsgeldern weitergeleitet zu haben. Ein Unterhändler, der Guelfi zur Hand ging, wurde in verschiedenen französischen Zeitungen so zitiert: In Deutschland habe man Geld gebraucht, um »verklemmte Riegel« zu schmieren, sture Gewerkschafter, Manager und Stasi-Seilschaften seien in den Genuß von Zahlungen gekommen.

Tatsache ist: Rund 80 Millionen Mark wanderten allein an Heiligabend 1992 auf das Konto von Guelfis Briefkastenfirma Noblepac in Vaduz/Liechtenstein. Schöne Bescherung. Guelfi behauptet, Le Floch-Pringent habe ihm gesagt, »daß das Geld dazu da ist, um Provisionen zu verteilen an politische Parteien in Deutschland«. Auf Nachfragen wich er aber aus, nein, an Namen könne er sich nicht mehr erinnern. Jedenfalls ging das Geld von Guelfis Briefkasten zum nächsten, der überwiegende Teil davon nur ein paar Hausnummern weiter, in den Briefkasten von Dieter Holzer (des Mannes, bei dem Bayerns Ministerpräsident Edmund Stoiber gern Urlaub machte). Dann verliefen sich die Spuren in der Vaduzer Steueroase, in der sich ja auch die CDU jahrzehntelang ungestört hatte tummeln dürfen. Frankreichs Gazetten ergingen sich bald in Spekulationen, daß auf mysteriösen Wegen 13,5 Millionen Mark von Elf in die Wahlkampfkasse der CDU geflossen seien. Die Partei dementierte. Die letzte, unmittelbare Verbindung zu Kohls geheimem Kontensystem ist noch nicht hergestellt, das dürfte auch schwerfallen – schließlich müssen Länder wie Liechtenstein, vor allem Banken wie die dort ansässigen, alles tun, um nicht das Vertrauen der Kundschaft einzubüßen.

»André Guelfi ist eine zentrale Figur in der Leuna-Affäre, insbesondere beim Zahlungsfluß der Provisionen«, sagt der Bundestagsabgeordnete Friedhelm Julius Beucher (SPD), der im Ausschuß den Komplex Leuna betreut. Guelfi bestreitet lediglich, bei diesem Deal richtig mitkassiert zu haben. Er, der sonst gern mit Millionenwerten in dreistelliger Höhe jonglierte, sagt, er habe nur eine bescheidene halbe Million Dollar erhalten für seine Unkosten, überreicht »durch die Gruppe Thyssen, gemäß den Instruktionen der Elf-Repräsentanten«.

Die Leuna-Affäre hat seinerzeit – womöglich nur ein Zufall – auch auf deutscher Seite Leute involviert, die sich einflußreich im Hintergrund der Sportindustrie bewegen. Man denke nur an Hans Friderichs, den Aufsichtsratchef des damals maroden Sportschuhimperiums Adidas, der zeitweise auch um den Vorsitz in der Deutschen Sporthilfe gebuhlt hatte. Friderichs, der frühere Bundeswirtschaftsminister, soll auch unter den Begünstigten gewesen sein, die aus der schwarzen Elf-Kasse gefüttert wurden. Friderichs hatte 1992 im Auftrag der Treuhandanstalt den Vorsitz in den Aufsichtsräten von Leuna und der Tankstellenkette Minol übernommen. Praktischerweise saß er auch noch im Aufsichtsrat des Geldhauses Goldmann und Sachs, das laut Beucher eine Bewertung von Leuna vornahm – und weil es an jedem guten Tisch vier Seiten gibt, hockte er sich als offizieller Elf-Berater obendrein selbst gegenüber. Unvorstellbar? Gegenüber der ARD-Fernsehsendung *Report* lieferte Friderichs das Schulbeispiel für einen hartgesottenen Lobbyisten. Das ehemalige Bonner Kabinettsmitglied bewertete die atemraubende Konstellation so: »Erst nach meiner Vereinbarung mit Elf kam die Treuhand auf mich zu mit der Bitte, diese zwei Aufsichtsratsvorsitze zu übernehmen und behilflich zu sein beim Zustandekommen des Vertragskomplexes und aller damit zusammenhängenden Fragen.«

Die Treuhand, oberste Leuna-Verwalterin, war in jener Zeit ohnehin ein interessantes Durchgangslager. Auch Axel Nawrocki, der 1992 Chef der Berliner Olympiabewerber wurde, wurde aus der Treuhand weg und hinauf an die Spitze des deutsch-olympischen Kontakterzirkels expediert. Daß Nawrocki ein Mann von Kohls Gnaden war, ist schon damals kein Geheimnis in der Branche gewesen. Friderichs jedenfalls, der in ziemlich allen Booten dieses internationalen Bubenstücks saß, war sicher kompetent in der Beantwortung aller damit zusammenhängenden Fragen. Was es dafür gab, trug *Report* nur bruchstückhaft zusammen: Allein für die »halbjährige Beobachtung Deutschland Ost« seien im Dezember 1992 knapp 400 000 Mark von seiten der Elf Aquitaine geflossen, wenig später gleich noch einmal 171 000, und weitere Stückelbeträge seien nachgereicht worden. »Friderichs hat eigentlich Geschäfte mit sich selbst gemacht«, er habe »von der einen Tasche Leuna mit der anderen Tasche Elf verhandelt«, für die er beide verantwortlich gewesen war, schimpfte Friedhelm Julius Beucher. Na und? Solche Jobs regelte Friderichs offenbar mit links.

Die Herren des Universums

Der manische Manipulator Horst Dassler, Herr über ein Turnschuhreich, hatte sich damals beim Strippenziehen verheddert. Während er – bis zu seinem jähen Tod 1987 – zunehmend die globale Sportpolitik bestimmte und die ihm genehmen Leute in den gewünschten Ämtern installierte, kam der merkantile Bereich zu kurz und geriet schließlich fast unter die Räder. Aber Dasslers Faible galt eben nicht dem drögen Schuhverkauf, sondern der faszinierenden Welt der Geheimdiplomatie. Daher die rätselhaft engen Bande zu den Sowjetmachthabern, die keineswegs jeden durchreisenden westdeutschen Privatunternehmer mit Staatseskorte empfingen und mit der Befreiung vom Visazwang verwöhnten. Dassler, heißt es, soll von den Sowjets sogar vertrauliche Materialien über renommierte Vertreter des deutschen Sports erhalten haben, etwa über Angehörige der Kölner Sporthochschule. Ans Licht kamen die Akten nie, doch läßt sich ahnen, wie wertvoll sie hätten sein können für sportive Geschäftemacher.

Der geheimdienstlich omnipotente Adidas-Boß war es auch, der den Jet-Setter Guelfi bei der sowjetischen Nomenklatura einführte. Dort war Dassler schon in den siebziger Jahren wie ein Staatsgast hofiert worden. Das war selbst für Guelfi faszinierend, zumal sich dies in der Breschnew-Ära, der Hochzeit des Kalten Krieges, abspielte. Es hing nach Guelfis Beobachtung damit zusammen, daß Dassler (und er nun ebenfalls) »die Olympischen Spiele nach Moskau« brachte. Olympia sollte als Türöffner für die Erschließung der östlichen Märkte dienen – und bei Dassler liefen alle sportpolitischen Fäden zusammen. Gemeinsam mit dem Korsen betreute er das Vermarktungsprogramm der boykottgeschädigten Spiele. Guelfi hatte wieder aufs richtige Pferd gesetzt. Oder, wie Fatima Oufkir einmal sagte, die Witwe des jäh verblichenen Putschisten in Marokko: Es sei unmöglich, daß Guelfi an einer Geldquelle vorbeigehe, ohne sie zu riechen.

Guelfi hat den Geruch nie aus der Nase verloren. Er konnte sich in der Sowjetunion bei der Vorbereitung seiner Geschäfte jederzeit sicher fühlen: »Nicht mal die Amerikaner konnten die Moskau-Pläne von Horst und mir durchkreuzen, sie konnten nur die Arbeit stören. Ich kümmerte mich um die Wähler in Südamerika und Afrika, und ich habe die Verantwortlichen überzeugt, richtig abzustimmen – trotz des Drucks der Amerikaner.« Das Sichkümmern lief auch über die Vergabe großzügiger Geschenke ab. Dassler, faktisch ständiger Staatsgast der Sowjetunion, besaß alle wichtigen Verbindungen und hatte damit auch Guelfi neue Kontakte beschert. Etwa zum hohen sowjetischen Sportfunktionär, Cheforganisator der Moskauer Spiele und damaligen IOC-Vizepräsidenten Witali Smirnow, den Guelfi bald als seinen »treuen Freund« bezeichnen sollte. Vor allem aber zum spanischen Botschafter in der Sowjetunion und der Mongolei, Juan Antonio Samaranch. »Wir fragten ihn, was er von der IOC-Präsidentschaft hielt. Es interessierte ihn«, berichtet Guelfi. Also drehte man das Ding.

Die Präsidentenkür Samaranchs war ein Paradebeispiel dafür, wie gnadenlos die Herren der Ringe einander aufs Kreuz legen. In Moskau, berichtete der Zeuge Guelfi, sei der entscheidende Coup kurz vor der Wahl gelandet worden, mit einer fein gesponnenen Intrige: »Samaranchs Gegenkandidat Marc Hodler hatte den Rückhalt von Horst Dassler erbeten. Hodler sagte zu Dassler: Wenn du auf mich baust, wird das IOC dein sein. Was Hodler nicht wußte, war, daß Dassler schon gewählt hatte – einen gewissen Samaranch. Hodler vertraute Dassler an, wer für ihn stimmen werde. Dassler gab mir diese Namen, und ich konnte fast alle überzeugen, ihr Votum zu ändern. Samaranch wurde mit einer sauberen Mehrheit gewählt. Meine Gegenleistung für die Stimmen bestand darin, daß ich, als Chef von der Sportmarke Le Coq Sportif, die Teams ihrer Länder gratis ausstattete. Eine Sache, die mich sehr teuer zu stehen kam. Dafür bekamen meine Geschäfte in all diesen Ländern später ganz schön Fahrtwind.« Muß man Guelfis Darstellung bezweifeln? Er legt auch dar, wie diese Überzeugungsarbeit gelang, die dank Dassler zum Standard in der Sportpolitik wurde. Jedenfalls in Ansätzen: »In Afrika konnte man sich die Anhängerschaft leicht durch finanzielle Hilfe erkaufen, nur erreicht das Geld selten die Gemeinschaft. Aber man braucht sich nichts vorzumachen: Wenn man einem Land hilft, sich mit Sportkleidung auszustatten, wählt es in die gewünschte Richtung.«

In Dasslers System habe man stets klare Mehrheiten beschafft. »Damit es am Ende nicht auf eine Stimme ankam«, sagt Guelfi. Am 16. Juli 1980 gelang im Moskauer Haus der Gewerkschaften gegen 14.30 Uhr einer seiner größten Coups. Es begann die Herrschaft Samaranchs im IOC. Schon im ersten Wahlgang erreichte der Spanier die absolute Mehrheit. Wie viele der 76 gewerteten Stimmen tatsächlich auf Samaranch entfielen, wurde nie bekanntgegeben. Auf jeden Fall waren seine Herausforderer, Hodler, der Deutsche Willi Daume und der Kanadier James Worrall, geschlagen. Der Neuseeländer Lance Cross hatte seine aussichtslose Position rechtzeitig erkannt und unmittelbar vor dem Urnengang auf eine Kandidatur verzichtet. »Die Tendenz«, sollte der ausgeschiedene IOC-Präsident, der irische Lord Michael Killanin, im Jahr darauf auf der Session in Baden-Baden sagen, »geht anscheinend dahin, sich einen Posten zu beschaffen, indem man sich bei Wählern einschmeichelt und angeblich sogar deren Unkosten erstattet.«

Wie korrekt oder unkorrekt diese und das Gros aller späteren Wahlen abgelaufen sind, hat nie ein ordentliches Gericht untersuchen können. Womöglich würde es als Korruption bezeichnen, was in der Welt des Sports bis heute als »demokratische Stimmenbeschaffung« gilt. Ob bei Präsidentschaftswahlen im IOC, in Sport-Weltverbänden oder eben bei den olympischen Städteküren. Guelfi hat seinerzeit Maßstäbe gesetzt: »Was Guelfi gemacht hat, ist die modernere Form von Korruption«, glaubt der Berliner Sportsoziologe Gunter Gebauer. »Sich im Auftrag von Horst Dassler alle möglichen IOC-Mitglieder vorzuknöpfen und für die Wahl von bestimmten Olympiaorten nicht direkt Geld zu geben, sondern Versprechungen zu machen und dann hinterher den Sportschuhmarkt aufzuteilen: Das Land, welches das IOC-Mitglied vertritt, wurde mit einer Schuhmarke versorgt. So wurde die Vergabe des Olympiaortes in ein Marktgeschehen einbezogen.«

Seit er die Karriere Samaranchs entscheidend beförderte, sind sie dicke Kumpels, behauptet Guelfi. »Er hat meine ganze Treue und aufrichtige Freundschaft, wie ich die seine habe, und dabei schwöre ich, ich kann an den Fingern einer Hand die Freunde abzählen, die zu mir hielten, als ich im Gefängnis Santé saß.« Der Kontakt ist über die Jahre nie abgerissen. Im Winter 1992/93 etwa war Guelfi dem Amigo bei dessen damaligem Lieblingsobjekt behilflich, dem Bau des Olympischen Museums. Er verkaufte dem IOC zum Vorzugspreis von angeblich 6,5 Millionen Franken sein Anwesen am Genfer Seeufer, das an das Baugrundstück angrenzte: Eine Prachtvilla mit 17 Wohnräumen, und die wertvolle Gemäldesammlung darin will er dem IOC gleich mit überlassen haben – alles Samaranch, seinem treuen Freund zuliebe.

Zu jener Zeit begleitete Juan Antonio Marqués de Samaranch den Korsen schon regelmäßig auf dessen anrüchigen Dienstreisen in den Osten. Der IOC-Präsident öffnete ihm die Türen zu Staatspräsidenten, und wenn Guelfi dann auf höchster Ebene seine Geschäfte für Elf Aquitaine einfädelte, soll Samaranch mitunter sogar anwesend gewesen sein. Das jedenfalls berichtete Guelfi dem *Wallstreet Journal*. Die beiden Großväter hätten sich in diesen Momenten gefühlt wie *the masters of the universe* – die Herren des Universums. Irdische Herren sehen die Allianz etwas nüchterner: »Für das IOC und Samaranch ist es kein Ausweis für Seriosität, wenn bei deren Geschäften oder olympischen Unternehmungen der dubiose Geschäftsmann Guelfi eingeschaltet wurde oder mitgemacht hat«, so beurteilt Elf/Leuna-Experte Friedhelm Julius Beucher, der passenderweise dem Sportausschuß des Deutschen Bundestages vorsitzt, die enge Verbindung von Samaranch mit Guelfi als einigermaßen schockierend: »Sollte es sich erweisen, daß die Bestechungsspirale von Elf oder anderen Firmen auch das IOC oder Samaranch selbst betrifft, wäre das ein unglaublicher Vorgang, der der olympischen Idee und dem Sport insgesamt schweren Schaden zufügen würde.«

Im IOC reagiert man auf den Namen André Guelfi seit dessen Inhaftierung allergisch. »Das ist nicht meine Sache, fragen Sie Samaranch«, sagt etwa Vizepräsident Richard Pound. Kommunikationsdirektor Franklin Servan-Schreiber ließ entsprechende Anfragen unbeantwortet. Für das IOC ist die Angelegenheit derart genierlich, daß sich Generaldirektor François Carrard nur mit Mühe an die vielen Reisen von Samaranch und Guelfi erinnern konnte. »Im Gegensatz zu dem, was man sich vorstellt, waren diese Reisen eine nüchterne Angelegenheit. Keine Hostessen, kein Champagner. Manchmal hat Guelfi sein Flugzeug auch selbst pilotiert«, sagte Carrard. Schon dieser unerheblichen Beschreibung steht entgegen, was Guelfi selbst in einem einstündigen Fernsehbeitrag des französischen Senders *M 6* vom März 2000 über seine Fluggewohnheiten preisgab: Die Reporter durften ihn beim Fliegen seiner Maschine filmen, es war zu sehen, wie er Bordeauxwein der edelsten Sorte trank – und dazu äußerte, diesen Genuß lasse er sich beim Reisen nie nehmen. Aber Carrard, wie gesagt, sah die Sache rein buchhalterisch: »Die Einladungen ersparten uns Kosten«, deshalb sei er sogar selbst »ein-, zweimal mitgeflogen«. Preiswerte Einladungen an bedürftige IOC-Vertreter also – Guelfi konnte seine Kosten ja schließlich bei Elf Aquitaine abrechnen: »Wenn ich Samaranch im Flugzeug mitnehme, zahle ich alles«, hat er gesagt. Jeder Trip käme auf ungefähr 150 000 Dollar. Rückt deshalb auch der IOC-Präsident auf die Payroll der internationalen Erdölschmier-Allianz? Tapfer legte Carrard Wert auf eine Trennung: Es gebe »keine geschäftlichen Verbindungen, nur gute persönliche Beziehungen«.

Sieht da jemand Interessenskonflikte? Sieht jemand mehr? Der Herr der Ringe fliegt auf Kosten einer höchst fragwürdigen Firmenstrategie durch die Welt, chauffiert von einem Geldboten, der sich keinen idealeren Reisepartner als Samaranch wünschen kann. Denn der Papst des Sports, der quasi Diplomatenstatus besitzt, öffnet seiner Entourage nicht nur Pforten – sondern gewiß auch die Zollschranken. Einem wie Guelfi zum Beispiel ist die Rolle als Samaranch-Helfer der ersten Stunde gut vergolten worden: Wie einst Kompagnon Dassler reist er heute ohne Visum in Rußland ein. Im Fernsehsender *M 6* war zu sehen, wie er in Moskau landet, auf dem Rollfeld von einer Limousine abgeholt wird und erst am Empfang des gebuchten Luxushotels Ärger kriegt, weil die ahnungslose, doch resolute Empfangsdame auf einem Visum besteht.

Der IOC-Verwaltungschef bestätigte Samaranchs Flüge mit Guelfi. Wenn auch stets ausweichend. François Carrard, der Phänotyp eines Schweizer Finanzanwalts und zugleich als offizieller olympischer Nichtswisser die Idealbesetzung als IOC-Sprecher, verstieg sich dabei gegenüber dem Nachrichtenmagazin *Facts* sogar zu der Behauptung, Samaranch und Guelfi hätten sich erst 1987 kennengelernt. Ein Lehrbeispiel für olympische Transparenz ist dieses Interview mit dem ahnungslosen Carrard, aus dem wir zitieren:

Facts: Weshalb ließ sich Samaranch von einem Geschäfte-macher wie Guelfi zu Flugreisen in dessen Privatjet einladen?
Carrard: Die Reisen, die wir mit Herrn Guelfi unternommen haben, waren durch die prekäre Situation der Linienflüge nach dem Zusammenbruch der Sowjetunion bei weitem gerechtfertigt. Für uns gab es dabei nichts Kompromittie-rendes.

Was denken Sie über die Beziehungen Guelfis zu verschiedenen Nationalen Olympischen Komitees in der ehemaligen Sowjet-union?
Wir wußten, daß sich Guelfi großzügig zeigte. Wenigstens sagte er das. Herr Guelfi hat in den Ländern der ehemaligen UdSSR eine Vielzahl von Beziehungen gepflegt. Immer dank seiner Kontakte zur Firma Elf. Er hat uns das nie verschwie-gen. Das IOC hat allerdings keinen Einblick in die Bücher der Nationalen Komitees.

Wie hat sich die Beziehung zwischen Guelfi und dem IOC ergeben?
Guelfi war unser Nachbar in Lausanne und erhob Einspruch gegen den Bau des Olympischen Museums. In diesem Zu-sammenhang haben er und Herr Samaranch sich kennenge-lernt. Etwa 1987 wurde Samaranch von Guelfi eingeladen, sein Flugzeug zu benutzen, und da hat sich die Beziehung vertieft.

In seiner Befragung durch die Untersuchungsrichterin Joly behauptet Guelfi, er habe die Wahl von Samaranch zum IOC-Präsidenten eingefädelt, und zwar durch seinen Einfluß bei der Luzerner Firma ISL, einem Unternehmen des Adidas-Gründers Horst Dassler.
Das halte ich für unwahrscheinlich. Herr Samaranch wurde 1980 an die Spitze des IOC gewählt. Zu dieser Zeit war Guelfi

nicht mit der ISL verbunden, die das Werk Dasslers war. Aber ich weiß, daß sich Dassler und Guelfi nahestanden und sich dann zerstritten haben. Ich glaube aber nicht an den Einfluß von Guelfi bei der ISL, und ich kann nur wiederholen, daß sich die Herren Samaranch und Guelfi 1987 zum erstenmal getroffen haben.

Soweit das offizielle Orakel vom Olymp. Alle wichtigen Fragen bleiben also unbeantwortet. Samaranch und Guelfi: Man sieht sie in der Oper in Wien, beim Frühstück in Lausanne, an der Universität von Alma Ata, beim Stäbchen-Essen mit Li Peng, beim Despoten Karimow in Taschkent, bei Jelzins Sektempfang in Moskau. Hat sich die Kommunikation der Herren des Universums während der Flüge nur auf das Wetter bezogen? Oder kannte Samaranch den Geschäftszweck, wie Guelfi andeutete? Guelfi verknüpft seine Deals im Osten immer bewußt mit dem olympischen Sport, das verleiht dem Ganzen die nächste Dimension: Schmiergeld und Sport, und immer im Verein mit dem IOC-Boß. »Fragen Sie Herrn Samaranch«, empfiehlt Guelfi sogar in seinen Memoiren, als er sich über die Kosten von Schwimmbädern in Satorow und Wolgograd ausläßt, die er den dortigen Politikern als Belohnung für Geschäftsabschlüsse versprochen hatte. So arbeite er immer, gestand Guelfi auch der Richterin Eva Joly: »Die Hälfte der erhaltenen Kommissionen verteile ich stets an die Nationalen Olympischen Komitees. Ein Mittel, das ich dazu einsetze, um Verträge auf höchstem Niveau zu einem guten Abschluß zu bringen.« Da schimmert es gewaltig durch, das goldene Netzwerk Olympia.

Vielflieger Guelfi erklärt, wie Geldwäsche über den Sport problemlos funktionieren kann. Weil der Olympismus erdumspannend wirkt, hat Samaranch mit seinem Privatfreund auch das Reich der Mitte erobert. »Als ich erfuhr, daß China vorhatte, ein Flugzeug mit 100 Sitzplätzen zu bauen, wollte ich den Coup machen. Ich bin schon früher von Li Peng empfangen worden, den ich bei einer Reise mit Samaranch kennenlernte. Ich mache das mit System, ich profitiere in allen Ländern von Staatschefs und Politikern der Führungsebene. Egal, ob Kommunismus oder nicht: Die Geschäfte überflügeln die Politik.« Eine Einheit, eine Familie, ein Ziel. Guelfi schlug dem Projektchef der interessierten Chinesen die französische Firma Snecma als Partner vor und lockt mit seinen Sportkontakten: »Dann könnte ich auch etwas für das NOK von China tun. Ich versprach dem Verantwortlichen des IOC in China eine Hilfe für die Ausbildung von olympischen Champions. So, wie ich es in Rußland für Saratow und Wolgograd versprochen hatte.« Auf den Kopf gefallen sind sie ja nicht im Reich der Mitte: »Die Chinesen begreifen die Wichtigkeit der Spiele als unersetzliches Kommunikationsmittel.« Weshalb Peking (und auch Samaranch) seinerzeit so verbissen um die Olympischen Sommerspiele 2000 kämpfte. Für 2008 gilt die Stadt nun als großer Favorit.

Sportwunderland Usbekistan

Mit der Schlüsselfigur Samaranch im Schlepptau kam André Guelfi auf tolle Ideen. Zum Beispiel in Usbekistan. Nachdem ihn Samaranch mit dem Landesfürsten bekanntgemacht hatte, durfte sich Guelfi bald »Berater von Staatspräsident Islam Karimow« nennen. Sein Plan war folgender: Er wollte dieses Kernland der Korruption über die Schiene der olympischen Städtekandidatur 2000 fördern – und ein paar diskrete Geschäfte, die Bohrkonzessionen für Elf betreffend, wurden gleich mit eingefädelt. »Im Gegensatz zu dem, was die Journalisten schrieben«, erklärt Bewerbervater Guelfi, der gut fünfzigmal nach Taschkent gejettet sein will, »wußten Karimow und ich ganz genau, daß wir die Spiele niemals kriegen würden. Wir wollten die Kandidatur nur nutzen, um Usbekistan bekanntzumachen.« Wenn es so war, dann wußte es der IOC-Präsident Samaranch auch – und machte trotzdem mit. Denkbar also, daß der schwedische Staatsanwalt Krister Van der Kwast auf der richtigen Spur war, als er vermutete: »Ich sehe ganz offenkundig die Möglichkeit, daß Bewerbungskomitees als Geldwaschanlagen benutzt werden. Geld rein, Geld raus, und alles unter dem Deckmantel, man wolle dafür die Olympischen Spiele.«

Ist der Fall der getürkten Bewerbung der usbekischen Hauptstadt Taschkent exemplarisch für das von Van der Kwast entworfene Horrorszenario? Abgespielt hat sich die Sache Anfang der neunziger Jahre, und unter den Bewerbern um die Sommerspiele 2000 war auch Berlin. Gut, daß damals niemand wußte, daß der IOC-Chef (zumindest mittelbar) an der PR-Kampagne des Rivalen Taschkent feilte. Seinerzeit war Guelfi »mindestens 250 Flugstunden im Jahr« nach Usbekistan unterwegs, wie er der Untersuchungsrichterin Joly berichtete. Bei umgerechnet 15 000 Mark Kosten für eine Flugstunde – eine Zahl, die Guelfi ebenfalls nannte – ergaben sich jährliche Transportkosten ins Reich Karimows von 3,75 Millionen Mark. Wie hoch war da erst die Provision, die Guelfi für seine Überzeugungsarbeit kassierte? Und: Warum flog Samaranch mit Ölprinz Guelfi am Steuerknüppel gleich mehrfach nach Mittelasien? Erforderte der usbekische Sport das häufige persönliche Erscheinen des Sportpapstes?

Es deuten sich andere Erklärungen an. Im Sommer 1996, lange nachdem der Bluff Taschkent seinen Zweck erfüllt hatte, düste Samaranch mit Guelfi noch einmal zu Karimow. Man hatte offenbar viel zu tun im großen Sportreich Usbekistan, erst vier Tage später ging es weiter ins Sportreich Kasachstan, wo die Universität von Alma Ata einen Doktorhut für die eindrucksvolle Sammlung des Spaniers lockermachte. Der Rückflug verlief weniger planmäßig, weil afghanische Behörden dem geschäftigen Duo Samaranch/Guelfi die Einfluggenehmigung verweigerten, das berichtete die IOC-nahe Postille *sport intern*. Natürlich war der usbekische Duodezfürst Islam Karimow auch Samaranchs Gast in Lausanne – sogar in heißesten »Bewerbungs«-Zeiten, am 6. Februar 1992. Samaranch führte den Staatschef aus Zentralasien, der ja nicht wirklich wegen der Spiele 2000 gekommen sein konnte, durch das im Bau befindliche Olympische Museum. Vielleicht hat er Karimow bei der Gelegenheit gleich die ans Areal grenzende ehemalige Guelfi-Villa gezeigt. Verbürgt ist, daß er seinem Gast den Olympiaorden in Gold umhängte. Der Goldene Olympische Orden ist der wertvollste, den die Bewegung vergibt. In der im Vergleich zu Usbekistan riesigen Sportnation Deutschland hat er nur vier Abnehmer: das langjährige IOC-Mitglied Willi Daume, Richard von Weizsäcker (als Bundespräsident mußte er die Brust – widerstrebend – für Berlin 2000 hinhalten), Erich Honecker (weil er die Teilnahme der DDR an den Spielen 1988 sicherstellte) sowie als letzter, im November 1999 und damit geradezu symbolisch nur ein paar Stunden vor dem Beginn seines Niedergangs in der Bimbes-Affäre: Helmut Kohl.

Wofür bekam Karimow die Auszeichnung? Ein segensreicher Einfluß auf den Weltsport ist nicht auszumachen. Den Mangel an Argumenten für den olympischen Wohltäter Karimow machen wichtige Argumente wider denselben wett: Hat er nicht Mißbrauch getrieben, ein falsches Spiel mit den Ringen – in Form einer Bewerbung, die laut Chefberater Guelfi ein PR-Gag mit rein wirtschaftlichem Hintergrund war? Das darf nicht der Grund gewesen sein. Bekam er den Orden vielleicht wegen besonderer Verdienste im nationalen Bereich? Schauen wir mal.

Karimow, der den Wandel vom kommunistischen Parteidespoten zum Staatspräsidenten mühelos bewerkstelligte, regiert sein Land mit harter Hand. Als 1999 in Usbekistan anstand, was Männer wie Karimow und Samaranch unter Präsidentschaftswahlen verstehen, lehnte es die Organisation für Sicherheit und Zusammenarbeit in Europa (OSZE) ab, offizielle Beobachter zu entsenden: Die Usbeken hätten sowieso keine echte Wahl. Die fand trotzdem statt, und dabei schaffte es Karimow als wohl einziges Staatsoberhaupt der Welt, sogar den Gegenkandidaten hinter sich zu bringen. »Ich mache kein Geheimnis daraus, für Karimow gestimmt

zu haben«, sagte der glückliche Verlierer Abdulhafiz Dschalalow und nannte seine Gründe: »Ich habe für Demokratie und
Stabilität gestimmt!« Der treue Dschalalow wurde mit einem
Ministerposten belohnt. Weil es aber selbst im demokratisch-
sten und harmonischsten Land der Erde unverbesserliche
Quertreiber gibt, gingen in Taschkent zwischendurch schon
mal sechs Bomben hoch, die zwanzig Menschen töteten –
und beinahe auch den Präsidenten.

Usbekistan rangiert in der 99er-Rangliste der unabhängigen Antikorruptionsorganisation Transparency International
auf Platz fünf. Dem Index nach gibt es nur vier Länder, die
noch korrupter sind: Kamerun, Nigeria, Indonesien und
Aserbaidschan. Unter den Top 25 der diesmal 99 aufgeführten
Nationen finden sich gleich neun ehemalige Sowjetrepubliken, jene Länder also, die IOC-Präsident Samaranch besonders gern aufsucht. »In den höchsten Partei- und Regierungs-
spitzen Usbekistans herrschen nach wie vor Mafiamethoden,
Korruption und Erpressung; das reicht sogar bis zum gedun-
genen Mord. So leben auch die Ermittlungsrichter höchst
gefährlich, die seit fünf Jahren die Drahtzieher der Verbrechen
zu entlarven und anzuklagen versuchen«, urteilte die Moskauer *Prawda,* das ehemalige kommunistische Zentralorgan.
Der russische Korruptionsexperte Arkadi Waksberg sieht
Usbekistan gar als Musterfall: »Wahrscheinlich veranschau-
licht die usbekische Mafia treffender als jede andere Mafia
das Wesen und die Entwicklungsrichtung des wirtschaftlichen
und politischen Systems der Sowjetunion, das logischerweise
dazu führen mußte, daß der Gesellschaft viele Milliarden an
Verlusten entstanden, während der gigantische Mafiaclan
ebenso viele Milliarden an Gewinnen einstreichen konnte.«

Wie der zum obersten Weltjugendapostel gewendete Fran-
cist Samaranch über die Verhältnisse in Usbekistan denkt?
Wahrscheinlich ist er begeistert, schließlich hat der olympische Ordensträger Karimow seinen Laden im Griff – und
natürlich auch die ewig mäkelnden Journalisten: Die unter
der Knute der Zensur stehenden usbekischen Medien kreier-

ten für Karimow unlängst einen netten Titel. »Mann des Jahrhunderts«. Im Reich eines solchen Mannes fühlen sich die Olympier pudelwohl. So hat zum Beispiel auch der deutsche IOC-Vorständler Thomas Bach in Taschkent einen guten Kameraden sitzen, einen ehemaligen Fechter, den er sogar als seinen »besten Freund«, einen »prächtigen Linkshänder« bezeichnete: den früheren usbekischen Sportminister Sabir Rouziev, den NOK-Präsidenten – und damit engen Mitstreiter eines Mannes, den wir gleich kennenlernen werden: Gafour Rachimow. Bach gab 1995 in der hauseigenen Postille *Olympic Revue* stolz zu Protokoll, er habe Rouzievs Frau sogar »das Hochzeitskleid gekauft«.

Zurück zu Towarisch Guelfi, jenem Mann, der von IOC-Größen mit Treueschwüren und Bruderküssen eingedeckt wird. Als Guelfi 1997 im Hochsicherheitsgefängnis Santé einsaß, hielt nicht nur Samaranch zu ihm. Der russische Oberolympier Witali Smirnow schrieb sogar eine Ehrenerklärung für den Sünder an die Untersuchungsrichterin Eva Joly. Hatte Smirnow irgend etwas gutzumachen beim Ölprinzen? Es war zumindest so, daß der Russe seinen Freund Guelfi nur wenige Monate zuvor in Verlegenheit gebracht hatte. Smirnow soll ihn mit der Mafia in Kontakt gebracht haben, behauptet Guelfi in *L'Original*. Das Ganze passierte standesgemäß: bei Olympischen Spielen.

In all den Jahrzehnten seiner Reisen habe er »nie etwas von der Mafia gehört oder gesehen«, schickt Guelfi den brisanten Darlegungen voraus und wird dann konkreter: »Ich habe niemals Geschäfte gemacht mit Herrn Gafour, dem sogenannten Chef der usbekischen Mafia.« Kennengelernt hat er ihn aber, diesen Gafour Rachimow, und das beim friedlichen Wetteifern der Weltjugend: »Ich bin ihm 1996 bei den Sommerspielen in Atlanta von meinem Freund Witali Smirnow, IOC-Vize und NOK-Präsident, vorgestellt worden.« Da hatte der »sogenannte Mafiachef« also wahrscheinlich eine Olympiaakkreditierung – und damit mehr Glück, das nur am Rande, als Smirnows Sohn Andrej. Denn diesem war seinerzeit die

Einreise in die USA verweigert worden. Rachimow aber zählte sogar zu den Ehrengästen des AIBA-Präsidenten Anwar Chowdhry während des olympischen Boxturniers im Alexander Memorial Coliseum zu Atlanta. Er soll dort in Begleitung seiner Bodyguards und sehr blonder, auffällig gekleideter Damen gesichtet worden sein.

Wer ist dieser Gafour Rachimow? Im Olympiazirkus war Rachimow zu jener Zeit noch nicht so gut bekannt, für Experten des organisierten Verbrechens aber war er schon damals eine große Nummer. Ermittler in Österreich, der Schweiz, Frankreich, Rußland und das amerikanische FBI stimmen darin überein, daß ohne diesen einflußreichen Sportkameraden kaum ein Geschäft mit Usbekistan zustande kommt. In seinem Buch *Die roten Bosse* veröffentlichte der Frankfurter Autor Jürgen Roth einen geheimen Lagebericht des Wiener Innenministeriums aus dem Jahr 1996. »Vertraulichen Informationen zufolge sind Handelsbeziehungen mit der usbekischen Regierung nur über die Vermittlung von G. R. möglich«, heißt es darin. »G. R. gilt als Führer der usbekischen organisierten Kriminalität.« Zu dieser Einschätzung gelangten auch Moskauer Ermittler. Sie bezeichneten Rachimow als einen der drei weltgrößten Baumwollbarone, der in Usbekistan ein Monopol aufgebaut habe. Vor allem aber kontrolliere er die »Drogenproduktion in den Ländern Zentralasiens« und gehöre zu den Schlüsselfiguren des weltweiten Handels mit Heroin. Er operiere hauptsächlich von Taschkent, Moskau und London aus. Enge Verbindungen unterhalte er zu Moskaus Bürgermeister Luschkow und zum sibirischen Aluminiummagnaten Lew Chorny, der die Geldwäsche für die usbekischen Gangster betreibe.

Im französischen *Intelligence Newsletter* wurde Rachimow alias Gafour Arslambek im Juni 1999 als Chef eines usbekischen Netzwerks der Geldwäscher bezeichnet. Beste Kontakte unterhalte er zu den im Dunstkreis des organisierten Verbrechens einschlägig bekannten Sergej Michailow, Artur Martirosian und Wjatscheslaw Iwankow. Laut dem Blatt nutzt

Rachimow, der von der französischen Polizeidirektion »als einer der Führer der usbekischen Mafia« und »Bedrohung der öffentlichen Sicherheit« in Frankreich bezeichnet wird, seine Funktion im NOK Usbekistans als Eintrittskarte in die Welt des Sports. Rachimow unterhalte »enge Beziehungen zu IOC-Präsident Samaranch«. In einer Stellungnahme gegenüber *Intelligence Newsletter* erklärte Rachimow im September 1999, er sei »in seinem ganzen Leben« nie wegen eines Verbrechens verurteilt worden. Als Beweis führte er Schreiben des russischen Innenministeriums und des Chefs von Interpol Taschkent an.

Das FBI führt Rachimow, Jahrgang 1951, aber sogar mit einem gestochen scharfen Paßfoto in seiner Kartei. Dies schreibt Andrew Jennings in seinem Buch *The Great Olympic Swindle*. Angefertigt wurde das Porträt Ende Mai 1995 in Prag, als eine Antiterroreinheit die ausufernde Geburtstagsfete einer ehrenwerten Gesellschaft sprengte und die Herrschaften umgehend des Landes verwies. Neben Rachimow gehörte auch Semjon Mogilewitsch zu den Partygästen. Mogilewitsch leitet laut FBI eine der fünf gefährlichsten »eurasischen Verbrechergruppen«. Die wichtigsten Aktivitäten der Organisation seien »Waffenhandel, Handel mit nuklearen Materialien, Prostitution, Drogenhandel und Geldwäsche«.

Aus dieser feinen Gesellschaft stammt also Gafour Rachimow, der langsam heimisch wird in der olympischen Korona. Guelfi hat den Sportfreund Rachimow, der ihm zunächst höchst suspekt war, schon unmittelbar nach den Spielen in Atlanta wiedergesehen: anläßlich eines Besuchs mit Flugkamerad Samaranch bei Karimow und dem usbekischen Nationalen Olympischen Komitee. Es erstaunt, welche Leute sich in den Chefetagen des Olymps begegnen, wie sich stille Fährten dort immer wieder kreuzen – und das IOC weiß angeblich von nichts. Ob in Lausanne niemand Zeitung liest?

Rachimow, den der Londoner *Observer* als »Pate von Taschkent« und »Chef des boomenden Heroinhandels von Usbekistan« bezeichnete, hat in seiner Heimat alles im Griff. Er stützt und berät seinen Staatschef Karimow und wurde von diesem mit einigen Sonderaufgaben wie den Kontakten zur russischen Regierung betraut. Als persönliche Berater des usbekischen Präsidenten hatten Guelfi und Rachimow ohnehin etwas gemein. Man traf sich nun öfter dank gemeinsamer Freunde im IOC. Die Geschäfte florierten, so lernte man sich schnell schätzen. Als Rachimow dann am 19. März 1998 der offiziellen usbekischen Delegation angehörte, die in Lausanne mit den IOC-Größen Samaranch, Rogge, Carrard und Marketingchef Payne konferierte, war Guelfi selbstverständlich vor Ort. An jenem Tag, davon konnte die IOC-Führung natürlich nichts ahnen, legte die dänische Zeitung *Politiken* in einer Titelgeschichte dar, mit welch raffiniertem Trick sich Rachimow eine Lizenz der Brauerei Carlsberg erschleichen wollte: Kaum hatte sein Betbruder, der usbekische Staatspräsident, urplötzlich per Gesetz den Bierimport verboten, stand Rachimow bei Carlsberg auf der Matte und bot ein Joint-venture an – er hätte da zufällig eine alte Brauerei in der Stadt Kibrai, die sei eine Investition wert. »Bier-Gigant kooperiert mit der Mafia in einem korrupten Land«, lautete die Schlagzeile in Kopenhagen.

Am Tag nach dieser Veröffentlichung – und nach der Konferenz mit Samaranch im IOC-Hauptquartier – ließ sich Rachimow im Falcon-900-Jet André Guelfis von Genf nach Paris fliegen. Auf dem Flughafen Le Bourget wurde Rachimow zwar die Einreise verweigert, doch Guelfi war dennoch stolz auf die Gesellschaft des einflußreichen Gastes, als hätte er Samaranch an Bord. Guelfi hat ihn zu diesem Zeitpunkt schon als Freund bezeichnet, und vielleicht hat er Rachimow auch geraten, daß es sich als nützlich erweisen könnte, wenn er sich neben seinen gelegentlichen Terminen beim IOC ein festes Ehrenamt im Weltsport sicherte. Rachimow hatte da schon etwas ins Auge gefaßt.

Ein Freund des Boxsports ist er ja seit seiner Jugend gewesen. Und als er es Jahrzehnte später dank harter und ehrlicher Arbeit zu bescheidenem Wohlstand gebracht hatte, kehrte er als großzügiger Sponsor an den Boxring zurück. Bei der Junioren-Weltmeisterschaft im Juli 1996 in Havanna und gleich danach bei Olympia in Atlanta hatte er viel Spaß. Da sich die sportlichen Termine mitunter trefflich mit geschäftlichen Aufgaben kombinieren ließen, war Rachimow im Oktober 1997 auch bei der Amateur-WM in Budapest aufgetaucht – jener Stadt, die Semjon Mogilewitsch zur Wahlheimat auserkoren hatte. Da saß also Rachimow mit ein paar Freunden, Mädchen und seinen Gorillas am Ring und wurde am ersten Finaltag zufällig Zeuge einer Sensation: Sein Landsmann, der gerade 19 Jahre alte usbekische Schwergewichtler Ruslan Schagajew, besiegte den 30jährigen Kubaner Felix Savon, einen der grandiosesten Boxer aller Zeiten, der bis dahin fünfmal Weltmeister und zweimal Olympiasieger geworden war.

Merkwürdig an jenem Kampf war nicht nur, daß der türkische Ringrichter den Kubaner zweimal wegen angeblich unfairer Schläge verwarnte und dadurch aus dem Rhythmus brachte. Auch daß die Punktrichter den Usbeken mit unglaublichen 14:4 Zählern in Führung sahen, paßte ins Bild. Savon, der große Savon, war von einem Nobody vernichtend geschlagen. »Savon war ein Opfer dubioser Schiedsrichterentscheidungen«, notierte der aufmerksame Berichterstatter der Agentur Reuters. Schagajew konnte sein Glück gar nicht fassen, in der Ehrenloge stieß Rachimow auf den Weltmeister an, und die Kubaner fühlten sich betrogen: Erst ein massives Aufgebot an Ordnungskräften stoppte die Handgreiflichkeiten am Ring. Es war nicht die erste höchst umstrittene Entscheidung bei großen Amateur-Boxwettbewerben; im Weltverband AIBA ist es traditionell so, daß sportlich gerechte Resultate zu den Ausnahmen zählen. Unter der Regie des Pakistani Anwar Chowdhry sind Skandale, Betrug, Bestechung und Manipulation an der Tagesordnung.

Natürlich protestierten die Kubaner gegen diese Entscheidung. Der Fall Schagajew wurde jedoch nicht, wie ähnliche zuvor, durch eine eigenmächtige Umdeutung des Ergebnisses von Chowdhry gelöst. Vielmehr meldeten amerikanische

Tageszeitungen später, Schagajew habe vor der WM in Chicago bereits zwei Profikämpfe bestritten. Ein eklatanter Regelverstoß. AIBA-Generalsekretär Karl-Heinz Wehr, der als Stasi-IM »Möwe« berühmt geworden war, leitete ein Verfahren ein. Wehr hatte damals längst gegen Chowdhry und dessen Machenschaften opponiert. Die beiden waren erbitterte Feinde, und der Fall Schagajew war letztendlich Auslöser dafür, daß Wehr seinen Posten in der AIBA verlor.

Kurz nach dem Skandal von Budapest klingelte in Wehrs Berliner AIBA-Büro in der Leipziger Straße das Telefon. Ein einflußreicher, wohlhabender usbekischer Geschäftsmann und Freund des Boxsports war am Apparat. Er war sehr nett, die Stimme klang entspannt, dem AIBA-Funktionär wurde keinesfalls gedroht. Er wollte ja nur das Beste für Schagajew herausholen: »Bitte hilf dem Burschen«, hat Gafour Rachimow gesagt. Karl-Heinz Wehr aber erwies sich als prinzipien- und regelfest. Er ließ sich auch nicht umstimmen, als bald darauf der usbekische Verbandsvertreter Wladimir Schin in Berlin auftauchte. Beim Mittagessen, bei Eisbein und Sauerkraut, schob der Gast zwei Briefumschläge über den Tisch. Einen für Wehr, einen für dessen Dolmetscherin. Wehr öffnete die Briefe erst unter Zeugen im Büro – und fand 6000 Dollar darin.

Am 1. Februar 1998 erkannte die AIBA-Rechtskommission Ruslan Schagajew den Titel ab, weil er mit seinen Profikämpfen (für 800 Dollar) gegen die Amateurregeln verstoßen hatte. Felix Savon wurde zum Weltmeister erklärt. Dem usbekischen Verband wurden 3500 Dollar Strafe und die Verfahrenskosten von 5000 Dollar aufgebrummt, gab der US-Amerikaner Paul Konnor bekannt – die von Schin unerbetenen 6000 Dollar verrechnete Wehr großzügig als Anzahlung. Bemerkenswert in diesem Verfahren war überdies, daß der Teenager Schagajew, der aus einem der ärmsten Länder der Erde stammt, von einer der teuersten amerikanischen Kanzleien vertreten wurde – von der Firma Manatt, Phelps & Phillips aus Los Angeles, die den US-Präsidenten zu ihren Klienten zählt. Rachimow gab später zu Protokoll, er habe die Anwaltsrechnung nicht bezahlt. Das Geld hätten »Patrioten und Boxliebhaber« aufgebracht.

Paul Konnor, der Chef der Rechtskommission, und Generalsekretär Wehr sollten nicht mehr lange ihrer Ämter walten. Die Situation hatte sich für beide bald noch verschärft. Konnor, ein Anwalt aus Milwaukee, beschwerte sich im März 1998 bei IOC-Vorsteher Samaranch über Chowdhrys katastrophale Bilanz. Detailliert listete er Skandale auf wie die Schiebungen beim Olympischen Boxturnier 1988 in Seoul. Goldmedaillen sind in der AIBA käuflich, schrieb Konnor, und Chowdhry ist der Hauptverantwortliche dafür. Präsident Chowdhry begehe »verachtenswerte Verbrechen« an den Sportlern und könne Ausgaben von 400 000 Dollar aus der AIBA-Kasse nicht belegen. Konnor forderte eine Untersuchung durch das IOC und sandte Kopien seines Briefes an die amerikanischen Mitglieder Anita DeFrantz und James Easton. Eine Antwort erhielt er von keinem der drei Olympier.

Karl-Heinz Wehr wiederum verbündete sich mit AIBA-Exekutivler und IOC-Mitglied Ching-Kuo Wu aus Taiwan, einem Architekten, der bislang kaum negativ auffiel. Das Duo wollte der Korruption in der AIBA ein Ende bereiten und formulierte ein Manifest für »Ehrlichkeit und Fairplay im olympischen Boxen – gegen alle Formen der Manipulation, der Korruption, der Bestechung und des Dopings«. Wehr suchte auch Samaranchs Hilfe im Kampf gegen die »russisch-balkanische Fraktion«. Er versprach im Gegenzug die vom IOC eingeforderten Regeländerungen im Wettkampf (unter anderem eine offene, für jeden nachvollziehbare Punktwertung). Nur: War Wehr in Sachen »Fairplay« bei Samaranch überhaupt an der richtigen Stelle? Hatte er die Machenschaften von Adidas-Chef Dassler, von Chowdhry und Samaranch vergessen, die er in den achtziger Jahren für die Stasi protokollierte? Hat er Chowdhry etwa nicht geglaubt, als der ihm immer wieder erklärte, er habe Samaranch in der Tasche, weil er zu viele Dinge über den Spanier wisse? Hatte er vergessen, daß Chowdhry von Samaranch 1992 einen olympischen Orden erhielt?

Nach dem Schagajew-Urteil und vor dem AIBA-Wahlkongreß im türkischen Badeort Antalya hatte es Morddrohungen gegen Wehr gegeben, so daß der deutsche Verbandschef beim Bundesinnenministerium um Unterstützung eines Bodyguards ersuchte. Wehr sah sich von der Russenmafia verfolgt, die nach seinen Angaben längst das Amateurboxen dominiert. Auf Anweisung von Chowdhry und dessen türkischen Kumpan Caner Doganeli (AIBA-Finanzchef) hatte Generalsekretär Wehr vorab 750 000 Mark für angebliche Kongreßkosten auf ein Konto in Istanbul zu überweisen. Damit finanzierte er seinen eigenen Untergang.

Es hatte in den Wochen vor dem Konvent auch einige spitzfindige juristische Auseinandersetzungen gegeben. Zunächst versuchte Chowdhry, eine Exekutivsitzung statt wie geplant in New York in Usbekistan abzuhalten. Dann ersuchte Wehr die Nationalverbände, den Kongreß zu verlegen. Weil Chowdhry und Doganeli mit Wehrs Stasi-Akten hausieren gingen und dem Ostdeutschen die Hauptschuld an der desolaten Situation der AIBA gaben, erwirkte Wehr am Berliner Landgericht eine Einstweilige Verfügung gegen Doganeli. Dem Türken wurden 500 000 Mark Bußgeld angedroht, sollte er weiter behaupten, Wehr sei ein »Spion in der olympischen Bewegung und im Boxen« gewesen. Der Berliner Richter hatte sich offenbar nicht informiert, tatsächlich war Wehr seit 1956 Stasi-Mitarbeiter (Registriernummer I/627/60). Am 11. Dezember 1989 hieß es im »Abschlußvermerk zur Beendigung der Zusammenarbeit mit dem IMB Möwe«, wegen »seiner bedeutenden hauptamtlichen Funktion im internationalen Sport (…) konnte er für das MfS wichtige und stets auswertbare Informationen und Hinweise zu Sachverhalten und Personen der internationalen Sportpolitik, auch des IOC, erarbeiten«. Ein prima Zeugnis, das dem Berliner Richter nicht vorlag, aber Doganeli machte sich ohnehin nichts aus diesem Verdikt: »Was ein deutsches Gericht sagt, interessiert mich nicht. Außerdem bin ich reich genug, ich kann das leicht anfechten.« Im Gegenzug drohte er Wehr eine Verleumdungsklage an, weil der ihn konsequent als Mafioso bezeichnete. »Ich habe mit der Mafia nichts zu tun«, erklärte Doganeli der *Berliner Zeitung.* »Ich mache saubere Geschäfte« – und zwar vorwiegend in Rußland, der Ukraine und Usbekistan. Ende November 1998 wurde dann in Antalya, dem Spielerparadies und Eldorado von Mafiagruppen aus Rußland und Mittelasien, ein kräftiger Kasatschok getanzt. In der AIBA ging alles seinen traditionellen Weg.

Gafour Rachimow spielte eine entscheidende Rolle an jenem »Wahl«-Wochenende im Zeynep-Hotel. Als er am ersten Abend in die Hospitality Suite zu seinem Kompagnon Chowdhry trat, sprang der 75 Jahre alte Pakistani auf und brüllte: »Das ist mein Freund Gafour. Wenn ich 100 000 Dollar brauche, gibt er mir sie sofort.« In den Bars und in der Hotellobby, die mit Transparenten für Chowdhrys Wiederwahl tapeziert war, sollen derweil die Delegierten von einem russischsprechenden Abgesandten bestochen worden sein. Je 1500 Dollar hätten acht afrikanische und drei asiatische Funktionäre erhalten, behaupteten die Koalitionäre Wehr und Wu.

Der englische Autor Andrew Jennings war als einer der wenigen nichttürkischen Journalisten in Antalya. Jennings beherrschte die AIBA-Regeln schnell: An einer Bar erstand er für ein paar Bier die komplette Liste mit dem Wahlergebnis einer Abstimmung, die erst am nächsten Tag erfolgen sollte – und zwar geheim. Für den Taiwanesen Wu, der eigentlich Präsident werden wollte, hatte Präsident Chowdhry nicht mal mehr einen Platz im Exekutivkomitee vorgesehen – dafür aber für Gafour Rachimow, seinen usbekischen Wahlhelfer. Tags darauf, als die Sportfunktionäre ihren Rausch ausgeschlafen hatten, ging es flott zur Sache. Rachimow beobachtete das Treiben gelassen aus der sechsten Reihe im Auditorium, während sich die Fraktion Wehr/Wu mit Chowdhry & Co. noch einige kleine Geplänkel lieferte.

Stellte Wehr fest, daß von den 120 vertretenen Nationalver-
bänden 34 keine Beiträge entrichtet hatten – darunter 18
schon seit Jahren nicht – und deshalb nicht wahlberechtigt
seien, kreischte Chowdhry: »Jeder hat bezahlt!« Hob Wehr
stolz hervor, daß die AIBA ihren Delegierten in Antalya –
neben Unterkunft und Transportkosten – erstmals auch 50
Dollar Tagesgeld zahle, bellte Doganeli in den Saal: »Und mit
uns werden es künftig 100 Dollar sein!« Schlug ein Funktionär
vor, man solle das Tagegeld für Athleten doch von 10 auf 20
Dollar erhöhen, brüllte es zurück: »Abgelehnt.« Schlugen die
europäischen Delegierten jene von Wehr forcierten Regeländerungen vor, die den Verbleib im olympischen Programm
garantieren sollten, hob Doganeli die Rote Karte: Abgelehnt.
Schließlich griff sich Doganeli das Mikrofon und rief: »Liebe
Freunde, die Bezahlung erfolgt nach dem Kongreß.« So ging
der Wahlkampf eine Weile, bis es zur Exekution von Wehr
und Wu kam: Der seit 1986 amtierende Chowdhry besiegte
Wu locker mit 75:38 Stimmen und wurde bis 2002 Präsident. In die Wertung gingen auch ungültige Stimmzettel
ein, Chowdhry machte dies nichts aus. Neuer Generalsekretär wurde der Amerikaner Loring Baker, der Wehr 78:42
schlug. Bakers Landsmann Paul Konnor, der gewagt hatte,
sich gegen Chowdhry zu erheben, verlor seinen Platz im
Exekutivkomitee.

Wegen der skandalösen Umstände in Antalya forderten
Wehr, Wu und siebzehn AIBA-Nationen umgehend per Ein-
schreiben die Einberufung eines neuen Kongresses. Der neue
Generalsekretär Baker gab einige Zeit später an, die Post nie
bekommen zu haben. Da den Geprellten der Gang vor ein
ordentliches Gericht sinnlos erschien, weil dann Chowdhrys
Heimatstadt Karatschi Gerichtsstand gewesen wäre, versuch-
ten sie es mit einem Protest beim Welt-Sportgerichtshof in
Lausanne. Doch blieb der Einwand aus einfachem Grund
ohne Erfolg: Der Court of Arbitration kann nur agieren,
wenn beide Parteien damit einverstanden sind. Chowdhry
war es logischerweise nicht. So mußte Wehr nicht nur das

AIBA-Büro in Berlin auflösen, sondern auch den Kassenbestand von rund 8,8 Millionen Mark an eine Schweizer Bank überweisen. Nur noch Chowdhry, so erklärte Wehr, könne an das Geld.

Bleiben noch zwei Dinge nachzutragen. Erstens: Bei den nachfolgenden Weltmeisterschaften in Houston, Manila hatte wegen finanzieller Probleme kurzfristig abgesagt, wurden die kubanischen Boxer erneut aufs brutalste betrogen. Das Team reiste nach dem ersten Finaltag ab. Und zweitens, die Rekordhalter an der Bar des Zeynep-Hotels von Antalya: Anwar Chowdhry, der alte und neue AIBA-Patron, wurde beim Zechen nur von einem Boxkameraden übertroffen, der 100 Millionen türkische Lire begleichen mußte: Gafour Rachimow, der »Pate von Taschkent«. Der neue Chef der Busineß-Kommission des Box-Weltverbandes.

Wodka und blaue Bohnen

Begeben wir uns auf eine kleine Reise, vom türkischen Antalya nur etwa 1500 Kilometer nordöstlich ins russische Sotschi, ans Schwarze Meer. Auch dort war man, wie einst Guelfi in Taschkent, auf die Idee gekommen, mit einer Olympiabewerbung ein bißchen Reklame zu machen. Ausgerechnet der Badeort bewarb sich um die Olympischen Winterspiele 2002. Der russische NOK-Chef Witali Smirnow bewies ein großes Faible für diesen Bluff. Das Fachblatt *Sowjetski Sport* schrieb seinerzeit, Smirnow müsse gewußt haben, wie unrealistisch die Kandidatur Sotschis gewesen sei – schon wegen der Luftverschmutzung, die um 500 Prozent über der zulässigen Grenze lag. »Warum die Wahl der Allmächtigen auf Sotschi fiel, ist wahrscheinlich nur ihnen bekannt«, folgerte das Blatt. Immerhin zwölf IOC-Mitglieder hatten die Stadt bereits besucht, bis sie im Vorentscheid Anfang 1995 aus dem Kandidatenkreis aussortiert wurde. »Geblieben sind nur Rechnungen, Zeichnungen, Szenarien, Prospekte«, schloß die Zeitung mit russischer Wehmut.

Es folgte allerdings ein Nachbeben. Als die *Prawda* von Smirnows damaligem NOK-Schatzmeister Wladimir Kowal wissen wollte, wohin 300 000 Dollar geflossen seien, die dem NOK aus dem von der Dassler-Firma ISL organisierten IOC-Marketingprogramm zustanden, stellte sich heraus, daß zumindest die ersten 100 000 Dollar nie in Moskau angekommen waren. Laut Kowal sei das Geld »als Kaution zur Unterstützung der Bewerbung Sotschis« beim IOC einbezahlt worden. Zu diesem Vorfall vermeldete im März 1999 das *Wall Street Journal:* »Ermittler in den USA und Schweden wollen nun die Möglichkeit überprüfen, daß frühere Olympiabewerber aus der alten Sowjetunion – Sankt Petersburg und Sotschi in Rußland und die usbekische Hauptstadt Taschkent – ihre Organisationskomitees dazu benutzt haben, Geld und andere Finanzinstrumente auf private Bankkonten in dritten Ländern umzuleiten. Die Ermittler sagen, das Geld könnte aus olympischen und anderen ausländischen Hilfspaketen stammen sowie aus Geschäften mit westlichen Ölgesellschaften. Aber sie fürchten, es wird wenig Unterstützung von russischen Autoritäten geben, um weiter vordringen zu können.« Darauf können sie sogar wetten. »Die Zusammenarbeit mit mafiösen Strukturen geschieht mit ausdrücklicher Unterstützung der russischen Regierung«, so erklärt zum Beispiel der deutsche Bundesnachrichtendienst die schon weltweit bekannten Vorgänge.

Darf man eigentlich von korrupten Regierenden, mafiösen Banken und Wirtschaftsbossen automatisch auf korrupte Sportfunktionäre schließen? Nicht zwingend, muß wohl die Antwort lauten. Deshalb ist es sinnvoll, sich gründlicher mit den beiden russischen IOC-Mitgliedern zu beschäftigen. Nähern wir uns dem Bekannten von Herrn Rachimow, Witali Smirnow, den eine jahrzehntelange Freundschaft mit Samaranch und Guelfi verbindet. Und nähern wir uns Schamil Tarpischtschew, der seine IOC-Karriere als Tennistrainer von

Boris Jelzin begann. Und zwar auf Zehenspitzen. Man kann ja nie wissen.

Witali Georgewitsch Smirnow, 1935 in Chabarowsk geboren, gehört seit 1971 zum IOC. Nach dem Studium von Sport und Sozialwissenschaften war der Wasserballer als sowjetischer Berufsfunktionär unter anderem Vizepräsident des staatlichen Sportkomitees Goskomsport, Präsident des Sportkomitees der Russischen Sowjetrepublik, stellvertretender Sportminister, Präsident des Organisationskomitees der Olympischen Spiele 1980 in Moskau, Sportminister der Russischen Sowjetrepublik, NOK-Chef der UdSSR sowie Rußlands (seit 1992). Schon an dieser Aufzählung ist zu erkennen, daß Smirnow, der im übrigen – um einen Aspekt des reinen Sports herauszugreifen – vom flächendeckenden Dopingsystem nie etwas gewußt haben will, den Zusammenbruch des Sowjetreichs schadlos überstanden hat. Es geht ihm sogar auffallend gut. Die naheliegende Frage nach gewissen geheimdienstlichen Tätigkeiten soll hier nicht detailliert aufgegriffen werden. Für ranghohe kommunistische Parteisoldaten waren sie durchaus selbstverständlich. Sollte da also je etwas gewesen sein, hatte Smirnow eben Glück: In einem Land, in dem ein ehemaliger KGB-Apparatschik, Wladimir Putin, zum Präsidenten avancieren konnte, muß sich auch Smirnow nicht mit ollen Kamellen herumärgern – anders als Funktionärskollegen des DDR-Sports, die das Pech hatten, daß ihre akribisch zusammengetragenen Stasi-Akten per Gesetz zur Einsicht freigegeben wurden.

Der schwergewichtige Sportgenosse machte steile Karriere im IOC. Er war über Jahrzehnte der höchstrangige Vertreter des Ostblocks, gehörte fast durchweg dem Exekutivkomitee an und war sogar zweimal vier Jahre lang Vizepräsident. Fachwissen wurde ihm in seinen zahlreichen Funktionen selten nachgesagt, was aber dem Aufstieg des Quoten-Russen zu einem der einflußreichsten Männer auf olympischem Terrain nicht hinderlich war. Smirnow, Vater dreier Kinder, erlebte keinen Fehlstart in die neue Zeit. Geschickt verstand er es, seinen

Hauptrivalen Marat Gramow, den letzten Präsidenten des sowjetischen NOKs, im IOC ins Abseits zu manövrieren. Gramow demissionierte 1992 in aller Stille. Smirnow gab in seiner Heimat die Kommandos. Eigentlich, enthüllte er einmal der Schweizer Fachzeitung *Sport,* habe es die Sowjetunion so richtig gar nicht gegeben. Denn: »Das Olympische Komitee war schon vor der Wende eine unabhängige Institution. Unabhängig von Staat und Partei.« Nach der Wende, so Smirnow, habe sich eigentlich nur die »Möglichkeit der Geldbeschaffung« geändert. »Floß dieses Geld früher aus staatlichen Quellen, so sind mit der Absage an den Kommunismus diese Quellen im damaligen Ausmaß versiegt. Mit unseren guten Kontakten versuchen wir deshalb, die notwendigen Mittel aus der Wirtschaft zu beschaffen. In der Tat können wir uns derzeit über Arbeit nicht beklagen.« Aufschlußreiche Aussagen, die einer gewissen Ironie nicht entbehren – wenn man an Guelfi & Co. denkt.

In einem anrüchigen Zusammenhang mit Olympiabewerbungen wurde Smirnows Name mehrfach genannt. Zum Beispiel im sogenannten Ethik-Report von Salt Lake City: Dort arrangierte Smirnow 1991 für den Eishockeyspieler Alexander Ragulin eine kostenfreie medizinische Behandlung. Er kassierte unerlaubte Geschenke (u. a. ein Browning-Gewehr) im Wert von 1488 Dollar. Er besorgte seiner Landsmännin Jekaterina Souchorado ein Universitätsstipendium (Kosten: 12644 Dollar). Warum Fräulein Souchorado? Recherchen brachten auch hier einen olympischen Zusammenhang ans Tageslicht: Souchorados Vater leitet die Plattenfirma Melodija, die damals gerade eine CD mit Klaviermusik von Hae Jung Kim gepreßt hatte – die Pianistin ist die Tochter des südkoreanischen IOC-Exekutivmitglieds Un Yong Kim.

David Johnson, Salt Lake Citys Bewerberchef, behauptete zudem, ihm sei im Juni 1991 in Birmingham, am Abend der Abstimmung über die Winterspiele 1998, die Stimme Smirnows für 35000 Dollar angeboten worden – von Goran Takac. Smirnow verteidigte sich in zwei Briefen und persönlich gegenüber der Adhoc-Kommission des IOC. Die Kommission stellte in den ersten beiden Fällen Regelverletzungen fest, urteilte jedoch, es gebe außer der Aussage Johnsons keinen Beweis für Takacs angeblichen Versuch, Smirnows Stimme zu verkaufen. Das IOC-Exekutivkomitee sprach Smirnow im März 1999 erwartungsgemäß nur eine »strenge Verwarnung« aus, die ohne Konsequenzen blieb.

So darf Smirnow insgeheim die Hoffnung hegen, daß sich ein Stück olympischer Geschichte wiederholen könnte: Daß nämlich im Sommer 2001, wenn Samaranch auf der Session in Moskau endlich den Thron freimachen wird, erneut die Stunde eines russischen Lokalmatadors schlägt und er selbst zum IOC-Boß aufsteigen könnte. Zu diesem Entschluß könnten ihn schon die peinlichen Untersuchungen des Jahres 1999 getrieben haben, so tat er damals beleidigt kund: »Ich fühle mich in meiner Ehre verletzt. Jetzt werde ich mich erst recht engagieren und möglicherweise kandidieren!« Geeignet für die Position wäre er sicherlich, sieht er doch in Samaranch eine Art Bruder im Geiste. Über den früheren spanischen Botschafter in Moskau gab er eine aufschlußreiche Beschreibung ab: »Er war nicht irgendein Außenseiter, der in unserer Stadt lebte, sondern hatte begonnen, die sowjetische Mentalität zu verstehen. Er hätte eine gute politische Karriere machen können.«

Als sowjetischer Parteisoldat? Eine Karriere hatte Samaranch doch gerade hinter sich, und zwar am entgegengesetzten Ende des politischen Spektrums. Aber gibt es den Unterschied überhaupt in Diktaturen? Wer es in der einen packt, tut sich in der andern sicherlich um so leichter.

Schamil Anwiarowitsch Tarpischtschew, geboren 1948 in Moskau, schaffte den Aufstieg ebenfalls im Wirrwarr der Wendezeiten. Tarpischtschew empfahl sich als Tennisspieler für hohe sportpolitische Weihen. Bis heute agiert er als Kapitän des russischen Davis-Cup-Teams. Sein Lebensglück war, daß er 1988 im lettischen Kurort Jurmala den damaligen Moskauer Parteichef Boris Jelzin kennenlernte. Jelzin hatte sich nicht nur dem radikalen politischen Wandel verschworen, er vollzog ihn auch auf sportlichem Gebiet. Der eifrige Volleyballer beschloß, fortan dem bourgeoisen Tennisspiel zu frönen. Er engagierte Tarpischtschew als seinen persönlichen Ausbilder. So nahmen die Dinge ihren Lauf. In Jelzins Clan machte auch Tarpischtschew eine atemraubende Karriere. Der Sportfreund von eher schlichtem Gemüt amtierte ab 1994 als Chef des Komitees für Körperkultur und Sport im Range eines Ministers. Im Spätsommer jenes Jahres wurde er in Paris ins IOC kooptiert. Jelzin hatte bei Freund Samaranch auf die Aufnahme seines Tennislehrers gedrängt.

Eng waren die Bande im Kreml: Jelzin bezeichnete den Sportberater Tarpischtschew in seiner Autobiographie als seinen einzigen Freund. Was aber macht man nicht alles für echte Freunde aus Dankbarkeit? Dem russischen Präsidenten fiel Grandioses ein. Er verschaffte Tarpischtschew 1993 mit dem Ukas zur Gründung eines Nationalen Sportfonds (NSF) etwas, von dem die meisten Menschen träumen: die Lizenz zum Gelddrucken. Das Unterfangen war einzigartig und hatte offiziell natürlich nur das Ziel, die Entwicklung des Sports in Rußland zu finanzieren. Tarpischtschews NSF durfte aus staatlichen Reserven Erz, Titan, Walzaluminium und andere Rohstoffe exportieren – die Differenz zwischen den heimischen Preisen in Rubel und dem Erlös auf dem Weltmarkt blieb beim NSF. Es war ein glänzendes Geschäft, zumal die Firma von Exportzöllen freigestellt war. Der Sportfonds importierte zugleich, ebenfalls zollfrei, in großem Stil Alkohol und Tabakwaren für die nach Genußmitteln lechzenden Russen. Darüber hinaus handelte das Unternehmen mit Bodenschätzen, die als »strategische Reserven« deklariert waren – im Klartext: Edelmetallen für den militärischen Gebrauch. Der NSF war eine märchenhafte Organisation, geleitet von einem ehemaligen Tennisspieler, der über keinerlei kaufmännische Ausbildung verfügte. Von Jelzins Gnaden stieg Tarpischtschew ungebremst zum größten russischen Alkoholimporteur auf, der Mitbewerber kontrollierte. Der NSF wurde im Volksmund bald als Wodkafonds bezeichnet. Neben Tarpischtschew in der Zentrale saß Alexander Korschakow, Chef von Jelzins Leibgarde und damals die graue Eminenz im Kreml, ohne dessen Okay gar nichts lief.

Auf bis zu neun Milliarden Dollar – pro Jahr – werden die Steuereinnahmen geschätzt, die dem Staat durch den NSF abhanden kamen. Mitte der neunziger Jahre kontrollierte der sogenannte Sportfonds 90 Prozent des Handelsvolumens mit fremdländischen Genußmitteln. Es war klar, daß die Geschäfte mißtrauisch begutachtet wurden. Auf Druck des Internationalen Währungsfonds (IWF) mußte Jelzin 1995 die gespenstische Steuerbefreiung zurücknehmen. Doch Tarpischtschew und seine Kumpane aus dem Kreml-Clan kümmerten sich wenig darum, sie beanspruchten die Sonderregelung noch für ein weiteres Jahr. Über die Höhe des volkswirtschaftlichen Schadens, den das IOC-Mitglied in Rußland verursacht hat, gingen die Expertenmeinungen auseinander. Mitglieder der unabhängigen russischen Rechnungsprüferkammer, die erst 1997 aktiv wurde, rügten, daß von Regierungsseite die Skandalakten des Sportfonds unter Verschluß gehalten wurden. »Das ist schon eine Tendenz«, schimpfte der Vorsitzende Juri Boldirew. »Medien und Öffentlichkeit müssen einen Weg finden, um ihre Rechte zu verteidigen. Wenn wir anfangen, den Zugang zu Informationen zu begrenzen, werden wir bald ein Werkzeug für politische Kriege.« Wegen der »unsauberen« Vorgänge in Tarpischtschews Sportfonds empfahl die Kammer die Einleitung kriminalistischer Ermittlungen, auch gegen den Hauptverantwortlichen Boris Jelzin. Doch der Generalstaatsanwalt reagierte nicht. Wieviel Geld aus dem Sportfonds auch immer in dunkle Kanäle geflossen ist – es war in jedem Fall mehr, als Jelzins Minibar vertragen konnte.

Nachdem Jelzin seinen Freund Tarpischtschew 1994 auch noch zum Sportminister gemacht hatte, gab dieser die Sportfonds-Präsidentschaft an seinen damaligen Gefährten Boris Fjodorow ab. Fjodorow hatte sich als Kleinunternehmer in Moskau durchgeschlagen, bis er Tarpischtschew kennenlernte. Er sollte 1991 dessen Tennisklub am Petrowski-Park ausbauen. Man fand rasch einen Draht zueinander, und dank Tarpischtschews Patronage stieg Fjodorow rasant auf: Im Kreml, wo er einen Job in der ja unglaublich effektiven Antikorruptionseinheit bekam, daneben als Direktor der Nationalen Kredit Bank und schließlich als Tarpischtschews Erbe an der Spitze des Wodkafonds.

Wem soviel Gutes widerfährt, der sollte wissen, daß es nicht der Gesundheit dient, aus der Reihe zu torkeln. Fjodorow wußte es nicht. Er zerstritt sich mit dem allmächtigen Tennisclub des Kreml (zu dem neben Jelzin und Tarpischtschew Sicherheitschef Korschakow und Chefberater Iljuschin gehörten). Zudem fühlte er sich mehr zu den Demokraten hingezogen. Das paßte alles nicht mehr zur Linie am Roten Platz; auch deshalb nicht, weil mit einem Teil des Erlöses aus dem NSF, der eigentlich dem russischen Sport hätte zugute kommen sollen, 1996 Jelzins Wahlkampf finanziert wurde. Insgesamt mit angeblich mehreren hundert Millionen Mark. »Für einen Bericht über die Wahlkampffinanzierung bekäme ich einen Preis«, erklärte damals ein russischer Journalist, »aber ich würde nicht lange genug leben, um ihn in Empfang zu nehmen.«

Der widerspenstige Fjodorow sollte auch nicht mehr sehr lange leben. Um im Sportvokabular zu bleiben: Er überlebte die nächste Olympiade nicht, also einen Zeitraum von vier Jahren. Plötzlich ging es Schlag auf Schlag, offenbar sollte Fjodorow von interessierter Seite als Hauptschuldiger im Sportfonds-Skandal hingestellt werden. Zunächst landete er im Mai 1996 wegen Drogenbesitzes im Knast – der Geheimdienst soll ihm Kokain untergeschoben haben. Als NSF-Chef wurde er schnell von Korschakows Stellvertreter Waleri Streletzki ersetzt. Nach der Rauschgiftaffäre kaum auf freiem Fuß, wurde Fjodorow auf offener Straße mit einem Bauchschuß und einigen Messerstichen niedergestreckt. Wie durch ein Wunder überlebte er den Anschlag. Das war natürlich nicht geplant, wie Fjodorow im Krankenhaus an einem geheimen Ort gegenüber der *Komsomolskaja Prawda* hervorhob: »Natürlich werden sie mich umbringen. Ehrlich gesagt, manchmal bedauere ich es schon, diese Nacht überlebt zu haben.«

Nach schwieriger Genesung meldete er sich am 6. Oktober 1996 im Fernsehmagazin *Itogi* zu Wort. Man habe von ihm 40 Millionen Dollar, davon zehn Millionen in bar, erpressen wollen, erklärte Fjodorow. Der Erpresser sei sein NSF-Nachfolger Streletzki gewesen. Das Geld sollte der Finanzierung von Jelzins Präsidentschaftskampagne dienen – Tarpischtschew fungierte inzwischen als Jelzins Wahlkampfchef. Drahtzieher der Erpressung seien Tarpischtschew und General Korschakow gewesen, sagte Fjodorow. Und fügte an, das Duo habe enge Beziehungen zu Mafiagrößen. Passend dazu veröffentlichte die Wochenzeitung *Nowaja Gazeta* die Abschrift einer Tonbandaufzeichnung, auf der Fjodorow im Büro des mächtigen Jelzin-Vertrauten Boris Beressowski über Tarpischtschew Klage führte: Der IOC-Mann habe direkte Mafiakontakte, er und Korschakow hätten mit den Irrsinnssummen, die sie aus dem Wodkafonds erlösten, illegale finanzielle Transaktionen durchgeführt.

Vielleicht kann jemandem wie Boris Fjodorow, der soviel Aufregendes mitbekommt, da schon mal das Herz ermüden. Jedenfalls überlebte der vom Tarpischtschew-Intimus zum Tarpischtschew-Intimfeind gewandelte Sportfonds-Chef nur noch bis April 1999. Dann fand man ihn in seiner Moskauer Wohnung, wo er tagelang gelegen hatte: Herzschlag, hieß die Diagnose. Fjodorow war vierzig Jahre alt.

Schon traditionell ist Rußlands Sport ein Tummelplatz der Mafia. Schwarzgeld kann mühelos gewaschen werden, »Investitionen« in den Sport sind steuerbegünstigt und bringen hohe Renditen. Analog erhöhte sich die Sterblichkeitsrate unter Rußlands Sportfunktionären enorm. Beispiele: Larissa Netschajewa, für die Finanzen zuständige Präsidentin des Fußballklubs Spartak Moskau, erlag mehreren Kopfschüssen, kurz nachdem sie die Unvorsichtigkeit besessen hatte, gegenüber der Zeitung *Iswestija* auf Geschäfte des Klubs im Bereich des Ölhandels einzugehen. Walentin Sytsch, Präsident des Eishockeyverbandes, wurde von Killern mit Salven aus Kalaschnikows durchsiebt. Funktionären im Boxen und Ringen erging es nicht besser. Schamil Tarpischtschew wurde zeitweise von dem Georgier Otar Kwantrischwili beraten. Der kam eines Tages entspannt aus seiner Sauna und wurde mit drei Kugeln hingerichtet. Die *Moskowskije Nowosti* verfaßten folgenden Nachruf: »Er war im eigentlichen Sinn kein Krimineller, sondern ein typisches Bindeglied zwischen der Verbrecherwelt und den Etagen der Macht, der Politik und der Finanziers.«

Der Mafiaexperte Jürgen Roth fand bei russischen Szenekennern Anzeichen für die Theorie, daß der IOC-Repräsentant Tarpischtschew einer der gefährlichsten Ganoven Rußlands sei: »Unter Journalisten und in anderen gut informierten Kreisen galt Tarpischtschew schon lange als der größte Mafioso des Landes. Allerdings wagte niemand, ihn anzugreifen, da er Präsident Jelzin nahestand und mit dessen mittlerweile entlassenem Leibwächter General Korschakow sehr eng befreundet war. Nur äußerst vorsichtig äußerten russische Wodkaproduzenten ihre Befürchtung, daß die gesamte Branche unter dem Einfluß irgendwelcher dubioser starker Kräfte – gemeint war die Importmafia – zusammenbrechen könne.«

Die Geschäfte des Tennislehrers

Das Ende des Sportfonds kam im Herbst 1996. Erst trennte sich Jelzin von Korschakow, der ihm zu nahe an den Rivalen Alexander Lebed herangerückt war. Dann war auch Tarpischtschew, der inzwischen zu den zwanzig reichsten Russen zählte, nach anhaltender öffentlicher Kritik nicht mehr zu halten. Väterchen Jelzin entließ ihn Anfang Oktober mit Wirkung zum 1. November 1996. Zu dem Zeitpunkt hatte Tarpischtschew sein künftiges offizielles Arbeitsfeld längst bestellt. Er beriet nun Moskaus Bürgermeister Juri Luschkow.

IOC-Mitglied Tarpischtschew zählt zu den Hintermännern der von Luschkow 1998 gegründeten Vaterlands-Partei. Die Partei gab sich ein sozialdemokratisches Image und bemühte sich um Kontakte zu Bundeskanzler Schröder und Großbritanniens Premier Blair. In Luschkows Stab akquiriert, betreut und entwickelt Tarpischtschew eine Reihe von Großprojekten, meist Sport-Events wie das Grand-Prix-Finale in der Leichtathletik 1998, die Weltjugendspiele 1998, eine Formel-1-Strecke in Moskau, die Studenten-Universiade 2003 – er kümmert sich um die IOC-Session 2001 und natürlich die Olympiabewerbung für 2012. Daneben führt er Luschkow seit 1997 zielsicher in der Funktionärswelt des Sports ein. Am Rande der Olympischen Winterspiele 1998 in Nagano hatten beide ihren ersten großen Auftritt. Mit welchem Geld, aus welchen Quellen die ehrgeizigen Unternehmungen – Rußland bewirbt sich auch um die Fußball-Europameisterschaft 2008 – finanziert werden sollen, sind Fragen, die es zu beantworten gilt. Eines ist anzunehmen: Tarpischtschew wird bei der Aufklärung nicht behilflich sein.

Der öffentliche Ausweis, ein Mitglied des edlen IOC zu sein, war Tarpischtschew bei seinen dubiosen Geschäften stets von außerordentlichem Nutzen. Inzwischen häufen sich zwar Situationen, in denen er an seinem katastrophalen Ruf zu scheitern droht. In solchen Momenten aber ruft er Gospodin Samaranch um Hilfe an. Wie im März 1998: Tarpischtschew wollte mit Rußlands Davis-Cup-Team in die USA einreisen, nach Miami/Florida ins Trainingslager, danach zum Match nach Atlanta/Georgia. Doch das State Department erteilte ihm nur ein Visum für Georgia. Tarpischtschew kannte das bereits. Im Jahr zuvor, als er zum Lipton International Tennisturnier in Florida reisen wollte, war es ihm ähnlich ergangen. Nun wehklagte der umtriebige Russe, was das Zeug hielt: »Ich nehme das als persönlichen Affront. Ich bin der Sportberater von Moskaus Bürgermeister Juri Luschkow, ich bin zuständig für das russische Davis-Cup-Team, und noch dazu bin ich ein Mitglied des Internationalen Olympischen Komitees.« Protestnoten an Samaranch und den Internationalen Tennisverband brachte er gleich auf den Weg.

Auch an diesem Beispiel zeigt sich die Gefahr, die aus Privilegien der nicht demokratisch legitimierten, aus fragwürdigen Gründen von einem undurchsichtigen Alleinherrscher, in diesem Fall Samaranch, erwählten IOC-Clique erwächst. Das gilt nicht für jedes IOC-Mitglied, aber für so viele und meist einflußreiche Vertreter, daß man von einer markant hohen Anzahl sprechen muß. Samaranch, der die Gefahr erkennt, die vom schwindenden staatlichen Kredit für und wachsendem öffentlichen Mißtrauen gegen seinen Clan erwächst, hat reagiert, wie man es von ihm erwarten mußte: Er forderte bereits diplomatischen Status für seine IOC-Leute. Das aber wäre der Gipfel. Tatsächlich ist für eine Reihe von Olympiern – besonders Samaranch selbst und seine engste Entourage – das Gegenteil angeraten: weltweit scharfe Kontrollen.

Der ehrenwerte Tarpischtschew hatte, als ihm die USA das Visum verweigerten, dafür flugs eine Erklärung zur Hand. Er vermutete, daß ihn die Amerikaner auf die schwarze Liste gesetzt hätten, weil er in einer Reihe russischer Zeitungsartikel und Fernsehbeiträge mit der Mafia in Verbindung gebracht worden war. Tatsächlich hatte der Sender NTV Anfang 1997 mehrere Berichten ausgestrahlt, die Tarpischtschew gemeinsam mit den mächtigen Metallhändlern Lew und Michail Chorny nannte. Einmal traf er sich zum Essen mit den mutmaßlichen Mafiosi im zauberhaften Taschkent – dort, wohin es auch das Duo Samaranch/Guelfi öfter zog –, aber »das heißt doch nicht, daß ich in ihre Geschäfte verwickelt bin«. Niemand habe ihn je dafür verurteilt, klagte Tarpischtschew. Er sei »mit den Chorny-Brüdern befreundet. Na und? Ich kenne sie seit meiner Jugend.« Schweizer Ermittler wissen mehr: Der russische Tenniszar hat sogar eine Chorny-Tochter geehelicht, erfuhren wir von der Genfer Staatsanwaltschaft. Interessant, worüber die so alles informiert ist.

Die Geschichten über Tarpischtschew und die Chorny-Brüder sorgten auch in Moskau für Aufregung. Es ging um die Macht im Kampf um Edelmetalle und um die Kontrolle des lukrativen Handels. Im Brennpunkt standen zwei ehemalige Jelzin-Freunde: die beiden ehemaligen Minister Tarpischtschew und Oleg Soskowets. Nach den Fernsehsendungen drückte Innenminister Anatoli Kulikow seine »große Hochachtung« gegenüber NTV und den Journalisten der Sendung *Itogi* aus. Kulikow hatte auch den Verdacht ausgesprochen, daß die Chorny-Brüder in organisierte Kriminalität verstrickt seien.

Die TV-Recherchen ließen darauf schließen, daß Tarpischtschew und Soskowets den Chorny-Brüdern Sonderkonditionen gewährt hätten. Die Chornys saßen der Metallhandelsgesellschaft Trans-CIS Commodities mit Sitz in Monte Carlo vor, die wiederum laut *Itogi* der Moskauer Kriminellengruppe Ismailowski verbunden sei. Trans-CIS hätte 1993 während der Privatisierung die Kontrolle über die Aluminiumfabrik Krasnojarsk erobert. Soskowets und Tarpischtschew verschafften ihnen angeblich verschiedene Steuerbefreiungen, um das Aluminium billig exportieren und zu wesentlich höheren Weltmarktpreisen verkaufen zu können. Unter den Beweisen, die *Itogi* präsentierte, war eine Erklärung von American Express: Demnach hatten sich Soskowets und sein Sohn Alexej zu Lasten eines von Trans-CIS im schönen Schweizer Lugano eingerichteten Bankkontos bedient – kleines Dankeschön für die Lobbybemühungen von Soskowets senior. Über den Sender ging auch ein kompromittierendes Videoband: Es zeigte Tarpischtschew und die Chorny-Brüder bei einem geheimen Treffen in Tel Aviv – mit dabei war laut *Moscow Times* auch Anton Malewski, der »Chef der Kriminellengruppe Ismailowski«.

Das IOC gab uns, trotz mehrfacher Anfragen, keine Auskünfte zu den Vorwürfen gegen Tarpischtschew. Bekannt ist nur, daß Samaranch seine Mitarbeit schätzt und daß viele IOC-Mitglieder aus gutem Grund gar nicht genau wissen wollen, was Tarpischtschew so treibt. Nach seinem Rausschmiß als Sportminister war im Herbst 1999 kurzzeitig das Gerücht umgegangen, er habe seinen Rücktritt im IOC eingereicht – verbreitet auch von der damaligen IOC-Sprecherin. Dabei hatte Tarpischtschew in Moskau deutlich gemacht, er denke gar nicht daran, freiwillig aus dem Olympiakonzern zu scheiden. Tatsächlich harrte er erfolgreich aus und taucht seit 1998 wieder regelmäßig bei olympischen Terminen auf. Schließlich muß er Lobby machen für Luschkows ehrgeizige Sportprojekte.

Eine Episode noch zum Thema Tarpischtschew – geht es hier doch nicht zuletzt um olympischen Sport. Diese Geschichte illustriert, wie sehr sich IOC-Mitglied Tarpischtschew um den olympischen Fairplay-Geist verdient macht. Erinnert sei an den Davis-Cup-Skandal, der sich beim Treffen des deutschen Teams mit der russischen Mannschaft 1995 in Moskau zugetragen hatte. Zunächst wurde im Vorfeld diplomatisches Kleinholz gehackt, weil die Russen die Partie gegen Boris Becker und Michael Stich partout fernab am Schwarzen Meer auskarteln wollten. Als das nicht klappte, gingen die Deutschen an der Moskwa richtig baden: Die Auftakteinzel von Becker und Stich mußten verschoben werden, weil der Platz unter Wasser stand. Seltsam, dabei hatte es in der Halle gar nicht geregnet. Es stellte sich heraus, daß die Russen der gefürchteten Aufschlagkraft von Becker/Stich mit dem Trick begegnen wollten, das Spielfeld langsamer zu machen. Tarpischtschew ordnete die Wässerung des Platzes an. Dummerweise lief das verräterische Naß nicht ab, weil nicht bedacht worden war, daß der Unterboden keine Drainage besaß.

Der Oberschiedsrichter ließ in seiner Verzweiflung den Platz mit Handföns behandeln. Am Abend wusch er Tarpischtschew und Genossen den Kopf und stellte den Funktionären im Falle einer Wiederholung eine Heimsperre in Aussicht. Der Beobachter des Weltverbandes ITF, Vizepräsident Heinz Grimm aus der Schweiz, teilte mit: »Wir hätten die Partie abbrechen und für die Deutschen werten können. Doch diese Sanktion hätte zu großen Schaden angerichtet. Schließlich geht es im Davis-Cup um viel Geld, wir haben TV-Verträge und Verpflichtungen gegenüber den Zuschauern.« So funktioniert es, das Fairplay-Prinzip: Die Show muß weitergehen, weil nur der Zaster zählt. Zur Not steht da auch dreister Betrug zurück. Der russische Sport unter seinem Paten Schamil Tarpischtschew feierte damals einen rauschenden Sieg über Becker und Stich.

Reisen nach St. Petersburg

Es geht recht hemdsärmelig zu in der Spitze des russischen Sports, dem der Marqués de Samaranch gern und öfter die Ehre gibt als anderen großen Sportnationen wie den USA, Deutschland oder Australien. In Moskau begann Samaranchs Amtszeit am 16. Juli 1980, einen Tag vor seinem sechzigsten Geburtstag – in Moskau wird sie enden. So hatte er es sich gewünscht, und diesen Wunsch der IOC-Vollversammlung im September 1997 vorgetragen, die ihn per Akklamation für weitere vier Jahre im Amt bestätigte. Selbstverständlich erhörten seine Untertanen auch die Bitte um eine finale Session in Moskau. Später wurde der Termin auf Drängen des russischen NOK vom September 2001 noch in den Juli vorverlegt, damit Samaranch exakt an einem 17. Juli abtreten kann. Er gibt viel auf solche Symbole. Rußland und Moskau seien für ihn »etwas ganz Besonderes«. Das erklärte Samaranch auch im Januar 1998 bei seinem damals bereits 23. offiziellen Besuch als IOC-Präsident. Selbstverständlich war wieder die ganze russische Familie zugegen. Witali Smirnow erwiderte die Komplimente: »Wir lieben ihn von ganzem Herzen!« Der stellvertretende Ministerpräsident Alexander Nikolajewitsch rühmte Samaranch als »legendäre Persönlichkeit«. Nach Gesprächen mit Ministerpräsident Wiktor Tschernomyrdin und Bürgermeister Juri Luschkow sowie einem Mahl mit den anwesenden IOC-Mitgliedern krönte ein Besuch des Bolschoj-Theaters die Moskau-Tour. In der Zarenloge genoß Samaranch das Ballett *Giselle,* das eigens für ihn aufgeführt worden sein soll.

Diese enge Vernetzung mit Moskauer Machthabern und ihren Geldmaklern erscheint insofern fragwürdig, weil einiges darauf hindeutet, daß über den russischen Sport und auf der olympischen Schiene eine gewaltige Menge Devisen unbekannter Herkunft in jene gut versteckten Waschtröge fließen könnten, die Schweizer Wirtschaftsadvokaten zu zimmern pflegen. Die Gefahr ist doppelt groß, weil das IOC nicht von einem strengen Steuerland wie Schweden oder den USA aus operiert, sondern zufällig selbst in der lieblichen Steueroase Schweiz angesiedelt ist. Auf Schweizer Bankkonten liegen »sehr große« Summen schmutzigen Geldes aus Rußland, das hat im Frühjahr 1999 die Schweizer Bundesanwältin Carla Del Ponte der französischen Zeitung *Le Monde* anvertraut. Sie sagte auch, woher das Geld stammt: aus Korruption, Geldwäscherei und Machtmißbrauch von hohen Beamten. Immerhin fand das *Wall Street Journal* einen IOC-Offiziellen, der anonym bleiben wollte, sich aber klarsichtig zur Situation äußerte: »Wenn eine Prüfung Beweise für russische Geldwäsche erbringen sollte, würde dies in einen Mißbrauch der Spiele gipfeln, den niemand in der Welt erahnt hatte. Die wirkliche Macht vieler IOC-Mitglieder und Offizieller der Bewerberkomitees besteht in ihrem ungehinderten Zugang zu Regierungen und Unternehmen.« Das ist sie, die wahre Macht aller auf hoher Ebene verkehrender IOC-Mitglieder. Zugleich ist das die Gefahr, die es künftig zu bannen gilt.

Es gibt weitere wundersame russische Rätsel. Etwa in St. Petersburg, der Stadt, die sich für Olympia 2004 beworben hatte und in der Samaranchs Pilot André Guelfi milliardenschwere Absatzmärkte für die französische Wirtschaft auftun wollte. Wundert es noch jemanden, daß Guelfi im Petersburger Bewerberkomitee werkelte? Gegenüber dem Nachrichtenmagazin *Newsweek* sagte er 1999: »Ich wollte derjenige sein, der die Firmen für die großen Bauprojekte auswählt.« Als die vom deutschen IOC-Vorständler und Industrielobbyisten Thomas Bach geleitete Prüfungskommission Mitte September 1996 St. Petersburg aufsuchte, gehörte – neben illustren Persönlichkeiten wie Ministerpräsident Wiktor Tschernomyrdin – Guelfi zu ihren Gesprächspartnern.

Guelfi war diesmal auf einen Teilerfolg für St. Petersburg aus, der im März 1997 tatsächlich in Reichweite rückte. Da hatte das IOC die Vertreter der mittlerweile elf Bewerberstädte nach Lausanne geladen, wo die Exekutive zum erstenmal durch eine Vorauswahl fünf Finalisten herausfiltern wollte. Guelfi stand unter Druck. Er hatte dem zum Bewerberchef ernannten Tschernomyrdin derart vollmundige Versprechungen gemacht, daß der nun prompt die »nationale Ehre auf dem Spiel« stehen sah und – wie auch Jelzin – mehrfach bei Samaranch vorsprach. Doch mitten in diese pralle Vorfreude hinein platzte Madame Joly, die unsportliche Richterin, mit ihren Handschellen. Olympiabewerber Guelfi wurde im Zuge der Emittlungen wegen der Elf-Schiebereien eingebunkert.

Als er fünf Wochen später aus der Untersuchungshaft kam, war die olympische Vorausscheidung längst gelaufen: St. Petersburg aus dem Rennen – nach dreimaligem Stechen, so berichtete die *Moscow Times,* gescheitert an dem Außenseiter Stockholm. Die Russen tobten. Smirnow soll sogar auf Thomas Bach, den Chef der Bewertungskommission, losgegangen sein, so hielt sich hartnäckig das Gerücht. Als die Nachricht aus Lausanne den Hochsicherheitstrakt in der Santé erreichte, war Guelfi außer sich. Und zwar vor Angst, wie er seiner Vernehmerin Eva Joly erklärte:»Ich war erschüttert, daß ich nicht in der Lage gewesen war, die Bewerbung zu verteidigen. Meine ganze Arbeit fiel ins Wasser. Außerdem werden die Russen wütend sein, daß ihr Vertrauensmann wie ein Verbrecher ins Gefängnis geworfen wurde. Vor allem: Ich hätte in deren Augen ja leicht in Konkurs gehen können wegen meiner Einkerkerung.« Merkwürdiges ergab sich aus der olympischen Schlappe: Rußland-Intimkenner Guelfi, der in »all meinen Jahren in Rußland von der Mafia nie was gehört oder gesehen« haben will, bangte plötzlich vor derselben. »Ich weiß nicht, ob Madame Joly sich das vorstellen kann – aber bei solchen Geschäften werden Fehler selten vergeben!« Aber Monsieur – muß man sich bei olympischen Geschäften denn Sorgen um Leib und Leben machen?

»Schock und Sprachlosigkeit« habe alle erfaßt, erklärte Petersburgs Bewerberchef Alexander Koslowski nach dem Scheitern in der Vorauswahl. Koslowski, der zum Smirnow-Clan gehört, verstand nicht, was schiefgegangen war. Hatte Samaranch nicht noch knapp zwei Monate zuvor wie ein Staatsgast die vertrauten roten Teppiche von Moskau abgeschritten? Er besprach mit Tschernomyrdin die Petersburger Bewerbung, ließ dabei allerdings schon ein paar zarte Andeutungen in Anspielung auf die mißglückte »Bewerbung« von Sotschi einfließen. Bis auf Jelzin, der mit einer Lungenentzündung darniederlag, traf Samaranch alles, was Rang und Namen hatte: von Bürgermeister Luschkow bis Sicherheitschef Beressowski. Und wie üblich besuchte er den olympischen Ball im Kreml, wo die besten Athleten des Landes für ihre Erfolge bei den Atlanta-Spielen ausgezeichnet wurden. Aber alles fand in Moskau statt, nicht in St. Petersburg.

Nach der Petersburger Pleite sah sich Guelfi von seinen russischen Freunden fallengelassen. Besonders enttäuscht aber hatte ihn das Verhalten des Firmenchefs der Technip S.A. Das war die Firma, die im Subventionsfall Leuna trotz überzogener Kosten und ohne echte Ausschreibung den Zuschlag für den Raffineriebau erhalten hatte. Guelfi will sie auch in das Olympiageschäft geschleust haben: »Ich hatte ein Abkommen zwischen Petersburg und S.A. Technip unterzeichnet. Diese wußte von der Wichtigkeit meiner Anwesenheit in Lausanne vom 1. bis 3. März. Ich schäme mich für Monsieur Vaillaud, Chef von Technip, weil er nicht den von meinen Anwälten geforderten Brief geschrieben hat.« Nach seiner Entlassung flog Guelfi sogleich nach Moskau, um sich »mit Tschernomyrdin zu treffen und mich für die Erfolglosigkeit der Petersburger Bewerbung zu entschuldigen«. Oder gar, um seinen Hals zu retten? Auch Brüderchen Tschernomyrdin ist ja eine schillernde Figur, was Lebensgewohnheiten und Erwerbsquellen angeht. In einem Hearing des US-Senats wurde sein Vermögen auf respektable fünf Milliarden US-Dollar taxiert. Der derart Hochgeschätzte indes gab 1996 sein Jahreseinkommen öffentlich mit nur 8000 Dollar an.

Guelfi, den hinter Gittern schlimmste Ängste ob der möglichen russischen Reaktionen gequält hatten, eilte also zu Tschernomyrdin und entbot Mutmaßungen über die Gründe, warum seine Petersburger Mission gescheitert war. Tatsächlich ist er ja wegen der Elf-Sache verhaftet worden – waren die Russen wegen etwas anderem besorgt? Guelfi machte es sich einfach, indem er eine Verschwörung des Olympiarivalen Frankreich ersann.

Auch die Stadt Lille war seinerzeit eine Mitkonkurrentin, und kurz vor der Vorauswahl im März 1997 war es zu einem Zwischenfall gekommen. »Unsere Städte präsentierten ihre Bewerbungen zugleich«, erzählt Guelfi, »ich gehörte zur Delegation von Petersburg, und während eines Frühstücks, das Samaranch gab, saß ich Madame Martine Aubry [Delegationschefin von Lille] gegenüber. Ich fragte, wer das kleine Mädchen in ihrer Delegation sei, und sie sagte, die hätte trotz ihrer zehn Jahre die Erlaubnis, der Delegation von Lille anzugehören. Ich erwiderte, mit ihrem jungen Alter und etwas Glück hätte sie vielleicht die Chance, die Spiele einmal in Frankreich zu erleben. Ich fürchte, daß diese Antwort, die ich in guter Absicht gab, bei Lille ganz anders ankam.«

Guelfis Verschwörungstheorie war diese: Weil er, der olympische Insider, den Werbern aus Lille ihre Chancenlosigkeit offenbarte, hätten die sich an ihm gerächt. Denn wenige Tage nach der Begegnung mit Madame Aubry wurde Guelfi vom Pariser Zollfahnder Durand zu einem Gespräch erwartet, das eigentlich nur »zwei Stunden« dauern sollte. Es zog sich sehr viel länger hin. Er wurde festgenommen und sagte den Beamten, »daß dann alle die lebenswichtigen Termine in Lausanne kaputtgingen, die ich für Petersburg getroffen hatte. Wenn

Petersburg durchkommt, gibt es Milliarden für französische Firmen, die bevorzugt werden.« Die Ermittler hatten aber kein Ohr für die Olympianummer.

Nachdem er die Untersuchungsrichterin zunächst nicht zu Gesicht bekam, ließ Guelfi ihr »eine Nachricht zuleiten«: Es sei ganz wichtig für Frankreich, daß Petersburg in die olympische Endrunde kommt. Große Märkte und Perspektiven warten dort – Frau Joly solle sich ruhig erkundigen. Die Richterin erklärte dem olympiabeseelten Häftling dann bei erster Gelegenheit, daß Petersburg hier nicht das Thema sei. Aber Guelfi blieb stur: »Ich sagte ihr, daß meine Inhaftierung und die Schädigung der Geschäfte von Petersburg nicht dazu führen werden, Lille unter die letzten fünf Städte zu bringen. Ich habe ihr im Detail aufgezeigt, daß Stockholm den Platz von Petersburg einnehmen werde.« Die Richterin reagierte angeblich ungläubig: Woher wollen Sie das wissen? »Ich weiß es, das alles ist meine Arbeit.«

Bei seiner Entlassung vermerkte Guelfi Wochen später voller Stolz: »Madame Joly gab zu, daß sich meine Voraussage für Lille und die Olympischen Spiele genau erfüllt hätten.« In der Tat bemerkenswert, dieses Wissen des Samaranch-Intimus. Wie kam er zu der Eingebung? Die Vorauswahl fand ja, während der Provisionshändler im Knast saß, im fernen Lausanne statt. Und das IOC verbreitet bei seinen Städteküren stets, daß es zuvor keine Einschätzungen über die Wahlausgänge geben könne. Was in einem hohen Maß auch glaubwürdig ist, schließlich wird ja geheim entschieden. Für den U-Häftling Guelfi indes war das Aus für Petersburg und das Weiterkommen von Stockholm beschlossene Sache.

Knarren vom Salzsee

Wechseln wir die Lokalität. Blicken wir nach Lausanne. Guelfi, der auch dort zu Hause war, hat sich am Lac Léman lange nicht mehr blicken lassen. Schließlich wurde er in der Schweiz mit Haftbefehl gesucht. Im Zuge der Ermittlungen hatte die Polizei auch die Räume von Guelfis Treuhandfirma durchforstet. Überhaupt haben die Justizorgane in der Hauptstadt der olympischen Bewegung immer häufiger zu tun. Nicht nur bei Guelfi, auch bei anderen dubiosen Vermittlern aus dem Umfeld des IOC-Präsidenten. Zum Beispiel beim Olympiaagenten Goran Takac. Für Vater Artur Takac, den langjährigen Berater Samaranchs, und für seinen Sohn Goran Takac ist Olympia quasi ein Familiengeschäft. Vielfältig sind die Verdienstmöglichkeiten im Zeichen der fünf Ringe.

Der Serbe Goran Takac, Inhaber der Lausanner Firma IMS/Studio 6, unterhält auch in den Osten heiße Drähte. Er ist dort mindestens so umtriebig wie sein alter Herr. Mit seiner Firma werkelte er schon bei den Olympischen Spielen 1980 in Moskau, er führte erst das sowjetische, dann auch das russische NOK und dessen Präsidenten Smirnow im Kundenstamm. Selbstverständlich war er – gemeinsam mit Guelfi und Smirnow – für die Olympiabewerbung von St. Petersburg aktiv. Nebenbei akquirierte er der Newametropole die Eishockey-Weltmeisterschaft 2000. Keine Frage, daß Takac auch die lustigen Pseudobewerbungen von Sotschi und Taschkent betreute. In der usbekischen Hauptstadt mühte sich IMS/Studio 6 nach eigenen Angaben sogar monatelang vergebens. Moskaus Offerte für die Sommerspiele 2012 wird schon wegen seines Vertrages mit dem lokalen NOK an Takac nicht vorbeigehen. Das Duo Smirnow/Takac ist gut bekannt bei den Olympiabewerbern dieser Welt. Über die nicht immer seriösen Tätigkeiten der beiden Freunde hatte es auch in Berlin anhaltende Irritationen gegeben: 1991 führte sich Smirnow beim damaligen Bewerberchef Lutz Grüttke mit der Frage ein, wann er endlich die zwei Daimler-Limousinen bekomme, die ihm Takac versprochen habe. Auf die Hilfe der deutschen Autobauer hatten die Berliner Bewerber ihre Offerte gestützt. Das merkwürdige Versprechen an das Russen-Duo peinigte die Berliner noch über Monate, bis Takac und Smirnow endlich abließen.

Takacs verzehrendes olympisches Wirken wäre einmal fast dem IOC-Boß zum Verhängnis geworden. Eine höchst delikate Sache; als im Winter 1998/99 die Korruptionslawine losbrach und Enthüllung auf Enthüllung in den Medien folgte, wurde plötzlich eine kostbare Gabe publik: Die Olympiabewerber von Salt Lake City hatten Samaranch 1995 zwei teure Schießeisen als Geschenk zukommen lassen. Samaranch also auch? Jetzt stand alles auf dem Spiel! Der IOC-Boß ließ sofort behaupten, die Gewehre seien selbstverständlich, wie alle Geschenke an ihn, ordnungsgemäß im Olympischen Museum gelandet. Umgehend wurden den herbeigeeilten Reportern im Museum zwei Schießgeräte gezeigt; hübsch unterlegt mit der Plakette in Goldgravur: »Von der Bevölkerung Salt Lake Citys für Juan Antonio Samaranch.« Doch das war nur ein Trick, es handelte sich keineswegs um die beiden 1995 in Utah versandten Waffen – dieser Betrug wurde von der Genfer Zeitung *Le Temps* aufgedeckt. Über die Seriennummern der Waffen und über die Speditionspapiere erbrachten die Journalisten den Beweis, daß Samaranchs Garde die Öffentlichkeit einmal mehr an der Nase herumführte. Jene Knarren, die offiziell für Samaranch bestimmt waren, hatten einen merkwürdigen Weg genommen: nach Belgrad, in eine von Goran Takac Wohnungen. Das friedliche Belgrad ist gewiß ein sicherer Hort für olympische Waffengeschenke.

Ein weiteres Schmierenstück also, aufgeführt im Januar 1999, kurz vor dem mit viel Trara angekündigten ersten Bußkonvent des Exekutivkomitees in Lausanne und kurz vor der Weltdopingkonferenz, auf der sich Samaranch im Beisein zahlreicher Sportminister als Aufklärer und großer IOC-

Reformator darstellen wollte. Rechercheur Jean-Claude Peclet schilderte das komplette Bubenstück in *Le Temps*. Am 19. Mai 1995 sandte das belgische Mutterhaus der Waffenfabrik Browning ein Fax an Goran Takac: »Wir haben das Gewehr *Gold* sowie den Karabiner *Europa*, bestimmt zu Händen von Monsieur Samaranch, Präsident des IOC, an [den Schweizer Browning-Vertreter] Petitpierre & Grisel versandt.« Am 28. Juni faxte Takac an die genannte Adresse: »Können Sie mir bestätigen, ob die Sendung für Samaranch gut angekommen ist?« Anderntags kam die Bestätigung an Takacs Werbebüro: Eine *Gold Hunter* Halbautomatik 12 Millimeter, Seriennummer K51NVO2857, und ein Karabiner *Europa* des Kalibers 7 Millimeter, Seriennummer 81562 NV. Peclet besuchte den Browning-Vertrieb in Neuchâtel und interviewte dessen Handelsdirektor Pierre Gerber. Ob ihn diese besondere Lieferung überrascht habe? »Nicht direkt«, erwiderte der, »das ist wahrscheinlich nicht das einzige kleine Geschenk dieser Art, das von den Bewerberstädten zum IOC gelangt. Wir sind da in einer Position so rein wie der weiße Schnee, wir haben nur einer Anfrage der amerikanischen Browning-Gesellschaft entsprochen.«

Takac beharrte darauf, daß die Waffen für ihn bestimmt gewesen seien als persönliches Präsent vom damaligen Bewerberchef Salt Lake Citys, Tom Welch. Nur: Warum so wertvolle Geschenke für einen angeblich kleinen Agenten – zumal Takac gar nicht für den Salzsee gearbeitet hatte? Takac erklärte, er habe in Utah zwar vergeblich seine Dienste angeboten, da er aber »viel Sympathie für Tom Welch« empfunden habe, hätte er diesen von seinen »freundschaftlichen Ratschlägen« profitieren lassen – rein philantropisch, ohne jedes materielle Interesse. Müßig zu erwähnen, daß die zwei Gewehre 1995 in jenen Tagen nach Lausanne expediert wurden, als das IOC Salt Lake City den Zuschlag für die Winterspiele 2002 erteilte.

Die Frage, warum das IOC 1999 für die Schießprügel-Präsentation im Olympischen Museum anderes Tafelsilber vorgeführt hat, kann sich der Leser vielleicht selbst beantworten. Sie verblaßt ohnehin vor dem Hintergrund dieser weiteren pikanten Ost-Connection des Präsidenten. Man trickst und dealt miteinander und gibt auf Befragen vor, man begegne sich hier und da nur flüchtig, ohne persönliche Verbindungen – an diesem Verhalten erkennt man olympische Netzwerker. Wie hat es der Berliner Wissenschaftler Gunter Gebauer beschrieben? »Da beruht häufig alles nur auf mündlichen Absprachen, gar nicht auf Verträgen. Die Leute kennen einander, sie harmonieren, sie denken ähnlich, sie saufen gemeinsam, sie entdecken ihre Seelenverwandschaft, sie gründen Bruderschaften, an denen sie festhalten. Gemeinsam hecken sie aus, was für Möglichkeiten sie haben. So bleiben komplizierte Netzwerke über Jahrzehnte in der Hand von wenigen Leuten. Andere kommen kaum rein, mit demokratischen Wegen ist da nicht viel zu machen. Die Strukturen sind mafios, da spricht alles dafür. Ohne daß ich sagen will, daß das alles Verbrecher sind.«

Vom Kreml nach Lausanne

Goran Takac war regelmäßig Mitorganisator der Olympiagala des russischen NOKs. Im Januar 1993 trafen sich bei der Moskauer Ballnacht einmal mehr Boris Jelzin, Juan Antonio Samaranch, Witali Smirnow und André Guelfi. Der Festakt beim Stelldichein der Amigos wurde vom Fernsehen live übertragen. Vom IOC waren sonst noch der Belgier Rogge und der Japaner Chiharu Igaya zugegen, letzterer samt seinem Schwiegervater Ikuo Ikeda, einem Verleger und Geschäftspartner von Mitveranstalter Takac – ach, eng sind die Familienbande im östlichen Olymp. Zweitausend Gäste waren beglückt, und ein großer westlicher Ölkonzern – richtig getippt: Elf Aquitaine – ließ einen Scheck über 400 000 Dollar für Sportstipendien springen. Begründet wurde der karitative

Akt damit, daß der Konzern just größere Bohrrechte in Rußland erworben habe.

Es war eine fruchtbare Zeit für den Sport, trotz der desaströsen Verfassung des Landes und seiner Bevölkerung. Bei Wodka und Kaviar konnte die Nomenklatura gleich noch ein Jelzin am Herzen liegendes Thema besprechen, über das bereits ausführlich berichtet wurde: die unverzichtbare Mitgliedschaft seines Tennislehrers Tarpischtschew im IOC. Wie meistens bei solchen Festivitäten überhäuften sich die Sportkameraden auch mit Geschmeide. Jelzin bekam den Olympischen Orden – Samaranch und Smirnow gewannen den Internationalen Leonardo-Sportpreis. Ein andermal erhielt Samaranch den Stern der Völkerfreundschaft.

Mit Jelzin traf sich Samaranch gern. Oft war *Dédé la Sardine* dabei, und im Zentrum seiner Autobiographie veröffentlichte Guelfi sogar ein Foto, auf dem die drei Herren partyselig in die Kamera strahlen – selten hat man Samaranch derart vergnügt bei einem IOC-Termin lachen gesehen. Aber Jelzin hatte nicht immer Zeit für den Oberolympier, und manchmal sogar echte familiäre Sorgen. Etwa, als sich im Herbst 1999 ein mächtiger Korruptionsverdacht gegen seine Familie aufbaute. Mysteriöse Konten mit umgerechnet fünf Millionen Mark auf den Cayman-Inseln waren aufgetaucht, die auf den Namen Djatschenko lauteten. Ein Mitarbeiter der Bank of New York hatte dies vor dem US-Kongreß bestätigt. Jelzins Schwiegersohn heißt Djatschenko, und im Zuge der Berichterstattung fiel nicht nur auf, daß niemand den offiziellen Vornamen des Eidams kannte – mal hieß er Leonid, mal Alexander oder Alexej –, sondern auch, daß nicht bekannt war, womit der Mann sein Geld verdient. Während Jelzins Tochter und Beraterin Tatjana 1997 sagte, ihr Mann habe »irgend etwas mit Holzverarbeitung« zu tun, schien der doch stärker im lukrativen Ölgeschäft engagiert zu sein. Das *Wall Street Journal* legte nach, Djatschenko habe ein weiteres Konto bei der Chase Manhattan Bank.

Ein Jahr zuvor war Jelzin noch besser drauf gewesen. Da

hatte er anläßlich der Weltjugendspiele in Moskau zu einem »Essen in kleinem Kreis« neben Samaranch, Smirnow und Luschkow sowie Außenminister Primakow und Verteidigungsminister Sergejew auch den Schweizer Sport- und Verteidigungsminister Adolf Ogi eingeladen, der damals energisch eine IOC-Mitgliedschaft anstrebte. Gastgeber Jelzin, Wodka- und Tennisfan, durfte zufällig an jenem Tag im Freundeskreis tatsächlich etwas feiern: Soeben hatte der Weltwährungsfonds 22 Milliarden US-Dollar zur Sanierung der Staatsfinanzen genehmigt.

Der Verbleib dieser Gelder sollte im Herbst 1999 für große Verwirrung und gewaltigen Ärger sorgen, als weltweit Staatsanwaltschaften und Korruptionsexperten ermittelten. Das Ansehen Rußlands und vor allem das seiner Protagonisten war endgültig ruiniert. Laut *New York Times* seien rund 780 russische Staats- und Bankbedienstete, unter ihnen der frühere Premier Anatoli Tschubais und der einstige Außenminister Andrej Kozyrew, an der Verschiebung von bis zu 15 Milliarden Dollar ins Ausland beteiligt gewesen. Unter Mithilfe der Mafia soll das Geld über die Bank of New York und andere Institute geflossen sein mit dem Ziel, die den Beteiligten als Insidern im voraus bekannte Rubelabwertung Mitte August 1998 zu unterlaufen – und durch rechtzeitiges Umtauschen in Dollars einen prächtigen Gewinn abzuzocken. Angeblich wurden dabei auch 4,8 Milliarden Dollar jener Summe transferiert, die der Kreml als Kredit vom IWF erhalten hatte.

Der IWF und US-Präsident Bill Clinton bemühten sich um Schadensbegrenzung: Gestützt auf ein Gutachten der internationalen Prüfgesellschaft Price Waterhouse-Coopers hieß es, zunächst seien keine Belege für eine Zweckentfremdung des Geldes gefunden worden. Des Rätsels mutmaßliche Lösung erbrachte dann das *Wall Street Journal:* Die bestellten Prüfer hätten die von den russischen Stellen vorgelegten Daten nicht auf ihre Richtigkeit hin untersucht (ein Problem, dem Buchprüfer stets ausgeliefert sind). Clinton teilte dem neuen starken Mann, Wladimir Putin, zu der Zeit noch Premier, seine

Besorgnis darüber mit, daß russische Bonzen amerikanische und andere Steuergelder in die eigene Tasche gewirtschaftet hätten. Die Reaktionen sind seither verheerend. Das Nachrichtenmagazin *Newsweek* beschrieb Rußland als »Gangsterstaat«. Der Chef der republikanischen Mehrheitsfraktion im Repräsentantenhaus, Dick Armey, erklärte Rußland öffentlich zur »geplünderten und bankrotten Zone einer nuklear aufgeladenen Anarchie«. Ziemlich schnell wurde der Moskauer Korruptionsskandal Gegenstand von Untersuchungen und Streitigkeiten; im Senat wie auch im Repräsentantenhaus befaßten sich gleich mehrere Ausschüsse damit.

Das Machtprinzip der Netzwerker nutzt immer nur denen, die es betreiben. Ein Dorado auch für Lobbyisten und Wirtschaftsanwälte – womit wir nach dem kleinen Exkurs wieder in der Schweiz gelandet sind, in jenem Land, das nicht nur dem IOC, sondern Dutzenden anderen internationalen Sportverbänden eine Heimstatt bietet. In Lausanne, der *capitale olympique,* ist Samaranch zu Hause, in einer Suite im Palace Hotel; dort residierte Guelfi und fädelte dunkle Geschäfte ein; dort werkelt Takac, einer der Macher der golden funkelnden Moskauer Sportgalas; dort fühlt sich Smirnow wie daheim – als Vizepräsident einer merkwürdigen Stiftung und weil ganz zufällig auch sein Schwiegersohn von Lausanne aus interessante Ostgeschäfte tätigt. Mal sehen, was sich am Genfer See sonst noch so tut.

Der Hardcore-Sportkomsomol

Die Schweiz, der idyllische Finanz- und Handelsplatz, ist seit dem Fall des Eisernen Vorhangs zum finanziellen Operationsfeld für allerlei Mafiagruppen und Organisationen aus der ehemaligen Sowjetunion avanciert. Das Bundesamt für Polizeiwesen in Bern hat mit viel Akribie einen Mafiabericht erstellt, der beschreibt, wie das Verbrechen Fuß faßt: Über

150 Personen und 90 Firmen mit Sitz im Lande stehen schon unter Verdacht, die Russenmafia zu bedienen und kriminelle Handlungen begangen zu haben. »Das ist nur die Spitze des Eisbergs«, sagt Michael Lauber, Leiter der Sektion Kriminalanalyse im Bundesamt. Die Schweizer Behörden sind aufgeschreckt, denn die Ostmafia ist zur ökonomischen Gesamtbedrohung geworden. Immer mehr Firmen geraten in ihre Hand und gefährden das Image des Landes als Hort der Ruhe und Stabilität.

Den Behörden fehlt zwar Geld und Personal, doch die Warnsignale sind unübersehbar. Also wurde die als »eiserne Lady« gefürchtete Bundesstaatsanwältin Carla del Ponte mit der Aufräumarbeit beauftragt. Sie traf im März 1999 mit dem russischen Generalstaatsanwalt Juri Skuratow zusammen, der ebenfalls bestätigte, daß »sehr große Summen« schmutzigen Geldes in der Schweiz lagerten. Carla Del Ponte versucht nun, den Spuren der von ihrem Kollegen Skuratow verdächtigten Personen in der Schweiz zu folgen, sagte uns ihr Sprecher Reymond Dominik. Darunter auch Personen, die Präsident Jelzin nahestehen. Der wiederum hatte Ermittler Skuratow suspendiert und diverse Amtsenthebungsverfahren gegen ihn angestrengt. Skuratow mußte sich gegen Vorwürfe wehren, er habe sich Prostituiertendienste von Personen bezahlen lassen, gegen die Strafverfahren liefen. Wie das Ganze endete, ist bekannt: Skuratow lag nicht falsch mit seinem Verdacht, daß auch Angehörige des Jelzin-Clans zu den Personen zählten, an die im Zuge der Kreml-Renovierung Schmiergelder in Millionenhöhe geflossen sind. So soll auch die Tessiner Baufirma Mabetex Jelzins Töchter verwöhnt haben, um sich Großaufträge in Rußland zu erschleichen. Jelzin trat an Silvester 1999 zurück – und er ließ sich von seinem Nachfolger Putin, einem Mann aus dem eigenen Stall, zur Sicherheit gleich schriftlich geben, daß gegen ihn und seinen Clan nicht weiter ermittelt wird.

Trotz des Persilscheins für Gospodin Jelzin, den olympischen Ordensträger, brummen die Drähte zwischen Rußland und der Schweiz. Genf und die französischsprachigen Landesteile sind das bevorzugte Ziel russischer Besucher, die oft auf Einladung einer Firma kommen. Von 150 000 Visaanträgen, die der Mafiabericht des Schweizer Bundesamtes untersuchte, kamen mehr als 44 000 aus der Region Genf. »Hier gibt es viele Gesellschaften, die direkt oder indirekt von Russen beherrscht werden«, sagt der Genfer Untersuchungsrichter Laurent Kasper-Ansermet. Solche »Gesellschaften« kennt auch Goran Takac. Ausgerechnet der Samaranch-nahe Olympiaagent mit den blendenden Rußlandkontakten hatte das Pech, daß sein Briefpapier mißbraucht wurde. »Die Schweizer Polizei fragte mich, warum mein geschäftlicher Briefkopf dazu gebraucht worden war, um Russen in die Schweiz einzuladen«, mußte Takac dem *Wall Street Journal* erklären. »Die Einladungen wurden an Leute verschickt, von denen ich nie gehört hatte, und sie waren offenkundige Fälschungen.« Pech. Unverschuldet geriet der ehrenwerte Vermittler mitten hinein in die Ermittlungen gegen den als Mafiapaten verdächtigten Sergej Michailow.

Michailows Prozeß, der Ende 1998 in Genf begann, erregte höchstes Aufsehen im Land. Der Geschäftsmann aus Moskau wurde beschuldigt, der Solnzewskaja, einer der mächtigsten kriminellen Organisationen in Rußland, vorzustehen. Michailow hatte sich in seiner Heimatstadt Solnzewo, die dem obskuren milliardenschweren Konzern den Namen gab, nach oben geschuftet. Orientierungslosen Jugendlichen bot er in seiner Sportbrigade eine Heimat an. Allmählich liefen ihm die Burschen zu, aktive und ehemalige Athleten, harte Kerle zumeist. Die Brigade verachtete Alkohol und Drogen, gefordert war ein spartanisch-sportlicher Lebensstil. Mit der Knute, so sagten ehemalige Mitglieder dieses Hardcore-Sportkomsomols, habe Michailow seine Anhänger durch die Turnhalle treiben lassen. Frömmigkeit und starke familiäre Bindungen galten als hohe moralische Ziele – sie sollen sogar den Rang von Aufnahmebedingungen gehabt haben. Aus diesen Brigaden gingen später die Schutztruppen hervor, mit denen er die Wirtschaft zu erobern begann. Weshalb der Dunkelmann Michailow in Büchern über die Russenmafia ganze Kapitel füllt.

Beim Prozeß gegen Michailow in Genf litt Untersuchungsrichter Georges Zecchin bald unter Angstzuständen. Schon während der Ermittlungen war in seinem Privatleben geschnüffelt worden, wie ihm die Sicherheitspolizei verriet. Auf Parkplätzen und in Aufzügen rechnete er stets mit dem Schlimmsten, vor allem aber fürchtete er um seine Angehörigen. Zecchin wurden Leibwächter zugeteilt, ein neues Büro zur Hofseite und ein Stellvertreter für den Fall, daß ihm etwas zustoßen würde. Die Genfer Geschworenen sprachen Michailow schließlich frei – aus Mangel an Beweisen. Nun konnte sich der Pate wieder den schönen Dingen des Lebens zuwenden, etwa einer Mittelmeer-Kreuzfahrt mit guten Geschäftsfreunden, wie dem Herrn Rachimow aus Usbekistan, jenem Mann, der sich im olympischen Dickicht von Smirnow, Guelfi und Samaranch bewegt.

Es muß wohl eine Riesenballung von Zufällen sein, daß sich immer wieder verdächtige Spuren in der Nähe des geheimnisumwitterten Sportolymps finden. Gerade deshalb, sollte man meinen, erfordert der Umgang mit russischen Freunden eine besondere Transparenz. Doch Samaranch, der aufrechte Katholik und Führer der Weltjugend, verweigert nicht nur Auskünfte zu einer Fülle konkreter Fragen, er hat nicht einmal mitbekommen, wie sich das rege Geschäftsleben seiner russischen Bekannten schon direkt unter seinem Fenster abspielte. Dabei hätte hier nur ein wacher Blick aus dem Palace-Hotel genügt. Denn in einem Gebäude auf der anderen Straßenseite residierte bis 1999 Andrej Petelin, Direktor einer Firma mit anstrengendem Namen: IFMS AVSAYP Group S. A. Bei Petelin handelt es sich um den Schwiegersohn des IOC-Mitglieds Witali Smirnow. Seine Gesellschaft, die sich laut Handelsregister Aufgaben im Bereich der »Privaterziehung und der Organisation von Reisen und Aufenthalten zu touristischen Zwecken« verschrieben hat, legt ihren Arbeitsschwerpunkt auf

»Schweiz-Aufenthalte von reichen russischen Investoren«, so fand *Le Temps* heraus.

In dem ansehnlichen Gebäude gegenüber von Samaranchs Suite in der Avenue du Grand-Chêne betrieb Petelin noch eine zweite Unternehmung. Etwas fürs Herz: die White Flag Foundation, inzwischen umgezogen in die Avenue de Morges, hat sich sportlich-humanitäre Hilfsmaßnahmen auf ihre blütenweiße Fahne geschrieben. Petelin fungiert als Präsident der Stiftung und wird vom Schwiegerpapa Smirnow, dem Vizepräsidenten, unterstützt. Aufopfernd kämpft da eine prominente russische Familie für den Sport und das Gute auf der Welt. Doch als wir anriefen, um Konkretes über die Stiftungsziele zu erfahren, wurden wir hartnäckig abgewiesen: »Wir sprechen nicht mehr mit der Presse«, beschied uns eine Dame, eine von angeblich zwei Mitarbeitern. Der Grund: »Das erschwert unsere Arbeit.«

Erstaunlich. In der Regel versprechen sich gerade neue wohltätige Einrichtungen von der Presse ja das Gegenteil. Aber vielleicht lag das Problem auch in der Fragestellung. Beziehungen zum IOC, gleich welcher Natur, unterhalte die Stiftung nicht, sagte uns die Mitarbeiterin. Als wir den Hinweis nachschoben, daß immerhin IOC-Mann Smirnow Vizepräsident sei, hieß es, weitere Fragen seien nur noch schriftlich einzureichen. Nachdem das geschehen war, meldete sich eine Genfer Kommunikationsagentur namens Trimedia in holprigem Deutsch mit einer Gegenanfrage – der nach unseren Motiven. (Trimedia, das nur am Rande, ist eine Firma von Christoph Malms, Schwager von Horst Dassler.) Danach trat telefonisch ein anonymer »Freund« der Stiftung in Aktion, der gleichfalls wissen wollte, warum man sich denn für White Flag und deren Verbindung zum Olymp so interessiere. Die bisherige Pressearbeit mit der wiederholten Nennung des IOC hätte der Stiftung sehr geschadet.

Nach wochenlangem An- und Rückfragen kam doch ein Fax von Petelin: Die Stiftung »hatte nie und hat keine offiziellen, finanziellen, administrativen oder organisatorischen Verbindungen mit dem IOC«, auch ihr Präsident hätte keinerlei Kontakte zum IOC, außer der familiären Bindung als »Schwiegersohn von Mr. Witali Smirnow«. Zweck der White Flag Foundation sei es, »humanitäre Projekte in aller Welt zu unterstützen, speziell in den Bereichen der öffentlichen Gesundheit, Kinderwohlfahrt und Sport«. Beigefügt war eine Pressemitteilung vom Januar 1999, in der zurückliegende Aktivitäten zusammengefaßt waren. Neun sollen es demnach gewesen sein, von der Weihnachtsüberraschung in einem Lausanner Kindergarten über eine Dorfverpflegung in Laos, Vitamine für Tschernobyl und Sportausrüstungen für Schulen in Albanien bis hin zur Eröffnung einer Kinderkrippe in Bombay.

Russisch-olympischer Philanthropenzirkel

Moskau, Lausanne, Laos, Tschernobyl, Bombay. Was hat es mit der White Flag Foundation auf sich, wenn diese Stiftung sich, ihre Hintermänner und ihre Ziele so zäh vor der Öffentlichkeit verstecken muß? Ist es für eine humanitäre Einrichtung per se schon ehrenrührig, wenn sie mit dem IOC in Zusammenhang gebracht wird?

Mitbegründer der Stiftung Weiße Fahne waren Andrej Petelin, der Veranstalter von Geschäftsreisen, der auch das Stammkapital von 250 000 Schweizer Franken in den Betrieb geschossen haben soll, sowie ein weiterer alter Bekannter: Tausendsassa Goran Takac. Der Olympiaagent, der bezichtigt wurde, die Stimme von Petelins Schwiegervater Smirnow für 35 000 Dollar feilgeboten zu haben; der Freund Guelfis, mit dem er die Kandidaturen von Petersburg und Taschkent betrieben hatte; der Mann, der Salt Lake Citys Waffenge-schenke für Samaranch nach Serbien bringen durfte; der Mann, der unschuldig in die Ermittlungen gegen einen ver-meintlichen Mafiapaten geriet; der Sohn eines der engsten

Samaranch-Vertrauten, den der IOC-Präsident angeblich nur flüchtig kennt. Es ist schon ein Kreuz mit dem Gedächtnis im Olymp – vielleicht spinnen diese stillen Elitezirkel ja nur deshalb ihre zahllosen feinen Fäden, damit immer, wenn einer der totalen Amnesie anheimfällt, ihn der andere mal wieder daran erinnern kann, wer genau er ist.

Wenigstens kommt man im olympischen Dunstkreis zu Geld. Andrej Petelin, der Russe mit florierenden Geschäften am Genfer See, ist derselbe Petelin, der ein paar Jahre zuvor noch als Kostgänger der Olympiastadt Atlanta aufgefallen war. Konfrontiert mit entsprechenden Unterlagen, mußte Organisationschef Billy Payne einräumen, daß er Petelin bei der Einschreibung an der University of Georgia geholfen hatte. Jedoch habe man, um die Gunst des IOC-Mitglieds Smirnows zu erschleichen, keinen Cent in dessen Schwiegersohn investiert. Seinen Unterhalt in Atlanta erarbeitete sich der russische Gast angeblich selbst. »Wir sagten, ruf diese und jene Person an. Wir nannten ihm einen Namen im Ramada Inn, wo er einen Job als Toilettenputzer bekam«, erklärte Payne. Neben der Hygienetätigkeit studierte Petelin von 1992 bis 1994 in den USA. Danach ging es rasch und steil bergauf, so daß er schnell eine Viertelmillion Franken beisammen hatte und sich davon eine wohltätige Stiftung gönnen konnte. Eine echt russische Tellerwäscherkarriere und ein erneuter Beweis gelebter olympischer Solidarität – Petelin hat erfolgreich beim einstigen Klassenfeind hospitiert.

Im Stiftungsrat von Petelins White Flag saß außerdem der Chef der Privatklinik von Genolier, in welcher sich reiche russische Staatsbürger gern von den aufreibenden Geschäften erholen. Das Weiß der Fahne soll den »Frieden und das olympische Emblem vermitteln«, erklärte Stiftungsdirektor Jean-Carl Durig gegenüber Jean-Claude Peclet von *Le Temps*. Dem Reporter fiel in Durigs Zimmer das kostbare, mit White-Flag-Emblemen geschmückte Holzmobiliar auf, sowie ein Foto, das Durig mit Samaranch zeigt. Er berichtete darüber. Aber wie hatte uns Petelin erklärt? Die Stiftung »hatte nie und hat keine offiziellen, finanziellen, administrativen oder organisatorischen Verbindungen mit dem IOC«. Allerdings hatte man auch beim IOC-Mitglied René Fasel (Schweiz) um eine Mitarbeit angefragt. Fasel verfügt als Präsident des Internationalen Eishockeyverbandes über erstklassige Kontakte in die Länder des Ostens.

Als Durig nach Aktivitäten von White Flag gefragt wurde, mußte er lange in seinen Unterlagen kramen, bis er Angaben über 30 000 Franken ausfindig machte, die bis Ende 1998 vergeben worden seien. Hinzu läpperten sich zwei Kollekten in Montreux und Delemont. Aber offenbar braucht die nach Globalisierung strebende Welt neuerdings Wohlfahrtsinstitute für Großverdiener: Zu vermelden ist nämlich eine weitere Hilfsaktion von White Flag. Am 17. Januar 1998 stattete die Stiftung die Moskauer Schule Nummer 45 mit Kettler-Sportgeräten aus. Die anwesenden Journalisten wunderten sich sehr. Es gebe doch weitaus bedürftigere Moskauer Einrichtungen, so empörten sich die Augenzeugen – ausgerechnet diese Schule beherbergte den Nachwuchs von Superreichen, Kinder der vermeintlichen Creme der russischen Gesellschaft. Die Schüler trugen Uniformen, die dem Vergleich mit Englands Nobelinternaten standhielten. Für den Nachwuchs der Moskauer Geldelite und die stolzen Erzeuger selbst war es ein wahrhaft unvergeßlicher Tag: Überreicht wurden die karitativen Gaben schließlich vom Präsidenten des Internationalen Olympischen Komitees, Marqués de Samaranch. Einem vorbildlichen Katholiken, der wie jeder wahre Olympier großen Wert auf die richtige Erziehung und tätige Hilfe legt.

Für den White-Flag-Präsidenten Petelin, der ja keinerlei offizielle Beziehungen zum IOC unterhält, war es kein Problem, uns diese kleine Personalkollision zu erläutern. Samaranch sei wegen »offizieller Geschäftszwecke« in Moskau gewesen, als ihn Bürgermeister Luschkow gebeten habe, die Verleihungszeremonie in der Schule 45 vorzunehmen. Kann man das Glück des verdatterten Stiftungschefs ermessen? Petelin teilte mit: »Die White Flag Foundation erfuhr erst 24

Stunden vor der Zeremonie von Mr. Samaranchs Besuch und fühlte sich durch seine Anwesenheit geehrt.« Wer tut das nicht. Und so hat Sportkamerad Samaranch, der stets Gutes vollbringt, im Vorbeigehen allerhand bedürftige Menschen erfreut: Die völlig überraschten Stiftungsleute um Smirnow und Petelin, die Moskauer Eliteschüler und den Bürgermeister Luschkow, der auch ein guter Freund des IOC-Mannes und Moskauer Sportbeauftragten Tarpischtschew ist.

In all die guten Taten, die diese russisch-olympischen Philanthropenzirkel leisten, ohne miteinander in Verbindung gebracht werden zu wollen, perlt auch ein Tropfen Wermut hinein. Während sich die stille Lausanner Stiftung des IOC-Manns Smirnow um Kinder und Kegel in aller Welt kümmert, kamen ausgerechnet die zu kurz, um die es ihm kraft Amtes zuallererst gehen sollte: Rußlands Olympiasportler. Erst im August 1999, eineinhalb Jahre nach den Winterspielen von Nagano, gab Smirnow in seiner Funktion als NOK-Präsident bekannt: »Jetzt können endlich alle olympischen Medaillengewinner ihr Geld abholen.« Die Wintersportler hatten für Erfolge in Japan Prämien von 50000 (Gold), 20000 (Silber) beziehungsweise 10000 (Bronze) Dollar versprochen bekommen. Aber die Summe, insgesamt 2216000 Dollar, war bei der Russischen Bank für Aufbau und Entwicklung eingefroren: Schulden hier, Finanzkrise da.

Als es dann hieß, das Geld sei frei, kam Eistanz-Olympiasieger Jewgeni Platow eigens aus seiner Wahlheimat USA angeflogen. Moskauer Journalisten erzählte er, was sich abspielte: »Ich kam am Montag für einen Tag nach Moskau, um mein Geld abzuholen. Ich habe den Flug selbst gezahlt und trainingsfrei genommen, und nun erzählen sie mir, ich soll am Mittwoch wiederkommen.« Dabei war seine 50000-Dollar-Prämie wegen des Rubelverfalls seit Nagano ohnehin schon auf 12000 Dollar geschrumpft. »Ich habe schon mehr als zwei Drittel meiner Prämie verloren, also ist es eine Alles-oder-nichts-Situation für mich. Vielleicht muß ich hier vor der Bank campieren, um ausbezahlt zu werden.« Soweit einer der

Olympiasieger, um die sich offiziell ja alles dreht im IOC. Die russischen Bonzen, Samaranchs Betbrüder, würden wegen ein paar tausend Dollar weder ihre Datschen bei Moskau noch ihre Villen am Genfer See verlassen. Platow durfte froh sein, daß er am Ende überhaupt noch ein paar Dollar sah. Andere Athleten konnten Moskau zuletzt noch weniger Spaß abgewinnen. Platows Kollegin Maria Butirskaja, Eiskunstlauf-Weltmeisterin, erlebte ebenfalls eine Variante der Moskauer Kapitalvernichtung. Direkt vor ihrer Wohnung ging zu Weihnachten 1999 ihr neuer BMW in Flammen auf.

Umkehr in Helvetien

Nicht nur in der Moskauer Edelschule 45, auch in Lausanne ist die Freude groß, wenn man Samaranch bei sich begrüßen darf. Beschließen wir das Kapitel mit ein paar steuerrechtlichen Betrachtungen. Das Stiftungswesen mit seiner massiv kapitalschützenden Grundnatur kennt und schätzt man überall dort, wo große Summen an der Steuer vorbeibewegt werden sollen. Eine Stiftung hat keine offene Buchführungspflicht, ein solcher Verein nach Schweizer Recht ist daher das Beste, was man sich wünschen kann, wenn man die Öffentlichkeit scheut. Daneben gibt es noch ein paar andere Möglichkeiten für schwerreiche Leute, die im adretten Alpenstaat ohnehin weniger Steuern zahlen müssen als geplagte Bürger anderer Länder, ihre Abgaben weiter zu mindern. Das Verhältnis zu Geld und materiellen Werten läßt sich im übrigen gerade über die Steuermoral sehr schön überprüfen: An diese Aufgabe machte sich *Le Matin*. Das IOC hatte gerade zum soundso vielten Mal per Kommuniqué erklärt, Samaranch würde seine Tätigkeit ohne Entlohnung ausüben, da ging die Lokalzeitung der Steuerpraxis des IOC-Oberhaupts nach.
  Der Kanton Vaud, zu dem Lausanne gehört, zählt zu jenen Kantonen, in denen es per Gesetz jedem Schweizer Bürger

erlaubt ist, gegen eine Gebühr von zwanzig Franken vom Finanzamt das Ergebnis der Taxierung aller dort gemeldeten Steuerzahler zu erhalten. Doch diese Bestimmung, die für jeden Normalsterblichen gilt, ist offenbar nicht auf den IOC-Papst anwendbar, der seit zwei Jahrzehnten in der Schweiz residiert. »Wir haben nach seinem Auszug gefragt, und die Steuerkommission in Lausanne hat uns diesen Auszug verweigert«, berichtete *Le Matin*. Das einzige Dokument, daß die Zeitung erhielt, sollte beweisen, daß Samaranch eine der drei Konditionen erfüllte, die das Amt berechtigten, eine Auskunft zu verweigern. Entweder liegt der Steuerzahler gerade im Streit mit dem Finanzamt, oder er zahlt seine Steuern zum Großteil außerhalb des Kantons, oder er genießt den Vorteil einer pauschalen Besteuerung: letzteres »betrifft eines dieser Arrangements, dank derer einige Steuerzahler (eigentlich nur reiche Ausländer) einen mit dem Kanton ausgehandelten Betrag zahlen. Dieser Steuerbetrag auf Einkommen und Vermögen liegt in den meisten Fällen unter der üblichen Veranlagung und noch viel deutlicher unter der für Ausländer.« Im olympischen Kanton Vaud profitieren knapp über tausend Residenten von dieser Regelung unter Freunden.

Noch einen Fakt offenbarte das Dokument der Steuerbehörde: »Der Wohnort von Samaranch ist nicht – wie jeder weiß – das Palace-Hotel von Lausanne. Für das Finanzamt wohnt er bei Maître Carrard, Rue de la Grotte in Lausanne. Wie ist das zu erklären? Verwaltet etwa Carrard, Generaldirektor des IOC, die Finanzen von Samaranch, dem Präsidenten desselben IOC? Wir haben der Behörde diese Frage gestellt und tagelang um Rückruf gebeten, aber wir haben nie eine Antwort erhalten«, schrieb *Le Matin*. Die Zeitung räumte ein, daß über Samaranchs Finanzverhältnisse nichts Genaues bekannt sei: »Sein Einkommen stammt zum Teil aus dem Familienerbe, die Eltern hatten in Spanien Geld mit Textilien gemacht. Und aus seinen Tätigkeiten, bevor er IOC-Chef wurde.« Hinzu käme das Vermögen der gleichfalls aus begütertem Hause stammenden Gattin Maria Teresa: »Auch sie wohnt im Lausanne Palace. In der Schweiz führt sie ein ruhiges, zurückgezogenes Leben, aber in der spanischen Presse ist sie für ihre Eleganz bekannt.«

Das Blatt erinnerte daran, daß der in Lausanne nach fiskalischem Stand offenbar eher mittellose Samaranch einige Jahre zuvor eine Million Dollar für den Bau seines Traumhauses, des Olympischen Museums, privat gespendet hatte. Und es holte die Meinung eines Fachmanns ein. Der Direktor einer Steuerbehörde gab zu verstehen, daß es verschiedene Gründe geben könne, seine Steueradresse bei einem Anwalt zu plazieren. Ein Grund sei, daß man auf diese Weise seine Verhältnisse besser verschleiern könne. Unter dem Aspekt betrachtet, hat der IOC-Boß kaum einen besseren Schweizer Finanzanwalt erwählen können als seinen gewieften Generaldirektor François Carrard: einen, der alles weiß, den aber oft im richtigen Moment die Erinnerung verläßt.

Mit seinem Ringe-Clan insgesamt war das Duo weniger erfolgreich. Nach jahrelangem Hickhack mit den Schweizer Bundesbehörden, bei dem es um die Befreiung von der Mehrwertsteuer für das angeblich als Nonprofit-Unternehmen im Dienste der Weltjugend operierende IOC ging, hatten die Sportmanager im Winter 1998/99 schlechte Karten. Im Zuge von Olympiagate überboten sich sogar die sonst sehr zurückhaltenden Schweizer Gazetten plötzlich mit Meinungsumfragen in der Bevölkerung. Stets gab es satte Mehrheiten gegen eine Steuerbefreiung für den Olymp. In der Boulevardzeitung *Blick* votierten 63 Prozent dagegen, nur 13 Prozent dafür. Das Thema wurde ein Politikum. Bundesrat Adolf Ogi, ein Mann mit am Ende vergeblichen IOC-Ambitionen, richtete flammende Appelle an Volk und Parlament – für den Erlaß. Darüber mokierte sich die *Neue Zürcher Zeitung* sogar in einem Leitartikel: Die Verknüpfung von Steuerbefreiung und der Schweizer Olympiabewerbung für Sion sei ohnehin problematisch genug, »noch etwas delikater wird sie, wenn das Steuergeschenk für das IOC durchgeboxt wird vom ehemaligen Sportfunktionär und heutigen Bundesrat, Militär- und Sportminister Adolf Ogi, in Personalunion auch Präsident des Kandidaturkomitees Sion 2006«.

Im September 1998 hatte der Bundesrat noch mit vier zu drei Stimmen für einen Mehrwertsteuererlaß votiert, sogar rückwirkend bis 1995, obgleich es dafür keine gesetzliche Grundlage gab – als hilfreich erwies sich jedoch eine Art Willkürartikel in der Verfassung, wonach die fiskalische Bevorteilung des IOC »dringlich« und »außenpolitisch bedeutsam« sei. Die Olympier hatten zuvor immer wieder einmal laut über eine Verlegung des Amtssitzes ins Ausland nachgedacht. Der raffinierte Beschluß des Bundesrates unter Umgehung des Parlaments wurde von der *NZZ* als »Relikt des Absolutismus« kritisiert. »Im demokratischen Rechtsstaat sind nämlich sogenannte Einzelfallgesetze verpönt.« Das schwer kommerziell orientierte IOC dürfe nicht mit internationalen Organisationen gleichgesetzt werden, die auf rein administrative Aufgaben beschränkt seien. »Die Steuerfreiheit des Big Business Sport unter dem Titel einer quasi-intergouvernementalen Organisation ist in keiner Weise gerechtfertigt.«

Die öffentliche Diskussion sollte Folgen haben. Selten hatte das IOC in Helvetien so hart einstecken müssen. Zu jenem Zeitpunkt waren in der Schweiz 62 Organisationen von verschiedenen Steuern befreit. Das fiskalische Thema IOC wurde dann bei anhaltenden Korruptionsenthüllungen schnell beigelegt: Am 23. Februar 1999, nachdem das IOC schon kleinlaut seinen Antrag zurückgezogen hatte, beschloß die Wirtschaftskommission des Nationalrats, die olympische Steuerbefreiung aus dem Mehrwertsteuergesetz zu streichen. Doch tut man sich in der Schweiz in Geldangelegenheiten nicht gern weh: Auf eine Nachzahlungsforderung für die Jahre seit 1995 verzichtete das Eidgenössische Finanzdepartement. Es ist anzunehmen, daß dieses Steuergeplänkel für das superreiche IOC nicht wirklich wichtig war. Es ging nur darum, möglichst wenig offenlegen zu müssen. Zur Vermeidung von Transparenz, zur Verhinderung von Kontrolle braucht man Steuerbefreiung, empfehlen sich Stiftungen, braucht man

Ehrentitel und am besten Diplomatenpässe. Das haben uns die olympischen Strolche im Wilden Osten gezeigt.

Einer ihrer Spießgesellen, André Guelfi, konnte sich in Lausanne zeitweise gar nicht mehr blicken lassen. In der Hauptstadt der Bewegung hätten sich sofort andere als olympische Ringe um seine Handgelenke geschlossen. Nicht fünf. Zwei. Ein sanfter Klick der Handschellen, und Samaranch hätte einen Freund weniger.

Das Schwert des Samurai

Es salutierten die Sicherheitskräfte. Es verbeugten sich die sonst so eifrigen Kontrolleure. Keine Frage, ein ganz wichtiger Mensch war da unterwegs in der Big Hat Arena, der Eishokkeyhalle von Nagano. Tauchte auf aus dem Nichts und sorgte für beflissenes Durcheinander. Drei Bodyguards mit Staturen wie Sumo-Ringer bahnten ihrem schmächtigen Chef den Weg. Zwei Sekretäre hielten ihm einige Notizen unter die Nase. Seine Entourage verteilte sich devot flüsternd im Raum. Ein Dutzend Kameras surrte. Der Boß nahm auf einem Handy rasch ein letztes Telefonat entgegen, dann sprang er aufs Podium. Yoshiaki Tsutsumi, der reichste Japaner, ließ sich von nichts und niemandem aufhalten. Er hatte es wie immer eilig, und begann noch im Gehen seine Ausführungen, der Dolmetscher hatte nicht einmal Platz genommen. Nach ein paar Minuten wagte der Übersetzer, den hohen Herrn höflichst zu unterbrechen, jenen Mann, nach dem die Olympischen Winterspiele von Nagano spöttisch »Tsutsumi Open« benannt wurden.

Yoshiaki Tsutsumi, der 63 Jahre alte Tycoon, gab an jenem Nachmittag im Februar 1998 eine improvisierte Pressekonferenz. Nicht nur die Ausländer, auch die einheimischen Journalisten waren perplex. Denn der Mann, der den Olympiazirkus nach Nagano geholt hatte, der Herr über Kaufhäuser,

Freizeitparks, Eisenbahnlinien und Hotelketten, über Ski-stationen, Golfplätze und die Seibu Lions, das populärste Baseballteam des Landes, der größte Immobilienbesitzer Japans – dieser Mann scheut normalerweise die Öffentlichkeit. Er gibt weniger Interviews als der Papst, und er zeigt sich viel seltener als der katholische Oberhirte. In Nagano galt er bis dahin als Phantom, nur zur Eröffnungsfeier, so hieß es, sei er zuvor mit dem Helikopter eingeschwebt.

Die Olympier ließen sich nur ungern an den Big Spender erinnern. Artur Takac, Samaranchs persönlicher Berater, hatte auf der IOC-Session kurz vor den Spielen noch Mühe, den Namen Tsutsumi einzuordnen. Tsutsu-dingens, wie heißt der doch gleich? Takac, dessen Sohn Goran auch an Naganos Olympiabewerbung fürstlich verdient hatte, gab eine äußerst exklusive Meinung kund: »Tsutsumi spielt keine Rolle hier.« Thomas Bach, deutscher Durchstarter in der IOC-Regierung, hatte den Herrn Dingens ebenfalls noch nicht zu Gesicht bekommen, doch immerhin mal von ihm gehört. Als »überhaupt nicht nachvollziehbar« empfand er indes die Frage, ob es sich beim Völkerwettstreit in den japanischen Alpen um verkappte Tsutsumi-Games handeln könne. »Entscheidend ist für mich, daß hier alles völlig demokratisch zugeht.« Auch, wenn das Olympiageläuf zu großen Teilen einer Privatperson gehört? Bach, leicht genervt: »Na und? Wir sind nicht die Sozialisierungsstation der ganzen Welt!«

Plötzlich saß also der leibhaftige Tsutsumi, gewandet in ein blau-schwarz-kariertes Jackett, in dem bescheidenen Pressecontainer neben der Big Hat Arena – und referierte ausdauernd über ein schnödes Eishockeyresultat. Was war passiert? Beim extrem aufgewerteten olympischen Turnier, an dem erstmals die Superstars aus Nordamerika teilnahmen, hatte sich Japan soeben den vorletzten Rang gesichert durch ein 4:3 gegen Österreich. In das Team hatte Tsutsumi, der japanische Verbandspräsident und großzügige Hauptsponsor, mächtig investiert: Wenige Monate vor den Spielen erhielt noch ein halbes Dutzend amerikanischer Profis mit asiatischen Vorfahren die japanische Staatsbürgerschaft. Kein Problem für einen wie Tsutsumi, der als heimlicher japanischer Premierminister gilt und dessen Plazet sich jeder wichtige Politiker holt, bevor er in den Wahlkampf geht. Zum Auswahlkader zählten 13 Eishockeyspieler des Profiteams Kokudo, sieben weitere kamen vom Meister Seibu. Kokudo, der Immobiliengigant, und Seibu, das Handels- und Eisenbahnunternehmen, sind die beiden wichtigsten Firmen seines weitläufigen Imperiums.

Zwar ging es Tsutsumi finanziell schon einmal besser, auch hatte er bluten müssen, als die Spekulationsblase des japanischen Immobilienmarktes geplatzt war, und noch war die Asienkrise längst nicht überwunden, doch er war nach wie vor reich. Zwischen 1995 und 1998 verlor Tsutsumi mehr als fünf Milliarden Dollar. Statt wie einst auf Rang drei wurde er in der *Forbes*-Liste der reichsten Menschen der Welt nur mit mickrigen 5,7 Milliarden Dollar auf Rang 41 geführt. Wenn sich dieser sagenumwobene Yoshiaki Tsutsumi, ein moderner Samurai, schon einmal unters Volk begab, dann durfte man von ihm erwarten, daß er sich auch zu anderen Themen als zum Eishockey äußerte. Wir wollten die Gelegenheit nutzen und aus seinem Munde etwas über seine geschäftlichen Absichten an den Winterspielen erfahren. Also, Tsutsumi San, was rechnen Sie sich aus? Seine Begleiter tauschten erstaunte Blicke. Der streng gescheitelte Meister aber blieb cool: »Ich verstehe Ihre Frage nicht«, antwortete er eher beiläufig. »Meine Firmen haben doch nichts mit den Olympischen Spielen zu tun.« Dann wurde er lauter: »Ja, man kann sogar sagen, daß wir viel Geld mit den Spielen verlieren.« Wenn er nichts damit zu tun hat, warum verliert er dann viel Geld? »Es geht hier um Sport«, zischte Tsutsumi, nun widerwillig, »allein deshalb unterstütze ich die olympische Bewegung.« Und blickte streng hernieder von seinem hohen Sitz.

Noch ein Versuch, so schnell würde man ihn ja nicht wieder zu Gesicht bekommen: Sie haben IOC-Präsident Samaranch beim Bau des Olympischen Museums geholfen, er hat Ihnen einen olympischen Orden überreicht – stimmt es eigentlich, daß er Ihnen auch eine IOC-Mitgliedschaft angeboten hat? Jetzt war es Tsutsumi zuviel. Er sprang auf, verbeugte sich kurz und ging. Verschwand so plötzlich, wie er gekommen war, wieder ins Reich der Ehrenlogen und der Super-VIPs. Am nächsten Tag berichtete eine japanische Zeitung von einem merkwürdigen Zwischenfall: Der ehrenwerte Yoshiaki Tsutsumi habe wutentbrannt eine Pressekonferenz verlassen. Dabei war das nur ein harmloses Frage-Antwort-Spielchen und abzusehen, daß Tsutsumi kaum erschöpfende Auskünfte über seine Geschäftsziele geben würde. Doch auch ohne Tsutsumis Erklärungen lassen sich die Fragen, wie Nagano an die Olympischen Spiele kam und wer daran verdiente, hinreichend beantworten. Wie immer in der olympischen Familie hat auch diese Geschichte mit Zufällen und glücklichen Fügungen zu tun.

Die japanische olympische Bewegung ist traditionell eng mit den Geschäften der Familie Tsutsumi verknüpft. Schon das Zentrum der Olympischen Sommerspiele 1964 wurde in jenem Tokioter Stadtteil erbaut, den Tsutsumis Vater Yasujiro dazu ausersehen hatte. So führte schließlich eine prächtige Allee, Champs Elysées von Tokio genannt, durch das Viertel Harakuja und endete nicht allein am Olympiastadion, sondern auch unmittelbar vor dem Firmensitz des Clans. Dort, in der Nähe des Nationalheiligtums, dem Meiji-Schrein, unterhält Yoshiaki Tsutsumi noch immer seine Zentrale. Yoshiaki erbte den größten Teil des Imperiums, obwohl er nur der Sohn der dritten Konkubine von Yasujiro war. (Es heißt, Yasujiro hätte mit einigen Dutzend Frauen mehr als hundert Kinder gezeugt, weshalb man ihm den Spitznamen »Die Pistole« gab.) Folglich war Yoshiaki auch 1972, als Japan zum zweitenmal Olympiagastgeber war, geschäftlich involviert: in Sapporo eröffnete pünktlich zu den Winterspielen eines seiner Prince-Hotels.

Mitte September des Jahres 1990 tagte die 96. IOC-Session in Tokio. Das Völkchen war im New Takanawa Prince-Hotel untergebracht, dem Aushängeschild der Luxushotelkette, die Tsutsumi aufgebaut hat. Tsutsumi San hielt hof, inzwischen war er zum Großmogul des japanischen Sports aufgestiegen und führte damals die Verbände im Eishockey und im Skisport. Er führte eigentlich auch das Nationale Olympische Komitee, nur nicht mehr offiziell: Nach Protesten von Umweltschützern um Masao Ezawa – die seine privaten Interessen an Naganos Bewerbung und die Umweltsünden in der Region anprangerten – zog er sich in den Hintergrund zurück. Offiziell mußten ein paar organisatorische Pleiten bei den asiatischen Winterspielen in Sapporo herhalten, weil Tsutsumi den Anti-Olympia-Aktivisten keinen Erfolg gönnen mochte. Er wurde umgehend Ehrenpräsident des NOKs und zieht in dem Gremium bis heute die Fäden. Der amtierende Präsident Yagi zählt zu seinen Marionetten, von dem er strengen Gehorsam verlangt, wie von einem Mitarbeiter seines Imperiums: Es kommt sogar vor, daß er Tausende Angestellte in seine Baseball- und Eishockeystadien befiehlt, um die Ränge zu füllen, weil das bei Fernsehübertragungen ein besseres Bild abgibt.

Proteste von Umweltschützern, Interessensfilz in Sport und Wirtschaft? Für solche Banalitäten hatte im IOC niemand ein Ohr. Zwar mußten die Olympier damals in Tokio erst einmal über die Sommerspiele 1996 befinden, doch im munteren Bewerberreigen sollte bereits neun Monate später die Entscheidung über die Winterspiele 1998 getroffen werden. Insofern kam Tokio gerade recht. Man konnte das etwa 250 Kilometer entfernte Nagano entweder gleich aufsuchen oder mit den Japanern eine spätere Bildungsreise arrangieren. So genoß der Olympiakonvent Tsutsumis Gastfreundschaft, und der Hausherr persönlich traf sich mit Samaranch zum trauten Teezeremoniell. Seinerzeit galt Tsutsumi noch als reichster Mann der Welt, die Londoner *Times* schrieb ihm 1990 ein märchenhaftes Vermögen von 400 Milliarden Dollar zu. Davon hatte selbstverständlich auch Samaranch gehört. So ein sportbegeisterter japanischer Milliardär kam dem IOC-Präsi-

dent gerade recht, weil es mit seinem Lieblingsprojekt, dem .
Bau des Olympischen Museums in Lausanne, nicht so recht
voranging. Samaranch trug Tsutsumi seinen bescheidenen
Wunsch vor: Wäre da vielleicht eine Spende möglich? Es ist
ja für einen guten Zweck, für die Weltjugend und so.

Als Samaranch im Mai 1991, anläßlich der Tischtennis-
WM in Chiba, das nächstemal in Japan weilte, zuckelte er
mit Tsutsumi standesgemäß im historischen Kaiser-Zug nach
Nagano (selbstverständlich auf Kosten der Steuerzahler). In
der Bewerberstadt verlieh Samaranch seiner Bitte ein wenig
Nachdruck: Tsutsumi erhielt einen olympischen Orden in
Gold. Es wurden noch andere Gefälligkeiten ausgetauscht in
jenen Tagen. Just einen Monat später gewann Nagano in Bir-
mingham mit 46:42 die Abstimmung gegen Salt Lake City.
Tsutsumi hatte also die Spiele – und die 20-Millionen-Mark-
Bagatelle für das Olympische Museum war auch bald erledigt:
Tsutsumi steuerte an die zehn Millionen bei, für die andere
Hälfte gewann er 19 japanische Firmen. Darum, daß die
Spende steuerfrei blieb, hatte wiederum Samaranch bei einem
Besuch bei Japans Ministerpräsidenten Toshiki Kaifu gebeten.
Ein rechter olympischer Zufallsgenerator – oder hatte der
Transfer von Gefälligkeiten etwa eine Zwangsläufigkeit?

Tsutsumis Name wurde in der Sponsorenwand des Olympischen Museums in goldenen Lettern eingraviert – ganz
oben, gleich neben Juan Antonio Samaranch. Dieses teuer
erkaufte Privileg genoß seinerzeit nur noch eine zweite Privatperson: Spyros Metaxas. Auch der griechische Brandykönig
glaubte sich mit der Museumsspende die Spiele kaufen zu
können, doch war er gegenüber dem IOC-Volk ein wenig zu
laut und direkt zu Werke gegangen, auch hatte er nicht den
Draht zu Samaranch gefunden. »An der Spitze Athens standen Personen, die nicht vertrauenswürdig sind«, rügte Marc
Hodler, nachdem Atlanta für die Sommerspiele 1996 der
griechischen Hauptstadt vorgezogen worden war: »Es gab
nur die Gesetze des Dschungels.« Tsutsumi hatte Metaxas
Bruchlandung im New Takanawa Prince-Hotel aus nächster

Nähe miterlebt. Es war ihm eine Warnung, sein Ziel etwas diskreter anzugehen. Was ihm nicht schwerfiel im Land des Lächelns, wo ein Schulterzucken schon zu den größeren persönlichen Entgleisungen zählt.

Am Anfang stand ein höchst umstrittenes Gesetz, das 1987 die Takeshita-Regierung vorgelegt hatte. Der Staat lockte japanische Unternehmen mit Steuerbefreiungen, wenn sie den Tourismus ankurbeln und Ressorts errichten würden. Diese Regelung war unter dem Druck der Immobilientycoone zustande gekommen; es heißt ohnehin, kein Premier könne regieren, ohne Tsutsumis Interessen zu wahren. Tsutsumis Studienfreund Noboru Takeshita, der wenig später zurück- treten mußte, beteiligte sich über seine Berater- und Projekt- entwicklungsfirma selbst an dem frisch geschaffenen Boom. Die Grundstückspreise stiegen rasant, ein Glück für Tsutsumi, der angeblich ein Sechstel Japans besaß. Firmen kauften auf Teufel komm raus, Banken gaben überhöhte Bürgschaften, an denen sie später zerbrachen. So war das ominöse Er- schließungsgesetz auch der Anfang der japanischen Wirt- schaftskrise – und »es war der Beginn von Naganos Olym- piabewerbung«, wie Masao Ezawa erklärt, der Anführer des anti-olympischen Netzwerks.

Tsutsumi hat einmal den Begriff »Zonenerschließung« geprägt. Er war immer systematisch vorgegangen, hatte nicht nur einzelne Hotels oder Sportanlagen errichtet, sondern gleich ganze »Zonen«. Das exerzierte er Anfang der siebziger Jahre mit dem Skigebiet Naeba, in dem dann schnell die Pre- miere des alpinen Ski-Weltcups gefeiert wurde. Nicht anders hatte er bei der Errichtung des Basketballstadions der Seibu Lions gehandelt: Die Anlage entstand an einem Kreuzungs- punkt zweier seiner Eisenbahnlinien und wertete damit den Tokioter Vorort Tokorozawa auf, dessen Grundstücke Tsutsu- mi ebenfalls zu großen Teilen besaß.

Ende der achtziger Jahre hatte Tsutsumi gleich zwei heiße Eisen im Feuer, um die Vorteile des Takeshita-Gesetzes zu nutzen. Zunächst jubelte er dem Internationalen Skiverband

(FIS) seine Skistation Morioka als Austragungsort der alpinen Weltmeisterschaft 1993 unter. Dort bretterten die Athleten – wenn sie überhaupt fuhren – auf breit planierten Pisten direkt vor Tsutsumis Hotelterrassen zu Tal. Viele Wettbewerbe wurden vom Winde verweht, so, wie es die Experten vorhergesagt hatten. Morioka ging als Chaos-WM in die Geschichte ein. Die »Zonenerschließung« Nagano war wiederum unter Einbeziehung der Olympischen Winterspiele vorgesehen. Zuerst entschied die Präfekturverwaltung in seinem Sinne, als nächstes holte sich Tsutsumi den Beistand von Samaranch, dann erst betete Naganos Bürgermeister die Pläne nach. Die Bevölkerung wurde nicht gefragt. »Es hieß plötzlich, Naganos Bürger würden sich schon fünfzig Jahre nach den Winterspielen sehnen«, sagt Ezawa, ein einfacher Weber ohne Einfluß und Geld, der mit seinen Versuchen, den Widerstand zu organisieren, scheitern mußte. Ezawa verglich die Abläufe um Naganos Bewerbung mit Methoden einer Militärdiktatur. Schon ein Jahr nach dem Takeshita-Erlaß legte sich das von Tsutsumi kontrollierte NOK auf Nagano fest. Das Geldbeschaffungsprojekt kam ins Rollen.

Über Naganos regionale Vorzüge war zum Zeitpunkt der Bewerbung noch nichts bekannt. Fast alle Sportstätten befanden sich im Planungsstadium, als die gestrengen IOC-Mitglieder zur Visite weilten. Auf ihren Erkundungsflügen über jungfräulichen Landschaften dachten sie sich deshalb das Nötige und hatten trotzdem eindrucksvolle Erlebnisse. Heiße Badequellen und zarte Geishas schufen folkloristische Akzente, mancher Olympier empfing ein kostbares Gemälde, einen Holzschnitt des Eisepsu Sairatore im Wert von 3000 bis 4000 Dollar. Laut Naganos Gouverneur Goro Yoshimura erhielt Samaranch im Mai 1991 ein handgefertigtes Samurai-Schwert, über dessen Wert die Angaben zwischen 20 000 und 28 000 Dollar differieren. Verwirrend daran war, daß zwar mehrere Japaner die Übergabe des Schwertes bezeugten, daß sogar ein auf einen Mitarbeiter des Bewerbungskomitees ausgeschriebener Waffenschein existierte, doch in Lausanne wußte angeblich niemand davon. Im Februar 1999 teilte das IOC mit: »Bei allem Respekt für den Gouverneur von Nagano, aber es gibt absolut keine Aufzeichnungen oder Erinnerungen an irgendein japanisches Samurai-Schwert für den IOC-Präsidenten.« Eine nette Formulierung: »Es gibt keine Erinnerungen.« Da sorgte sich auch die *Washington Post* und ging der Frage »Wo ist das Schwert?« nach. Eine mögliche Antwort gab Soichiro Yoshida vom Bewerbungskomitee: »Vielleicht ist es abgehauen. Oder es liegt irgendwo im Indischen Ozean.«

Unterlagen, die der IOC-Verwaltung bei der Suche nach dem verlorenen Geschenk und anderen laut IOC-Charta verbotenen Dienstleistungen weiterhelfen könnten, finden sich in Nagano leider nicht mehr: 1992 wurden die Akten verbrannt, nach guter japanischer Sitte, wie die staunende Weltöffentlichkeit Jahre später erfuhr. Yoshiaki Tsutsumi, einer der Vizepräsidenten des Nagano Organizing Committee for the XVII Olympic Winter Games (NAOC), hielt sich nicht lange mit solchen lästigen Details auf. Einer wie er denkt und lenkt in anderen Dimensionen. Seine olympischen Spielwiesen in der Präfektur Nagano wurden endlich aus dem Hinterwäldlerschlaf geweckt, sie erhielten eine Anbindung an das Streckennetz des Superschnellzugs Shinkansen. Wälder wurden abgeholzt und die Autobahn in Tsutsumis Skilift- und Hotelimperium ausgebaut. Auch der Flughafen Matsumoto, 56 Kilometer südlich von Nagano City gelegen, erhielt ein neues Gesicht. Für Tsutsumis Domänen wie das Shiga-Hochland und die siebzig Kilometer von Nagano entfernte Stadt Karuizawa – Japans nobelster Kurort mit allein drei Prince-Hotels und mehr als 1300 Tennisplätzen – fielen dem IOC rechtzeitig noch ein paar ortskompatible Programm-Innovationen ein: Snowboard und Curling feierten dort ihre olympische Premiere. Etwa 20 Milliarden Dollar spendierte die japanische Regierung in die Erneuerung der Infrastruktur rund um Nagano – allein 12,5 Milliarden kosteten Gleisanlagen, Bahnhöfe, Tunnel und Brücken für den Shinkansen, an dessen

Betreibergesellschaft Tsutsumi die Mehrheitsanteile hält. Tsutsumi hatte wohl kaum übertrieben mit jenem legendären Satz, der ihm zugeschrieben wird: »Wenn ich in die Hände klatsche, springen gleich hundert Politiker auf.«

Ein Großteil der Arbeiten an den Sportstätten und an der Infrastruktur verrichteten Billigkräfte aus der pazifischen Region. Zehntausend olympische Gastarbeiter, vor allem aus Laos, den Philippinen und Peru. Zur Erbauung der Teilzeitkräfte flog man Prostituierte und Bardamen gleich mit ein. Als dann aber im Februar 1998 die Spiele abgehalten wurden, waren die meisten der Fremden schon wieder daheim. Wer sich sträubte, und das waren viele, gegen den ging die japanische Polizei rigoros vor: Als Operation White Snow wurden die nächtlichen Razzien bezeichnet, von denen uns Masao Ezawa und die katholische Schwester Monica Nakamura berichteten. Ezawa rechnete hoch, daß jede Familie aus der Präfektur Nagano mit etwa 40 000 Dollar an Steuergeldern für die Spiele aufkommen mußte. »Das ist Betrug«, erklärte Ezawa. »Wir verschulden uns auf zwanzig Jahre für ein zweiwöchiges Sportereignis, wohingegen Tsutsumi aus dem Staatshaushalt kassiert.« Für solche Gedankengänge haben sich IOC-Mitglieder damals wie heute nicht interessiert. »Im Organisationskomitee sitzen gewählte Personen«, bemerkte etwa der IOC-Vorständler Thomas Bach, »ich habe mit Tsutsumi keine Probleme, solange er sich an unsere Spielregeln hält.«

Ermutigt von den skandalösen Meldungen aus aller Welt, verklagten die Bürgerrechtler um Ezawa im Januar 1999 acht Mitglieder des NAOC – allen voran Yoshiaki Tsutsumi, den Gouverneur Goro Yoshimura und Bürgermeister Tasuku Tsukada – wegen Mißbrauchs von Steuergeldern. Sie verlangten zwölf Millionen Mark zurück, die für die Bewerbung (und Betreuung von IOC-Mitgliedern) ausgegeben worden waren. Später folgte noch eine Klage gegen das IOC und Präsident Samaranch. Der Gerichtsgang war jedoch eher ein symbolischer Akt, ebenso wie die vielen Briefe, die Ezawas Gruppe verschickte: an die Unesco, an den Schweizer Bundesrat, an andere Regierungen und Ermittlungsbehörden. Das ehrenwerte IOC, eine Organisation nach Schweizer Recht, fördert traditionell zwar Leute vom Schlage Tsutsumis, auch erhob es jahrzehntelang von Olympiabewerbern eine verdeckte Vergnügungssteuer für seine Mitglieder, es läßt sich aber von Bewerberstädten im nachhinein nicht belangen. Es läßt sich überhaupt nicht belangen, von niemandem. Darauf wird Wert gelegt.

Als im Februar 1999 der Ungar Pal Schmitt, damals Erster Vizepräsident des IOC, zum Jahrestag der Spiele in Nagano weilte, zog er den Schlußstrich unter die unerfreuliche Debatte: »Ich vertraue meinen japanischen Freunden absolut. Ich bin absolut überzeugt davon, daß es keine Bestechung gegeben hat.« Damals war Tsutsumi bereits als Ehrenpräsident der Olympiabewerbung von Osaka für das Jahr 2008 im Gespräch. Beinahe zeitgleich war ein kärglicher Rapport des japanischen NOKs in Lausanne eingetroffen, in dem die Namen von 13 IOC-Mitgliedern mit Regelkonflikten in Zusammenhang gebracht wurden. Alles inoffiziell natürlich, denn Beweise waren nicht vorhanden. Die hatte man ja schon sieben Jahre vorher verbrannt.

Diebe im Gesetz

Tsutsumi San, der olympische Ordensträger, soll sein Unternehmenskonzept einmal so beschrieben haben: »Wenn du Geschäfte machen willst, dann mußt du fast bis ans Tor des Gefängnisses gehen. Aber du darfst nie reingehen. Das ist die goldene Regel, wie man große Geschäfte macht. Wenn du nicht nahe an das Gefängnis kommst, wirst du niemals etwas Großes erreichen.« In der zweiten Heimat Samaranchs, der Wirkungsstätte von Smirnow, Tarpischtschew, Takac und Guelfi, in Rußland, diesem Hort der Korruption, gibt es ein Wort für einen solchen Menschenschlag: »Dieb, der das

Gesetz befolgt.« Was kann diese graue olympische Wirtschaftslobby besser beschreiben? Alles ist erlaubt, was nicht ausdrücklich verboten ist. Man hilft einander, wo man kann, handelt nach dem Buchstaben des Gesetzes oder, noch lieber, deren Absenz, aber niemals nach dem einer Bestimmung zugrunde liegenden Sinn. Wenn es mal brenzlig wird, verfügt man über das nötige Kleingeld und entsprechende Kontakte – und ändert notfalls das Gesetz.

Wie viele dieser Diebe im Gesetz, in deren Wirkungsbereichen die Grenzen von kriminellen und legalen Verhaltensweisen verschwimmen, tummeln sich im IOC? Der gescheiterte Berliner Olympiawerber Nikolaus Fuchs hat die IOC-Mitglieder gegenüber der *FAZ* in »drei etwa gleich große Gruppen« unterteilt: Zur ersten Gruppe zählt er »die ganz seriösen, wie Walther Tröger und auch Marc Hodler«. In Gruppe zwei fallen jene, »die Geld wollen oder persönliche Vorteile für ihre Familien; von Stipendien für Kinder bis hin zu Gesundheitsmaßnahmen, Einkleiden oder Autoersatzteilen. Zu dieser Gruppe, zu den kleinen Sündern, gehörten Leute aus Afrika, Teilen Asiens und Teilen Südamerikas, Vertreter armer Länder. Die waren für alles empfänglich.« Am interessantesten ist sicher die dritte Kategorie, die Fuchs so beschreibt: »Die Stützen der Gesellschaft, wie George Grosz sie malen würde. Das sind die Machtpolitiker um Samaranch. Die spielen ein ganz großes Spiel, da geht es um Medienrechte, um Verbandsmacht. Diesen Leuten geht es nicht um Sport, sondern um Macht und um große Summen.«

Über einige dieser »Stützen der Gesellschaft« haben wir schon berichtet. Den Vertretern, vornehmlich aus dem Exekutivkomitee, die sich um Samaranchs Nachfolge balgen, werden wir uns später ausführlich widmen. Doch zuvor stellen wir noch zwei Sportfreunde vor, die sich den Ehrentitel Dieb im Gesetz redlich verdient haben – Gefährten Samaranchs, die nicht nur im IOC, vor allem auch in der internationalen Öffentlichkeit bislang viel zu wenig Aufmerksamkeit fanden: Lee Kun Hee und Mohamad Bob Hasan.

Es war im Juli 1996, als Billy Payne, Chef und Inspirator des Atlanta Committee for the Olympic Games (ACOG), das IOC überschwenglich und mit schwülstigen Worten begrüßte. »Ich bin stolz, ein Teil der olympischen Familie zu sein«, tönte Payne in breitem Südstaatenslang. Im Woodroff Art Centre, wo sich das IOC zur Eröffnung seiner 105. Session versammelt hatte, forderte Payne seine »Brüder und Schwestern« alsdann zu Standing Ovations für das Familienoberhaupt auf. Samaranch, der den Saal durch einen Seiteneingang betreten hatte, nahm die Huldigung gütig entgegen. Keinen Gedanken verschwendete er in jenen glücklichen Momenten daran, daß etwas schieflaufen könnte mit den Kandidaten, die er im Stil eines Duodezfürsten für die IOC-Mitgliedschaft vorgesehen hatte.

So sollte es zwei Tage später auch geschehen. Fünf Mitglieder wurden als Präsidenten von Weltsportverbänden kooptiert: Shengrong Lu (China/Badminton), George Killian (USA/Basketball), der notorische Dopingverharmloser Hein Verbruggen (Holland/Radsport), Ottavio Cinquanta (Italien/Eissport) sowie die älteste Schwester des spanischen Königs, Doña Pilar de Borbón (Reiten). Sieben weitere Sportfreunde rückten ebenfalls problemlos in den Olymp: Tomas Sithole (Simbabwe), Syed Shahid Ali (Pakistan/er nahm in guter Tradition den Platz seines Vaters ein), Ung Chang (Nordkorea), Gunilla Lindberg (Schweden), Julio Cesar Maglione (Uruguay), Guy Drut (Frankreich/als damaliger Sportminister verantwortlich für ein nahezu flächendeckendes Dopingsystem, das seine Nachfolgerin Marie-George Buffet wieder zerschlug) – und Lee Kun Hee (Südkorea), ein Mann, zu dessen Vita nur wenige der Versammelten Auskunft geben konnten. Der Deutsche Walther Tröger etwa, ein altgedienter Olympier, teilte mit, er habe die Liste mit den Namen wie immer erst am Tag der Entscheidung erhalten.

Da in der Spezialdemokratie IOC bis zum bitteren Ende, politisch korrekt, immer die Unschuldsvermutung gilt, wurde am 17. Juli 1996 in Atlanta diskussionslos ein Mann als Mitglied aufgenommen, der in seiner Heimatstadt Seoul schon seit einem dreiviertel Jahr unter Anklage stand. Bestechungsgelder von umgerechnet etwa 46 Millionen Mark hatte Lee Kun Hee, der Chairman des Samsung-Konzerns, im Lauf der Jahre an korrupte Politiker gezahlt – vor allem an die beiden ehemaligen Diktatoren Chun Doo Hwan und Roh Tae Woo. Bestechung gehört in Korea traditionell zu den Volkssportarten. Laut Zeitungsberichten fließen generell 10 Prozent der Kosten eines öffentlichen Projekts in die Taschen korrupter Politiker. Alles hat seinen Preis: Unter Roh kostete die Baugenehmigung für einen Golfplatz 6,5 Millionen Dollar, eine Banklizenz war schon für drei Millionen zu haben.

Am 27. August gingen die Bilder von der Urteilsverkündung im Hochverratsprozeß von Seoul um die Welt: Chun und Roh, die schon gemeinsam zur Schule gegangen waren, nahmen in Häftlingskleidung mit gesenkten Köpfen ihre Urteile entgegen: Todesstrafe für Chun, den Militärputschisten von 1979, der von 1980 bis 1988 selbsternannter Präsident gewesen war; eine Haftstrafe von 22 Jahren und sechs Monate für seinen Kompagnon und präsidialen Nachfolger Roh. Chun, Häftling 3214, hatte 850 Millionen Dollar Schmiergeld kassiert, deklariert als »politische Spenden«. Roh, Häftling 1042, war etwas bescheidener und akquirierte lediglich 650 Millionen. Aber es war nicht das Geld allein, das die Zuschauer beim sogenannten Prozeß des Jahrhunderts haßerfüllt brüllen ließ: »Tötet die Hurensöhne«, »Hängt die Schlächter auf!« Chun und Roh waren auch für das Massaker in der Ortschaft Kwangju verantwortlich, bei dem im Mai 1980 10 000 Fallschirmjäger, verstärkt durch Panzer und Infanterieeinheiten, auf 200 000 Demonstranten losstürmten. Sie ermordeten auf bestialische Weise rund 2000 Menschen und hinterließen Tausende Schwerverletzte. Chun hatte damals das Kriegsrecht verhängt, das Parlament aufgelöst und soll auch den Schießbefehl gegeben haben. Dafür aber fand sich natürlich kein Dokument, weshalb man nur von einem mutmaßlichen Massenmörder sprechen kann.

Vielleicht ist es wichtig zu erwähnen, daß sowohl Chun als auch Roh Träger des Goldenen Olympischen Ordens sind, der höchsten Auszeichnung, die das IOC vergibt. Natürlich hat sich das IOC nie offiziell zu den Missetaten der Südkoreaner geäußert. Es hat auch die Verurteilung seines IOC-Novizen Lee Kun Hee nie kommentiert. Im Hochverratsprozeß wurde am 27. August 1996 gegen den Schmiergeldzahler Lee eine Gefängnisstrafe von zwei Jahren ausgesprochen, ausgesetzt auf eine dreijährige Bewährung.

Jede Äußerung des IOC zu den Vorgängen in Seoul hätte andere mißliche Verwicklungen heraufbeschworen, zum Beispiel weitere prekäre Fragen nach dem langjährigen IOC-Vizepräsidenten Kim Un Yong. Denn Kim, einst Agent des südkoreanischen Geheimdienstes KCIA, zählte nicht nur zu den engsten Vertrauten und Kampfgefährten von Chun und Roh, er war einst auch Sekretär des Premiers Kim Yong Pil, dem Kopf des blutigen Staatsstreichs von 1961. Kims Aufstieg im Weltsport vollzog sich unter der Patronage der Diktatoren. Gemeinsam mit Roh holte er die Olympischen Sommerspiele 1988 nach Seoul. Roh wechselte vom Vorsitz des Organisationskomitees, in dem Kim sein Stellvertreter war, ein Jahr vor den Spielen in das Amt des Staatspräsidenten. So eng verwoben sind die Karrieren der Nomenklatura im asiatischen Wirtschaftswunderland, das dem Weltsport schon so viel gegeben hat. Selbstverständlich hat am Projekt Olympia in Seoul auch Sportfreund Lee Kun Hee mitgewerkelt.

Lee, Jahrgang 1942, gilt als wichtigster Geschäftsmann Südkoreas. In dem von seinem Vater Lee Byung Chull gegründeten Chaebol Samsung wurde er 1978 Vizepräsident. Es heißt, Lee sei eine vielfältig begabte Sportskanonone: Er reitet, spielt regelmäßig Tischtennis, liebt den Ringsport und rast gern mit seinem Porsche 911 über Teststrecken. Lee sicherte sich frühzeitig einige Ehrenämter im Ringerverband und im NOK, das er seit zwei Jahrzehnten in enger Abstimmung mit Kim kontrolliert (derzeit ist Lee Ehrenpräsident, Kim Präsident). Nach dem Tod des Vaters, der ihm den Vorzug vor zwei älteren Brüdern gegeben hatte, übernahm Lee 1987 die Konzernspitze. Das Firmenkonglomerat, das zahlreiche Profisportvereine unterhält, war das Lieblingsunternehmen des Diktators Roh Tae Woo. Da Lee die Sportförderung seines Konzerns gern bescheiden als »Beitrag zur Glückseligkeit, zum Weltfrieden und zum Kulturaustausch« bezeichnet, förderte er auf vielfältige Weise die Asienspiele 1986 und natürlich die nationale Angelegenheit Olympia. Während der Sommerspiele 1988 umgarnte er den IOC-Troß im konzerneigenen Shilla-Hotel, einer der luxuriösesten Herbergen der Welt. Der Aufenthalt blieb vielen IOC-Mitgliedern unvergessen, sie kehren – wie zur 109. Session im Juni 1999, immer wieder gern dorthin zurück. Als Lee dann auch noch zwei Millionen Dollar für den Bau des Olympischen Museums in Lausanne spendierte, war für Samaranch der Tag des großen Dankeschöns gekommen: 1991 hängte er dem Sportkameraden Lee einen olympischen Orden um den Hals.

Die Liaison zwischen Samaranch und Lee strebte aber erst ihrem Höhepunkt entgegen. Lee, der mit Samsung unter die zehn weltgrößten Konzerne will und einen Umsatz von 300 Milliarden Dollar anstrebt, investierte weiterhin gern in sportliche Großereignisse. Während der extensiven koreanischen Bewerbung um die Fußball-WM 2002, die dann schließlich zu gleichen Teilen an Korea und das konkurrierende Japan vergeben wurde, fungierte er als Finanzchef. Seinen IOC-Kollegen Kim und Doña Pilar de Borbón steht Lee als Sponsor der Weltverbände im Taekwondo und im Reitsport zur Seite. Samsung finanzierte schließlich auch die Asienspiele in Bangkok mit neun Millionen Dollar – die Ausgaben wurden mit einer dreißigprozentigen Umsatzsteigerung in Thailand flink wieder hereingewirtschaftet.

Es war kein Wunder, daß Samaranch Lee Kun Hee ins IOC holte, und es war kein Zufall, daß er kein Wort über dessen Verurteilung verlor. Schweige und herrsche, das sind die Spielregeln unter dem Marqués. Dabei behaupteten IOC-Offizielle doch bei vielen Gelegenheiten, man werde über eine Mitgliedschaft neu befinden, wenn ein Mitglied von ordentlichen Gerichten schuldig gesprochen wurde. Wenn es dann aber soweit ist, sind auch diese Versprechen schnell vergessen – und das Lügengebilde wird sogar von der olympischen Charta gedeckt: Denn in dem IOC-Gesetzbuch findet sich keine explizite Handlungsanleitung für einen Fall Lee. Tatsächlich wurden in der IOC-Geschichte die meisten Mitglieder nur deshalb ausgeschlossen, weil sie zu oft bei Vollversammlungen gefehlt hatten. Lee, der charmante Dauer-Gastgeber im Shilla-Hotel, versäumte aber weder drei Sessionen in Folge, noch brach er einen Eid. Die IOC-Spitze sah es so: Jungmitglied Lee gehörte zu den herausragenden Persönlichkeiten im Ringe-Zirkel. Er zählte mithin zu jenen, die sich – wie es der Amtseid verlangt – nie »von politischen oder geschäftlichen Beeinflussungen wie auch von rassistischen oder religiösen Erwägungen leiten lassen«, die alle Beschlüsse des IOC »als endgültig und verbindlich erachten«, die Interessen des »olympischen Bewegung unter allen Umständen verteidigen«. Darauf das dicke olympische Ehrenwort.

Der Neue verhielt sich vorbildlich. Im Mai 1997 unterschrieben der Vorbestrafte Lee Kun Hee und IOC-Boß Samaranch einen Sponsorenvertrag. Samsung wurde mit einem Volumen von etwa 45 Millionen Dollar elfter Partner im TOP-IV-Programm (1997–2000). Für eine Zusammenarbeit mit dem IOC interessierte sich zwar auch der amerikanische Konzern und Samsung-Konkurrent Motorola – doch Lee hatte als IOC-Mitglied natürlich einen gewissen Heimvorteil. Später gab Samsung bekannt, in der Olympiastadt Sydney eine regionale Zentrale errichten und 1500 neue Arbeitsplätze schaffen zu wollen. Allein 310 Millionen australische Dollar werden im Olympiajahr 2000 investiert. Ist das nicht ein schöner Beweis gelebter olympischer Solidarität? Zumal endlich diese dumme Geschichte von 1980 in Seoul ausgestanden war: Der neue Präsident Kim Dae Jung betrieb eine Politik der nationalen Aussöhnung. Das Todesurteil gegen Chun wurde nicht vollstreckt, auch Roh war bald wieder ein Ehrenmann. Und zum Nationalfeiertag im Oktober 1997 wurde Samsung-Chef Lee begnadigt. Laut Justizminister Kim Jung Ku wollte die Regierung damit »einen Beitrag zur Ankurbelung der koreanischen Wirtschaft leisten«.

Die Wirtschaftskrise ließ Lees Privatvermögen laut *Forbes* binnen eines Jahres erst einmal von 5,2 auf 2,8 Milliarden Dollar schrumpfen. Lee krempelte die Ärmel hoch. »Unsere dringendste Aufgabe ist es zu überleben«, erklärte er und leistete nach dem Dienst an der olympischen Bewegung auch noch Dienst am Vaterland. In einem Anfall von Selbstkritik versprach er, 75 Millionen Dollar in einen Fonds für notleidende Arbeiter zu zahlen, weil er seine Pflichten vernachlässigt und die ökonomische Katastrophe nicht verhindert habe. Dank der Hilfe des Internationalen Währungsfonds (IWF), Massenentlassungen und einiger Umstrukturierungen im Konzern – Lee konzentrierte sich erfolgreich auf die Produktion von Mikrochips und versuchte sich von der verlustbringenden Autosparte zu trennen – stieg der Kurs der Samsung-Wertpapiere bald in ungeahnte Höhen. Der schwer schuftende Lee gewann wieder ein paar Milliarden Dollar hinzu.

Ein solcher Vorzeigemanager hat zwangsläufig Neider. Laut der Nachrichtenagentur Reuters protestierten am 13. Juni 1999 etwa einhundert Koreaner vor dem Shilla-Hotel, in dem Lee gerade den generösen Gastgeber für die IOC-Session gab. Die Demonstranten beschuldigten Samsung, seine Arbeiter »wie Sklaven« zu behandeln und systematisch jegliche Gewerkschaftsarbeit zu unterbinden. Dreihundert schwerbewaffnete Polizisten stellten die gewünschte Ordnung in wenigen Minuten wieder her: Sie trieben das mutige Häuflein in eine Tiefgarage, wo Mannschaftswagen mit weiteren Einsatzkräften bereitstanden, um die Aktivisten abzutransportieren. Dies geschah selbstverständlich im Rahmen des Gesetzes, denn die koreanische Regierung, zu der die IOC-Mitglieder Kim und Lee schon wieder blendende Kontakte unterhielten, hatte die Demonstration verboten. Nichts sollte den zur Staatsaffäre erklärten Konvent der olympischen Familie stören. Vor allem sollten die aus aller Welt herbeigeeilten Bericht-erstatter, die den Fortgang der sogenannten Reformbemü-hungen des IOC unter die Lupe nahmen, nicht mit attraktiven Randgeschichten gefüttert werden. Tatsächlich handelten die Sicherheitskräfte so professionell und geschwind, daß im Tagungszentrum kaum jemand etwas davon mitbekam.

Zu den Korruptionsaffären um das IOC hat sich Lee Kun Hee nie öffentlich geäußert. Dafür aber verwickelten sich einige seiner Manager in Widersprüche. Sportmarketing-Chef Kim Se Hun etwa wurde im *Sydney Morning Herald* mit den Worten zitiert, das Unternehmen werde seine Partnerschaft mit dem IOC überdenken müssen, sollten nicht weitreichende Reformen beschlossen werden. Ihm war offenbar kurzzeitig entfallen, daß sein Boß selbst IOC-Mitglied ist. Die Sache wurde Stunden später mit einer offiziellen Botschaft aus der Zentrale in Seoul klargestellt: Das Unternehmen Olympia läuft weiter. Samsung wird so schnell nicht von den Ringen lassen.

Lees Unternehmungen in Seoul haben nur einen kleinen Rückschlag erlitten. Kurz vor Weihnachten 1999 erklärte Koreas Geheimdienstchef Chung Yong Taek, Samsung habe den ehemaligen Oppositionsführer Kim Dae Jung 1997 mit Spenden überhäuft – zu einer Zeit, da Lee noch unter Bewäh-rungsstrafe stand, die dann nach Kims Machtübernahme auf-gehoben wurde. Eine heikle Sache also. Präsident Kim, der einst unter Lees Freunden Chun Doo Hwan und Roh Tae Woo zum Tode verurteilt und nach internationalen Protesten knapp der Exekution entgangen war, löste das Problem auf die koreanische Art. Er entließ umgehend seinen Geheimdienst-chef. Auf die Forderung der Opposition, Herkunft und Höhe der Spenden offenzulegen, ging er nie ein.

Der grüne Holzbaron

Ein paar tausend Kilometer südlich von Seoul, im weitverzweigten Inselreich Indonesien, hat ein anderer Dieb im Gesetz sein Auskommen gefunden. Mohamad Bob Hasan, Jahrgang 1931, dient seit 1994 im Internationalen Olympischen Komitee. Man kann Bob Hasan vieles nachsagen, aber eines gewiß nicht: daß er sich nicht auf sportlichem Wege für dieses Ehrenamt qualifiziert habe. Bob Hasan joggt und schwimmt gern, so steht es schon in seiner offiziellen IOC-Biographie. Er hat selbstlos zahlreiche Stadien errichtet und einen Straßenlauf in Jakarta nach sich benannt, den Bob Hasan 10 K, bei dem er für einen Weltrekord eine Prämie von 500 000 Dollar auslobt. Er präsidiert einem halben Dutzend indonesischer und asiatischer Sportverbände, saß einige Jahre im Council des Internationalen Leichtathletikverbandes IAAF. Und schließlich war er jahrzehntelang Golfpartner des Diktators Suharto, ein Faktum, das nicht in seine olympische Biographie aufgenommen wurde, aber für Samaranchs IOC von größter Wichtigkeit war.

Alles in allem hat Bob Hasan eine großartige Karriere gemacht. Er war sogar mal Minister, und auf seinen Bankkonten, das sollte nicht unerwähnt bleiben, lagern einige Milliarden Dollar. Damit ist Bob Hasan ein bescheidener Mensch geblieben, der den Sport liebt, wie sogar der immer so kritische deutsche Leichtathletik-Präsident Helmut Digel begeistert anmerkt. Bob Hasan ist obendrein ein leuchtendes Vorbild dafür, was man mit harter, ehrlicher Arbeit im Tigerstaat Indonesien alles erreichen kann. Auch wenn man in ärmlichen Verhältnissen im Chinesenviertel von Jakarta aufgewachsen ist, auch wenn man – um es vorsichtig zu formulieren – nur eine bescheidene Schulbildung genossen hat.

Auslöser der rasanten Laufbahn Bob Hasans waren zwei historische Zufälle. Der erste Zufall ereignete sich Mitte der fünfziger Jahre, als Bob Hasan noch The Kian Siang hieß und noch nicht zum Islam übergetreten war: Er lernte Suharto kennen, der damals Zentralkommandeur von Java war, und bereits mit Liem Sioe Liong und Bacharuddin Jusuf Habibie befreundet war – das Quartett blieb bis in die Gegenwart eng verschweißt. Zufall Nummer zwei: Suharto blieb von einer tödlichen Kugel verschont, als er, inzwischen Armeegeneral, einen Militärputsch zum glücklichen Ende führte. Mitte der sechziger Jahre war das, und Suharto führte Indonesien fortan auf den langen, beschwerlichen Weg in die Moderne, der mit ein paar hunderttausend Leichen gepflastert war. Die berüchtigten »Säuberungsmaßnahmen« der Suharto-Truppen pflegten entweder auf der Stelle zu exekutieren, wer auch nur in den Verdacht geriet, mit Kommunisten verbandelt zu sein, oder die Betreffenden wurden in Straflager auf die Molukken verschleppt. Suhartos »Neue Ordnung« hatte vor allem ein Ziel: »Die Ausrottung aller Unterstützer der kommunistischen Partei.«

1966 ernannte sich Suharto zum Nachfolger von Sukarno. Der *Babak,* das Väterchen, blieb an der Spitze des Staates, bis er 1998 nach monatelangen Unruhen und den Interventionen des IWF abdanken mußte. Die drei Jahrzehnte hat Suharto genutzt, um sich und seinem Clan, den sechs Kindern und elf Enkeln, märchenhafte Reichtümer zuzuschanzen. Dabei hat er sich auch beizeiten seines Jugendfreundes Bob Hasan erinnert, den er für »Verdienste bei der Bekämpfung des Kommunismus« sogar zum Ehren-Fünfsternegeneral ernannte. Auch diese Beförderung, das nur am Rande, wurde nicht eingetragen in Bob Hasans IOC-Biographie, obgleich doch die Tugendwächter in Lausanne mit Vorliebe Auszeichnungen und Ehrentitel auflisten.

Auch den Fall Hasan hat Samaranch gern verschwiegen. »Ich weiß nicht viel über ihn«, hat er im Mai 2000 der *Los Angeles Times* über den Mann seiner Wahl gesagt: »Er spielte zwei- oder dreimal die Woche Golf mit Suharto. Das ist alles.« Beim Golfen auf dem gepflegtesten Grün des Inselreichs heckten Suharto und Bob Hasan, Liem Sioe Liong und Habibie im

Lauf der Jahre so manche gemeinsame Unternehmung aus. Zur Blütezeit der Suharto-Diktatur gehörten Bob Hasan etwa 300 Firmen, viele davon betrieb er gemeinsam mit Suharto, jemandem aus dessen Sippschaft oder den Suharto-Stiftungen, in die viele Milliarden Dollar der internationalen Staatengemeinschaft, von Weltbank und IWF umgeleitet wurden. Auf dem Korruptionsindex von Transparency International nimmt Indonesien noch heute mit Rang drei einen Spitzenplatz ein. Es gab eigentlich keine Branche, in der Bob Hasan nicht seinen Schnitt gemacht hätte. Er agierte als Reeder, Hotelier, Bankier, Verleger und Besitzer mehrerer regionaler Fluglinien, auch in der Automobilindustrie war er tätig – berühmt aber wurde er vor allem als Holzfällerbaron. Bob Hasan, der Chef des indonesischen Holzverbandes, kontrollierte bis vor kurzem die Hälfte des Welthandels mit tropischen Hölzern. Über mehr als zwanzig Jahre starben in Indonesien täglich tausend Hektar Wald, insgesamt zwei Drittel der ursprünglichen Waldfläche.

Umwelt- und Tierschutzverbände benannten Bob Hasan seit langem als einen der Hauptverantwortlichen für die Vernichtung des Regenwaldes, für die Brand- und Klimakatastrophen des letzten Jahrzehnts. Da Bob Hasan ein humorvoller Mensch ist, hat er seine Kritiker ausgelacht: »Ich bin der grünste Typ, den es gibt«, das war ein Spruch, der durch die Weltpresse ging. Zumindest war der Holzbaron nicht so humorvoll, sich auch noch in die Umweltkommission des IOC aufnehmen zu lassen. Ja, auch mit solchen Dingen befaßt sich das IOC. Der Umweltschutz ist von Samaranch sogar schon zur »dritten Säule des Olympismus« ernannt worden. Gern wies Bob Hasan die mit vielen Fakten belegten Anschuldigungen gegen ihn als »Werk des Kommunismus« zurück. Dabei hatten doch zwei seiner Firmen sogar noch unter dem Kommunistenjäger Suharto die Lizenz verloren, nachdem auf Satellitenaufnahmen eindeutig Brandrodungen auszumachen waren. Von Menschenrechtlern wurde Bob Hasan sogar mit dem Genozid an dem Volk der Dayak auf

Borneo und mit anderen Morden in Verbindung gebracht – so schlimm trieb es die kommunistische Propaganda mit dem Ehrenmann vom IOC. Tatsächlich war es so, daß Suhartos waffenstrotzende 450 000 Mann starke Armee, die ein Drittel des Staatshaushalts verschlang, immer jene Gegenden von Einheimischen »säuberte«, die für Abholzungen oder die Ausbeutung lukrativer Goldminen vorgesehen waren.

»Bob Hasan ist eine sehr dubiose Gestalt«, sagt Rüdiger Machetzki vom Hamburger Institut für Asienkunde. »Er ist ein Paradebeispiel für das Segment der Konglomeratsführer. Selbst für indonesische Verhältnisse offenbart Hasan ein außergewöhnlich hohes Maß an prinzipienlosem Opportunismus. Er hat alle gängigen Gleit- und Schmiermittel eingesetzt, aber ohne die Unterstützung Suhartos hätte er geschäftlich vermutlich nicht überlebt. Wenn man sein Geschäftsgebaren einordnet, so kann man sagen, daß er es immer eine Nummer schärfer trieb, als es in einem Land wie Indonesien an der Tagesordnung ist. Hasan war nicht dezent genug, deshalb fiel es jedem auf.«

Wer Geschäfte machen wollte in Indonesien, kam an Bob Hasan kaum vorbei. »Ethische Prinzipien kannten Leute vom Schlage Hasans nicht«, hat einmal ein kanadischer Geschäftsmann gesagt. Mitunter stach der raffinierte Bob Hasan bei seinen vielfältigen Geschäften sogar Suhartos Kinder aus. Zum Beispiel im Wettstreit um die Schürfrechte auf dem Busang-Goldfeld im Dschungel von Borneo, dem eine Ausbeute von 50 Milliarden Dollar prognostiziert war. Für die kanadische Firma Barrick Gold Corporation eiferten damals gemeinsam um den Vertrag: Suhartos Tochter Tutut, der als Berater tätige ehemalige US-Präsident George Bush sowie Kanadas einstiger Premierminister Brian Mulroney. Der Prominenz zum Trotz ging der Deal an Bob Hasan, der Unternehmen vertrat, die ihm und zum großen Teil auch dem *Babak* gehörten. Jedoch währte die Freude über den gelungenen Coup dieses eine Mal nur kurz, denn das Busang-Feld, das als »Goldfund des Jahrhunderts« gepriesen worden war, erwies sich als Flop. »Goldrausch, Träume, Betrug, Tote und politische Verflechtungen«, kommentierte *Die Zeit,* mit Busang waren »alle Ingredienzen eines wahren Thrillers verbunden«.

Im Frühjahr 1998 versuchte sich Suharto, der nie freie Wahlen zugelassen hatte, noch einmal mit einem »Reformkabinett« zu retten. In dem letzten Kabinett des »Vaters der Entwicklung« und Durchpeitschers der »Neuen Ordnung« diente Bob Hasan als Minister für Handel und Transport. Doch schon Anfang Mai 1998, die Lage im Land war eskaliert, der IWF – der ein Hilfsprogramm von 43 Milliarden Dollar in Aussicht gestellt hatte – machte mächtig Druck, gab es für Suharto kein Halten mehr. Er übergab die Macht an seinen bisherigen Stellvertreter und Kronprinzen Habibie. Der neue Präsident, der mit seinem Clan ebenfalls Reichtümer angehäuft hatte, leitete umgehend ein paar wichtige Rettungsmaßnahmen ein. So intervenierte er beim Generalstaatsanwalt, die Ermittlungen gegen Suharto & Co. nicht gar so heftig anzugehen – das Protokoll dieses skandalösen Telefonats war nachzulesen in der Zeitung *Panji Masayarakat.*

Eine Zeitlang sah es so aus, als sollten diejenigen, die Indonesien so gnadenlos ausgebeutet hatten, jeglicher Bestrafung entgehen. Unter Habibie wurde zwar gegen Bob Hasan ermittelt, auch durfte der einige Wochen das Land nicht verlassen und fehlte deshalb bei der IOC-Session im März 1999, doch grundsätzlich hatte es nicht den Anschein, als würde es ihm richtig an den Kragen gehen. Bei der Session im Juni in Seoul schlenderte er Arm in Arm mit Sportfreund Thomas Bach durch das Shilla-Hotel. Im Frühjahr 1999, ein dreiviertel Jahr nach Suhartos Abschied und in der anhaltenden Asienkrise, gab das Wirtschaftsmagazin *Forbes* Bob Hasans Vermögen noch mit 2,6 Milliarden Dollar an. Als im Herbst 1999 dann jedoch der neue Präsident Abdurrahman Wahid antrat und viele wichtige Posten in der Generalstaatsanwaltschaft neu besetzt wurden, bekam Bob Hasan zunehmend Probleme.

Die Indonesian Bank Restructuring Agency (Ibra), eine asiatische Auflage der Berliner Treuhandanstalt, nahm ihre Aufgabe relativ ernst. Die Ibra hat die dubiosen Firmenkonglomerate zu zerschlagen, die Suharto und seine Freunde aufgebaut haben. Die Ibra verwaltet auch den Nachlaß der ehemaligen Staatsbanken, die dem Suharto-Clan sagenhafte Kredite genehmigten, schließlich kollabierten und einen Schuldenberg von insgesamt 77 Milliarden Dollar hinterließen. Als größter privater Schuldner wurde dabei das unbescholtene IOC-Mitglied Mohamad Bob Hasan alias The Kian Siang ausgemacht. Die Treuhand zwang Bob Hasan, bis zum Frühjahr 2000 rund dreißig Firmen und Beteiligungen, darunter zwei Schiffslinien, zu verkaufen, um einen Teil seiner Schulden zu tilgen. Er wird noch viele Unternehmen abstoßen müssen. Infolgedessen relativierten sich also die Angaben über sein märchenhaftes Vermögen.

Im Frühjahr 2000 forderte IWF-Chef Stanley Fischer wiederholt harte Maßnahmen gegen »widerspenstige Schuldner«. Mit dem alten Suharto, nach Angaben seiner Anwälte mit Erinnerungsschwächen behaftet und außerdem schwer krank (dabei wurde er munter beim Golfen gesehen), mochte sich Präsident Wahid indes nicht anlegen. Es hieß, er habe sich mit Suharto längst geeinigt und würde ihn begnadigen im Falle, daß dem Diktator wegen diverser Wirtschaftsvergehen jemals der Prozeß gemacht werden könnte. Wahid hatte zu jener Zeit schon schwer genug damit zu tun, die Macht des Militärs und damit die Gefahr eines Putsches einzudämmen. An einem Mann wie Bob Hasan aber ließ sich ein Exempel statuieren, um den anderen hohen Nutznießern Suhartos die Ernsthaftigkeit des Umgestaltungsprozesses zu signalisieren.

Im März 2000 wurde Bob Hasan für mehrere Monate in Untersuchungshaft genommen, wegen eines vergleichsweise kleinen Korruptionsvorganges, der aber wunderbar die Wirkmechanismen im Suharto-Reich illustriert: 1994 mußte das indonesische Forstministerium eine Studie über die schwindenden Waldressourcen des Inselreichs erstellen. Finanziert werden konnte diese Studie aus dem Wiederaufforstungsfonds, in den alle Besitzer von Abholzungskonzessionen einzahlen mußten. Der Fonds wurde aber auch mit internationalen Hilfsmitteln bestückt – und war deshalb wie geschaffen für ein unsauberes Geschäft. So erhielt der damalige Forstminister Djamaludin Suryohadikusumo umgehend zwei Briefe: Einen vom Holzbaron Mohamad Bob Hasan in seiner offiziellen Eigenschaft als Vorsitzender des Holzunternehmerverbandes. Bob Hasan empfahl dem Minister, den Auftrag an die Firma PT Mapindo Parama zu vergeben. Ein weiterer Brief, von Suharto persönlich unterschrieben, ordnete an, den Auftrag an PT Mapindo Parama zu vergeben. Zwar hatte es weder eine Ausschreibung noch ein detailliertes Angebot der benannten Firma gegeben, doch selbstverständlich tat Minister Suryohadikusumo, wie ihm geheißen wurde. Schließlich war er sehr an seinem Job und seiner Gesundheit interessiert. Das Ermittlungsergebnis der Generalstaatsanwaltschaft zur Firma PT Mapindo Parama kommt wohl kaum überraschend: Das Unternehmen ist ein Joint-venture von Bob Hasan und einer der vielen sogenannten Suharto-Stiftungen – das mußte im April 2000 auch Bob Hasans Anwalt bestätigen, unklar blieben lediglich die prozentualen Anteilsverhältnisse.

Für die Analyse der Waldressourcen stellte Bob Hasan, der König der Holzfäller, damals 87 Millionen Mark in Rechnung. Im Forstministerium war man indes mit der Arbeit der Firma PT Mapindo Parama äußerst unzufrieden. Denn die von Bob Hasan vorgelegte »Studie« war nur mit überholter Technik, ungenauen Meß- und Analysemethoden erstellt worden – ein Billigprodukt für 87 Millionen Dollar eben. Gut genug für den Papierkorb, wie auch die Staatsanwaltschaft befand.

Bleibt nachzutragen: In dem Jahr, als sich die 87-Millionen-Dollar-Lappalie abspielte, weilte Mohamad Bob Hasan mal kurz für eine Woche in Paris. Der Freund des Sports und sauberer Geschäfte wurde dort Mitglied der Umweltschutzorganisation des IOC.

Weil Bob Hasan im April 2000 im Gefängnis saß und damit also unabkömmlich war, mußte das IOC eine drängende Frage ohne den kompetenten Rat seines indonesischen Mitglieds entscheiden. Aus der nach Unabhängigkeit strebenden und bereits unter UN-Verwaltung stehenden Provinz Osttimor war die Bitte ergangen, an den Olympischen Spielen in Sydney teilnehmen zu dürfen – zumindest symbolisch mit einer Präsentation unter UN-Flagge bei der Eröffnungsfeier und beim Schlußzeremoniell. So hatte es der Friedensnobelpreisträger José Ramos-Morta vorgeschlagen, der inoffizielle Außenminister Osttimors. Ramos-Mortas Argumentation, dies würde seinem vom grausamen Bürgerkrieg gezeichneten Volk »psychologischen Auftrieb« geben, leuchtete auch dem IOC-Vorstandsmitglied Jacques Rogge ein. Doch die IOC-Administration lehnte das Ansinnen zunächst ab. Da Osttimor noch kein eigenes NOK besitze, sei die Teilnahme in Sydney unmöglich, teilte Generaldirektor Carrard mit. Es gibt Situationen, da beharrt das IOC strikt auf der Einhaltung seiner Regeln. Als sich Wochen später in der Hauptstadt Dili ein NOK gründete, sah das IOC zunächst immer noch keinen Anlaß umzudenken. Erst unter wachsendem öffentlichen Druck und nach Intervention von UN-Generalsekretär Kofi Annan sowie Australiens Premierminister John Howard rang sich die IOC-Exekutive Ende Mai in Rio de Janeiro zu einer Entscheidung durch, die man im September ausgiebig selbst als noble Geste würdigen wird: Unter der Bezeichnung *Individual Olympic Athletes* dürfen Sportler aus der Konfliktregion in Sydney teilnehmen.

Der in Untersuchungshaft einsitzende Sportkamerad Bob Hasan aber hatte keinerlei Anteil an der Lex Osttimor. Hasan beobachtet das Geschehen vielmehr äußerst mißtrauisch. Zählte er doch, gemeinsam mit Suharto und dessen sogenannten Stiftungen, zu den größten Unternehmern und Grundbesitzern vor Ort. 1975 hatte Suharto seine Truppen in die ehemalige portugiesische Kolonie einmarschieren und im Laufe der Jahre Hunderttausende Menschen niedermetzeln lassen. So sicherte er seinem Clan die Geschäfte. Das IOC-Mitglied Bob Hasan hat von der Knechtung der jungen olympischen Nation Osttimor viele Jahre profitiert.

Samaranchs Thronerben

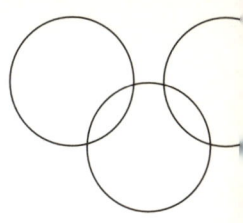

Die Kunst des Kupferns

Eine Siegerin hatten die Olympischen Spiele von Atlanta, die als Jahrmarktspiele in die Geschichte eingehen werden. Diese Siegerin aber trieb gar keinen Sport, sie organisierte im Sommer 1996 eine Kunstausstellung. Am Colony Square in Downtown Atlanta präsentierte Renate Westhoff, eine Event-Veranstalterin aus Freiburg, die Artiade. Tausende Besucher sahen Exponate aus 25 Nationen, die Frau Westhoff binnen eines Jahres zusammengetragen hatte. Bei der Artiade, einer Olympiade der bildenden Künste, sollten nach dem Konzept von Renate Westhoff Künstler aus möglichst vielen der an den Sportwettbewerben teilnehmenden Länder zeitnahe Werke ausstellen. Die Resonanz war erstaunlich, das Projekt schien Zukunft zu haben – zumal die Verbindung von Kunst und Athletik ein Coubertinsches Thema ist, und damit ein olympisches.

Die Austellungsmanagerin kümmerte sich umgehend um ein zweites Artiade-Projekt für die Spiele 2000 in Sydney. Sie bemühte sich beim IOC um eine Schirmherrschaft, »nicht etwa um finanzielle Unterstützung«, wie Frau Westhoff ausdrücklich betont. Folgerichtig nahm sie Kontakt zu Deutschlands ranghöchstem Olympier auf, zu Doktor Thomas Bach. Das IOC-Regierungsmitglied bedankte sich bei Frau Westhoff »für Ihr Schreiben vom 4. Mai 1997, das ich neben den beigefügten Anlagen mit großem Interesse gelesen habe«. Bach empfahl, sich an Klaus Schormann zu wenden, den Weltverbandspräsidenten der Modernen Fünfkämpfer, »der Mitglied der IOC-Kulturkommission ist und sich sicherlich über eine Kontaktaufnahme Ihrerseits freut«. Auch Schormann teilte der Kunstmanagerin am 22. Juni 1997 nur höchst Erfreuliches mit: »Ihre Dokumentation über das Projekt Artiade erhielt ich zeitgerecht, so daß es mir möglich war, diese anläßlich der IOC-Kulturkommission-Sitzung am 8. Mai 1997 in Lausanne kurz vorzustellen und zum weiteren Studium dem Museumsdirektor zu überlassen. Sobald ich eine Rückmeldung vom Office in Lausanne erhalte, werde ich Sie kontaktieren.«

Renate Westhoff war happy. Die Sache lief anscheinend. Wäre sie mißtrauischer gewesen und hätte genauer auf die genannten Daten geschaut, wäre da vielleicht ein Verdacht aufgekeimt: War das IOC nicht eine erstaunlich unbürokratische Einrichtung? Kaum hatte sie Schormann ihr Konzept übermittelt – »und alle technischen Abläufe erklärt, wie ich die Artiade in Atlanta organisiert hatte«, lag das Projekt schon beim IOC. Und Bach, der Westhoff am 9. Mai freundlich empfahl, sich mal bei Herrn Schormann zu melden, erwähnte mit keinem Wort, daß ihr Projekt bereits dem IOC vorlag. Aber er bot weitere Hilfe an.

Renate Westhoffs Papier kam großartig an in Lausanne. Am 13. August 1997 schrieb ihr Schormann wieder, bestätigte erneut, daß er ihr Konzept am 8. Mai beim IOC abgeliefert hatte und urteilte: »Ich selbst studierte Ihre Unterlagen und kann nur sagen: Respekt! Bleibt nur zu wünschen, daß Sie bei den Organisationskomitees der kommenden Olympischen Spiele Beachtung finden.«

Wer denkt bei so viel Lob an Böses? Um an das Veranstalterkomitee zu gelangen, kam Renate Westhoff auf Bachs Hilfsangebot zurück. Am 23. Dezember 1997 bekam sie auch prompt einen Termin in dessen Tauberbischofsheimer Kanzlei. »Er fand das Konzept immer noch klasse und war begeistert«, sagt sie. »Bach meinte, es sei eine außerordentliche Bereicherung für die Olympischen Spiele.« Noch am selben Tag, vor Heiligabend, drückte der hilfsbereite Herr Bach der Ausstellerin brieflich seine Bewunderung aus: »Sehr verehrte Frau Westhoff, auf diesem Wege darf ich mich nochmals sehr herzlich für Ihren Besuch und das freundliche Gespräch bedanken. Gerne werde ich Ihr Vorhaben einer Artiade 2000 anläßlich der Olympischen Spiele in Sydney unterstützen, zumal die Verbindung von Sport und Kultur ein wesentliches Anliegen des Internationalen Olympischen Komitees ist. Ich bin nach dem Erfolg Ihrer Artiade 1996 in Atlanta sicher, daß es Ihnen auch in Sydney gelingen wird, eine ebenso anspruchsvolle, interessante wie erfolgreiche Ausstellung zu präsentieren.«

Bach meinte es offenbar ernst, er tat sogar ein weiteres und schrieb am selben Tag für Westhoff einen Empfehlungsbrief an seinen australischen IOC-Kollegen Phil Coles: »Lieber Phil, bei den Jahrhundertspielen in Atlanta fand eine sehr erfolgreiche Kunstausstellung namens Artiade statt. Das Event wurde von Frau Renate Westhoff organisiert. Sie würde gerne eine Artiade 2000 in Sydney organisieren und wäre sehr interessiert daran, daß dieses sich selbst finanzierende Projekt in die offiziellen Kulturprojekte der Spiele aufgenommen wird. Frau Westhoff genießt eine exzellente Reputation, und deshalb unterstütze ich aus vollem Herzen ihren Wunsch. Bitte sei so nett, mir den kompetenten Ansprechpartner im SOCOG zu nennen und auch Deine wertvolle Hilfe zu gewähren.«

Damit, frohlockte Renate Westhoff, dürfte das Gröbste gemeistert sein. Generöser kann einem kaum geholfen werden. Und ihren »exzellenten Ruf« hatte sie dem IOC-Vorständler nicht einmal belegen müssen. Allerdings wußte sie nicht, daß die honorige Empfehlung nur an einen ehemaligen Bademeister gegangen war – an Coles, der mit dem Aushorchen seiner IOC-Kollegen und der Lobbyarbeit für Olympiabewerber einen netten Nebenerwerb betrieb. Was hatte so einer schon mit Kultur zu tun.

Im März 1998 flog Renate Westhoff zuversichtlich nach Sydney, um geeignete Ausstellungsräume zu suchen. Bachs Empfehlungsschreiben hatte sie dabei. »Phil Coles empfing uns, er brachte uns auch mit Craig Hassal, dem Kulturbeauftragten des SOCOG zusammen, und die beiden versicherten, sie würden uns auf jeden Fall helfen.« Aber irgendwie erwiesen sich die Hilfsdienste dieser zwei olympischen Feingeister immer wieder als völlig wirkungslos. »Wir liefen über einen Monat lang in Sydney herum und suchten. Wir waren anfangs sicher, daß wir mit Hilfe von Coles und SOCOG Ausstellungsräume finden würden. Aber im Laufe der Wochen merkten wir, da klappte überhaupt nichts. Überall fanden wir verschlossene Türen vor. Es war seltsam. Ich meine, das Ganze war richtig mafiaartig, so war schließlich unser Eindruck.« Schon etwas pessimistischer kehrte Frau Westhoff nach Deutschland zurück.

Am 22. Mai 1998 erhielt sie dann Post vom SOCOG. Eine Absage. Es gebe schon so viele Projekte und Pläne, da könne man halt nicht alle berücksichtigen, hieß es. Und mittendrin der kleine Hinweis: »Bitte nehmen Sie zur Kenntnis, daß wir in den ersten Kunst-und-Sport-Wettbewerb des IOC involviert sind, eine internationale Ausstellung von Arbeiten, die während der Spiele ausgestellt werden.« Hoppla. Das IOC, das doch über die Maßen von ihrer Artiade begeistert war, plant jetzt erstmals eine eigene Kunstausstellung? Renate Westhoff war leicht beunruhigt. Sie schaute auf die Webseiten des SOCOG, da fand sie aber nichts.

Aber sie hielt sich weiter an den »überaus freundlichen Herrn Bach«. Und der half mit Kontakten. Schrieb im Oktober 1998 einen Empfehlungsbrief an Telekom-Vorstand Jürgen Kindervater, den Chef der Telekom-Radprofis, und bat um Unterstützung bei Westhoffs Sponsorensuche: »Ich bin sicher, daß auch diese Artiade nicht nur eine Bereicherung der kulturellen Programme anläßlich der Olympischen Spiele bedeutet, sondern auch eine exzellente Gelegenheit zur Darstellung deutscher Kunst und Kultur.« Aus dem Kontakt mit Telekom ergab sich, laut Renate Westhoff, nach dem üblichen vielversprechenden Anfang ein höchst unerfreuliches Geplänkel, das mit hohen Telefonrechnungen und der Einigung auf ein Mißverständnis endete.

Schormann stellte weiter Einladungen in Aussicht, die

immer wieder platzten. Mitte November 1998 lud er sie telefonisch zur Kulturkommission des IOC nach Lausanne ein,
um eine Einbindung der Artiade in die Olympischen Spiele
zu erwirken. Am 4. Dezember sagte er den Termin telefonisch
wieder ab, und allmählich hatte Renate Westhoff genug »von
diesen Figuren im Sport«. Bach ausgenommen. Der ließ sie
weiter an das Gute im Olymp glauben. Er hatte sich stets sehr
engagiert für ihre Sache eingesetzt – wenn auch erfolglos. Deshalb wandte sie sich erneut an ihn, als sie eine erschütternde
Entdeckung machte. Am 4. Dezember 1998 hatte Renate
Westhoff eine Homepage für ihre Firma in Auftrag gegeben.
»Plötzlich meinte der beauftragte Programmierer: Ihr habt
doch schon eine Homepage – beim IOC! Er nannte uns die
Adresse, und wir schauten nach. Tatsächlich: Da hatten sie
mein ganzes Konzept abgekupfert und auf ihrer Website präsentiert.« Sie fand darin das Programm, zeitgenössische Kunst
in den Sparten Skulpturen und Malerei auszustellen; der Ge-
danke, aus jeder Teilnehmernation einen Künstler einzuladen
und die Vorauswahl über die NOKs laufen zu lassen; das Vorhaben, eine Jury mit Vertretern aller Kontinente zu benennen,
und vieles mehr. »Meine Textbausteine, das ganze Gerüst der
Artiade wurde vorgestellt als neues Projekt der IOC-Kulturkommission. Es gab kleine Änderungen, gerade so, daß es
juristisch schwer würde, dagegen vorzugehen.«

Am 7. Dezember 1998 faxte Frau Westhoff einen Hilferuf
an ihren Gönner Doktor Bach: »Am Freitag teilte mir Herr
Schormann mit, daß der Termin am 16. Dezember 98 für
unsere Präsentation in Lausanne aller Voraussicht nach nicht
klappt. Zufällig studierte ich dann am Wochenende die IOC-
Homepage und entdeckte eine Ausschreibung für den Olympic Art and Sport Contest 2000. Die Ausschreibung ähnelt auf
verblüffende Art und Weise meiner dem IOC vorgelegten Pro-
jektbeschreibung für die Artiade 2000. Lieber Herr Dr. Bach,
ich verstehe die Welt nicht mehr, was ist da los? Da Sie sich für
das Projekt immer sehr eingesetzt haben und ich Ihnen sehr
vertraue, wende ich mich zuerst an Sie. Ich wäre Ihnen dank-

bar, wenn Sie mich so bald als möglich zurückrufen könnten, um dies zu erörtern.«

Doktor Bach rief nicht zurück. Es gab nur eine telefonische Antwort seiner Sekretärin: Das IOC hätte den *art and sport contest* schon lange in Planung. Bach selbst rief nie wieder an, sagt Frau Westhoff. War niemals wieder zu sprechen für sie. Von da an war der Olympier, in dessen Kontaktnetz Renate Westhoff »nur immer wieder gegen die Wand lief«, und der dabei stets den um ihr künstlerisches Wohl besorgten Vermittler mimte, für sie vom Erdboden verschwunden.

Da muß ein gravierender Prioritätenwechsel stattgefunden haben, im Frühjahr hatte Bach Frau Westhoff noch eigens vom Flughafen angerufen, als er auf dem Weg nach Sydney war. Ob ihm der Schock über die Infamie der eigenen olympischen Sippe die Sprache verschlagen hatte? Oder die Scham darüber, daß er mit seinen vielen Kontakten zu Olympia-organisatoren, IOC-Leuten und Unternehmensführern nicht das Geringste hatte bewegen können für die Event-Veranstalterin, deren Arbeit er so aufrichtig bewundert hatte? »Der Gipfel der Frechheit«, sagt Renate Westhoff, »war ein Satz auf der IOC-Homepage: In jahrelanger harter Arbeit sei dieses Projekt entwickelt worden, das nun zum erstenmal stattfinden solle. Aber die jahrelange harte Arbeit war meine, und zum erstenmal stattgefunden hat das Projekt bereits – es war meine Artiade in Atlanta.« Ende Dezember 1998 schickte ihr die hart arbeitende Kulturkommission die Unterlagen zurück. Kommentarlos.

Sie wandte sich an das Schweizer IOC-Mitglied Marc Hodler, der ihr als neuer Vertrauensmann erschien, weil er mit seiner öffentlichen Erklärung über den Korruptionsskandal von Salt Lake City Aufsehen erregt hatte. »Hodler war sehr freundlich, er lud uns nach Lausanne ein, um die Sache zu klären.« Doch Renate Westhoff machte ein letztes Mal den Fehler: »Ich rief im Büro Bach an und ließ ihm über die Sekretärin ausrichten, daß mich Hodler nach Lausanne eingeladen hatte. Daraufhin ließ mir Bach über die Sekretärin ausrichten, daß

»ich auf gar keinen Fall nach Lausanne kommen sollte, denn dies sei der denkbar ungünstigste Zeitpunkt. Sonst würde ich mein Projekt beim IOC nie durchkriegen. Des weiteren dürfe ich Herrn Schormann nicht übergehen.« Renate Westhoff ging nicht. Aber das Projekt war trotzdem gestorben – für sie.

Wie sensibel die olympischen Kupfermeister aber in Sachen Öffentlichkeitsarbeit sind, merkte sie, als sie im Februar 1999 die Presse einschaltete. Ein *Stern*-Reporter erbat daraufhin eine Stellungnahme vom IOC-Kunstexperten Schormann, und es ergab sich ein unheimlicher Zufall: »Eine halbe Stunde nach dieser Anfrage«, so Renate Westhoff, »traf ein Fax von Schormann bei mir ein.« Der Sportfunktionär hatte sich, nach gut sieben Wochen im neuen Jahr, urplötzlich an sie erinnert: »Ich hoffe, Sie konnten das Jahr 1999 bei guter Gesundheit und ungebrochener Schaffenskraft beginnen. Die letzten Wochen brachten dem Internationalen Olympischen Komitee einige schwierige Momente, die, so hoffen wir alle, bald überwunden sind.« Dann teilt er mit, daß das IOC die ihr bereits bekannten Kulturprojekte angeleiert habe und lud sie wieder mal ein: Ihr winke am 30. Mai in Lausanne bei der Kulturkommission die »Teilnahme als Zuhörer am Forum«, danach könne sie ihr Projekt präsentieren. Aber Renate Westhoff hatte begriffen.

Sie hatte das IOC an einem wunden Punkt getroffen: Mit Kultur hat es nichts zu tun. Zwar gibt es da Samaranchs Denkmal, das sündhaft teure Hightech-Museum am Genfer See, das noch auf einen Namenspatron wartet (aber wohl nur bis Sommer 2001). Da wären die Auftritte mit berühmten Orchestern in aller Welt, die der Koreaner Kim Un Yong seinem pianospielenden Töchterchen Hae-Jung verschafft. Und es existiert eine hart arbeitende Kulturkommission, mit dem chinesischen Erzapparatschik Zhenliang He an der Spitze. Daß die Spiele darüber hinaus eine starke kulturelle Wurzel hatten, erfuhren die modernen Olympier von Frau Westhoff. Sie hatte ihr Konzept schlüssig auf Coubertins Kunstfaible aufgebaut. Das IOC feiert nun also in Sydney seine Kulturolympiade. Die entscheidende Abweichung von Renate Westhoffs Konzept besteht darin, daß ein Thema vorgegeben wurde – Sport sinnigerweise. Vor Sydney mußten die künstlerischen Kämpen sogar zu einem Qualifikationswettbewerb in Lausanne antreten. »Seit wann macht man aus der Kunst einen Wettkampf?« wundert sich Frau Westhoff.

Sie hat etwa 250 000 Mark in das Projekt investiert. Als sie ihre Unterlagen kommentarlos zurückgeschickt bekam, lag eine Visitenkarte dem Brief bei, kein prominenter Absender aus Lausanne, nur der Museumskonservator Jean-François Pahud. Renate Westhoff wird nicht mehr gebraucht. Wie hatte der *Stern* seinen Bericht über den Fall betitelt? »Klauen ist keine Kunst.«

Der olympische Altruist

Es gibt ein Opfer des IOC-Skandals. Den Olympiasieger Doktor jur. utr. Thomas Bach. Der umfassend gebildete Jurist aus Tauberbischofsheim, Jahrgang 1953, ist derzeit Deutschlands Bester im Olymp. *Citius, altius, fortius* – schneller, höher, stärker. So steht es schon auf seinem Briefpapier.

Thomas Bach ist der große Leidtragende der Filzokratie. Ungezählte Male hat er seine Verwunderung zum Ausdruck gebracht über Dinge, die in all den Jahren fehl gelaufen sind, und von denen er nie etwas mitbekommen hat. Dabei hatte er doch schon als Nachwuchsfunktionär den Puls der Bewegung gespürt. Er war stets nahe am Zentrum der Macht, im Schatten des Bosses gelang ihm eine verdammt steile Karriere. Er war erster Athletensprecher, rückte ins IOC auf, qualifizierte sich für das Exekutivkomitee und will sich nun, im September 2000 in Sydney, zum Vizepräsidenten küren lassen. Zweimal wurde er zum Chef der IOC-Prüfungskommission für Kandidatenstädte ernannt: für die Winterspiele 2002, die an Salt Lake City gingen, und für die Sommerspiele 2004, die Athen gewann. Da hat Bach mit seinen Kolonnen sämtliche

Bewerber besucht, ist umjubelt, gefilmt, bedrängt und umgarnt worden, man schritt von einem Festbankett zum nächsten – aber unsittliche Angebote an und von IOC-Mitgliedern, noch dazu solche, die wirklich angenommen wurden? Davon erfuhr er erst Jahre später, im Dezember 1998. Bach war geschockt. Offenbar hatte der gutgläubige Thomas nie das Gefühl gehabt, daß die Menschen, die ihn und seinesgleichen überall so liebevoll und hoffnungsfroh umlagerten, auf den Gedanken kommen könnten, ihrem Glück ein wenig nachzuhelfen.

Für diese kategorische Unwissenheit, erblüht aus einem tief wurzelnden Glauben an das Gute im Menschen, hat Doktor Bach die Quittung erhalten: eine dramatische persönliche Erschütterung. Furchtbares mußte er durchleiden, Trauer und Schmerz. Kollegen hatten »die Ethikstandards verletzt« (so formulierte er es am liebsten). Dennoch stellte sich Bach neuen Aufgaben. Er wurde Mitglied des von Samaranch einberufenen Untersuchungsausschusses, obgleich es vielleicht eine Überlegung wert gewesen wäre, als ehemaliger Chef der Prüfungskommission auf dieses Ehrenamt zu verzichten. »Das ist ja so, als ob das linke Auge überprüfen soll, was das rechte gerade gesehen hat«, spottete der Berliner Soziologe Gunter Gebauer. »Das ist ja typisch für das IOC. Die Kontrolleure gehören selbst zu denen, die eigentlich kontrolliert werden müssen.«

Ach, was wissen schon Außenstehende von olympischer Pflichterfüllung und der Last der Verantwortung, die Doktor Bach zu tragen hat? Also diente der olympische Multifunktionär auch im hausinternen Detektivzirkel. Eine aufopferungsvolle Aufgabe, die Spuren hinterließ: Schon nach der ersten Sitzungsrunde im Januar 1999 stöhnte Bach: »Das war mit Abstand der schwerste Tag in meinem olympischen Leben.« Wochen später, beim Bußkonvent Mitte März, durchlitt Bach dann auch noch den »traurigsten Tag in meinem olympischen Leben«. Und das dauert trotz seiner Jugend schon ganz schön lange. Bereits 1981, damals war er 27 Jahre alt, hatte ihn der neue IOC-Boß Samaranch beim olympischen Kongreß in Baden-Baden in die neu geschaffene Athletenkommission gehievt. Es heißt zwar oft, er sei dort hinein gewählt worden. Tatsächlich hatte bei dieser Wahl nur einer Stimmrecht: Samaranch. Er berief die ihm genehmen Athleten sicherheitshalber selbst.

Im Oktober 1985 wurde Bach Promotion-Direktor bei Adidas. Der kongeniale Strippenzieher Horst Dassler band den blitzgescheiten Advokaten eng an sich und betraute ihn sogar mit seinen Lieblingsprojekten, zu denen die Betreuung der Sportfreunde im Osten zählte. 1991 als Nachfolger von Willi Daume ins IOC aufgenommen, schwor Bach im Februar 1992 mit 38 Lenzen den olympischen Fahneneid. Versprach, als Ehrenmann, ohne auf persönliche Vorteile zu schauen, der olympischen Bewegung zu dienen und so weiter und so fort. Das fromme Werk nahm er gleich in Angriff, der Finanzexperte aus dem Taubertal, der mit der deutschen Florettmannschaft 1976 in Montreal Mannschaftsgold geholt hatte.

Daß Bach einen guten Teil seiner sehr jungen Jahre dem edlen Ideal geopfert hat, geschah nach seinen Angaben ohne jeden Eigennutz – das sollte man betonen, wenn es ums Geschäftliche im Olymp geht. Thomas Bach ist also auch insofern ein Phänomen. Er ist in seiner Außendarstellung, wie sie über die begeisterte deutsche Sportpresse transportiert wird, sogar der Prototyp des Anti-Olympiers: das genaue Gegenstück zu Samaranch und dessen verfilzter Camarilla. Hört man Bach über den Sport referieren, liest man die zahlreichen Interviews, die er gegeben hat, bleibt einem nur Fassungslosigkeit eingedenk der Tatsache, daß dieser moderne junge Freidenker zu den intimsten Bundesgenossen von Samaranch zählt.

Eine der Lieblingsthesen des Doktor Bach lautete: »Das IOC ist ärmer als Greenpeace.« Dem wollte er abhelfen, also zog er sogar völlig unentgeltlich deutsche Großfirmen heran, die das IOC begeistert mit teuerstem Equipment und Dienstleistungen ausstatteten: Daimler-Chrysler und Lufthansa. Bach habe mitgewirkt bei den Geschäftsvereinbarungen, lassen die Männer hinter dem guten Stern ein wenig vage verlauten, aber zum Nulltarif. »Herr Bach hat dabei sicherlich eine erhebliche Rolle gespielt«, bestätigt der ehemalige Konzernchef Edzard Reuter. Genaueres wisse er nicht, die Angelegenheit hätte vor allem Daimler-Sprecher Matthias Kleinert betreut. Kleinert umschreibt das humanitäre Phänomen in Zeiten rigoroser Kapitalwirtschaft mit fein ziselierten Sätzen: »Die Vereinbarung der Zusammenarbeit zwischen uns und dem IOC ist nur in ein paar Paragraphen gekleidet worden.« Wurde Bach für seine Mithilfe an dieser Einkleidung in irgendeiner Form entlohnt? »Diese Frage«, sagt Bach-Intimus Kleinert, ein alter Fuchs im Sportbusineß, »ist neu und überraschend. Von unserer Seite aus nicht.« Für das IOC will und kann Kleinert da natürlich nicht sprechen – und von den Ringe-Herrschaften erhielten wir keine Antwort darauf.

Aber selbst wenn sie sich äußerten, wer könnte den Wahrheitsgehalt überprüfen? Offene Bücher gab es ja nicht. Jedenfalls, für Daimler sei Bach niemals mittel- oder unmittelbar tätig gewesen, sagt Kleinert. Bach sagt, daß Daimler-Chrysler »leider nicht zu meinen Mandanten zählt«, er hat auch in der Vergangenheit schon verneint, Geld für die anhaltenden intensiven Mittlerdienste zwischen IOC und Sponsoren zu kassieren. Das muß akzeptiert werden. Schon, weil es ins Endlose führt, die Fülle von Alternativen abzuklappern, wie man für einen geschäftlichen Einsatz schadlos gehalten werden könnte. Es bleibt also nur ein erstaunlicher Schluß: Hier liegt ein Fall von tätiger olympischer Nächstenliebe vor.

Allerdings liebt Bach nicht jeden Erstbesten. Als wir ihm im Frühjahr 1999 eine Reihe von Fragen vorlegten, ließ er zunächst einige Wochen ins Land gehen und dann einen Kanzleikollegen eine dürre Antwortpauschale erteilen: Es gebe keine Interessenskonflikte in der Arbeit des Herrn Dr. Bach. »Schon die anwaltliche Schweigepflicht verbietet es, auf bloße Ausforschungsfragen über die Feststellung der Nichtexistenz von Interessenskonflikten hinaus zu antworten.« Schweigepflicht? Ausforschungsfragen? Nach einer Klientenliste war doch gar nicht gefragt worden. Alles in allem eine etwas antiquierte Art der Öffentlichkeitsarbeit, zumal der olympische Reformer doch zeitgleich in einem ganzseitigen Interview mit der *Frankfurter Allgemeinen Zeitung* die »vorsintflutliche Kommunikationsarbeit des IOC« gegeißelt und mutig gefordert hatte, die Presseabteilung müsse »proaktiv tätig werden, nicht reaktiv. Und sie muß rund um die Uhr zur Verfügung stehen.« Proaktiv werden – da hatte sich Bach als ganz besonders gelehriger Schüler der PR-Masterminder von Hill & Knowlton erwiesen. Oder war es wieder nur ein Zufall, daß auch die medialen Strippenzieher im Hintergrund dem IOC exakt diesen Begriff ins Verhaltenskonzept geschrieben hatten? Die IOC-Mitglieder sollten den Eindruck erwecken, daß die Krisensituation »proaktiv, aggressiv und kompromißlos« angegangen würde. Bach selbst, der seinem Pressekorps gern sogenannte Hintergrundgespräche gewährt, handelte nicht sonderlich proaktiv, und der von ihm beauftragte Kanzleikollege eher reaktiv: »Die Tätigkeit von Herrn Dr. Bach als Bindeglied zwischen dem IOC und Daimler-Chrysler bzw. Lufthansa ist ehrenamtlich«, so teilte er im zweiten Versuch mit. Nicht ohne die Drohung anzufügen: »Nach diesen mehrfachen Bestätigungen sollten Sie zu einer sachlich richtigen Darstellung und damit zur Vermeidung von rechtlichen Weiterungen in der Lage sein.« Das klang ein wenig gereizt.

Im Frühjahr 2000 ließ sich das Büro des Weltreisenden noch ein paar Wochen mehr Zeit, um auf Anfragen zu einem Gespräch schließlich mitzuteilen, die Angelegenheit sei »zuständigkeitshalber an die für Kommunikation zuständige Abteilung des IOC zur weiteren Bearbeitung weitergereicht worden«. Es lebe das Amtsdeutsch, es lebe die proaktive Kommunikationsarbeit! Fast überflüssig zu erwähnen, daß aus Lausanne keine Antwort kam.

Ehrenamtlich also, haben wir gehört, ist Bachs Tätigkeit auch im Fall Lufthansa. Die Kranichlinie hatte 1996 einen Kooperationsvertrag bis 2006 mit dem IOC abgeschlossen.

»Dr. Thomas Bach, Mitglied des IOC Exekutiv Komitees, stellte den Kontakt zwischen Lufthansa und IOC her«, bestätigte Dagmar Rotter für die Pressestelle des Konzerns. Auf beharrliches Nachfragen, ob es auch einen Vertrag mit dem rührigen Wirtschaftler oder zumindest eine Art Kommissionszahlung für die ja immerhin erbrachte Fachleistung gibt, konnte die Pressestelle trotz wiederholter Rücksprache mit den vorgesetzten Stellen nicht mehr mitteilen als: »Dazu geben wir keinen Kommentar.« Warum so ausweichend? »Mehr sagen wir dazu nicht.«

Als sich sogar die *FAZ* über mögliche Interessenskonflikte in Bachs Arbeits- und Präsentationsbereich zu sorgen begann, ließ sich der Anwalt doch zu einer Einschätzung bewegen. Konflikte existieren in seinem Fall nicht. »Gäbe es dennoch ein Problem, würde ich es nach international üblichen Ethikstandards lösen, nämlich durch Offenlegung.« Ein bißchen was hat er gleich offengelegt: Daß man sich im Olymp mit seiner Einberufung »versprochen hat, daß ich meine Beziehungen zu Wirtschaft und Politik in das IOC einbringen kann. Das ist auch einige Male gelungen.« Und zwar wie gehabt, nur zum Wohle der Ärmsten: »Dazu gehören Hilfslieferungen für Hungernde in Ruanda mit Unterstützung der Bundesregierung. Dazu zählen das Engagement von Daimler-Chrysler innerhalb des Olympic-Solidarity-Programms, Sportstätten für Unterprivilegierte zu bauen, beispielsweise in Kwazulu-Natal in Südafrika. Ähnliches gilt für die Lufthansa oder die deutschen Sparkassen.«

Der »Ethikstandard Offenlegung«? Ein Beispiel dazu: Im November 1996 wurde in der *Revue de Presse* des IOC ein Artikel abgedruckt, in dem es hieß, Bach zähle die »Philipp Holzmann AG, Lufthansa Commercial Holding, HF & P Dentsu (Expo 2000)« zu seinen Klienten. »Bach nennt keine Namen, aber zuletzt akquirierte er ein Projekt für mehrere 100 Millionen Mark im Ausland.« Der Artikel war just in jenen Wochen erschienen, als Bach in seiner Funktion als Chef der IOC-Prüfungskommission für die Sommerspiele 2004 unermüdlich »in 52 Tagen um die Welt« düste und »Titanen-arbeit« verrichtete, wie die begeisterte Deutsche Presse-Agen-tur *(dpa)* berichtete. »Man sieht, Bach ist ein gefragter Mann, der es in diesen Wochen und Monaten auch mit den Großen dieser Welt zu tun bekommt.« St. Petersburg, Stockholm, Lille, Sevilla, Rom, Istanbul und Athen hatten die Juroren be-reits besucht – San Juan, Rio de Janeiro, Buenos Aires und Kapstadt sollten folgen. Die nicht uninteressante Konstella-tion veranlaßte uns zu der simplen Frage, ob das von Bach vermeldete »Projekt für mehrere hundert Millionen Mark« zufällig in einem Land »akquiriert« wurde, aus dem sich eine Stadt in den letzten Jahren um Olympische Spiele bewarb? Bachs Advokaten-Partner Jürgen Ansel mochte das nun so konkret nicht offenlegen, doch zum Thema Interessenskon-flikte äußerte er sich: »Die Antwort ist und bleibt nein.«

Es gibt soviel Gutes zu tun und zu vermelden. Man muß nur fest an das Gute im Olympier glauben. Bei Bach fällt das schon deshalb nicht schwer, weil der allzeit dynamische Geschäftsmann, klein gewachsen wie sein väterlicher Förderer Samaranch, keinen Zweifel daran läßt, ein guter olympischer Geist zu sein. Angesprochen auf seine kometenhafte IOC-Kar-riere und seinen persönlichen Aufwand als Chef der Prü-fungskommission, sagte er im November 1996 in Cancun: »Es hat bei mir nie Planung dahinter gestanden. Ich habe kein Karrierestreben.« Gut, daß in diesem Moment im Hotel Coral Beach Fiesta Americana kein IOC-Mitglied in der Nähe war. Denn wenn etwas als gesichert gilt im Olymp, dann ist es Bachs ebenso diskreter wie zielstrebiger Ehrgeiz. Eine weitere Bestätigung dafür erhielt die Sportwelt im März 2000, als Bach seine Kandidatur für das Amt des IOC-Vizepräsidenten anmeldete. Wohl eine Eingebung, wenn keine Planung dahin-tersteht. Reiner Zufall, daß er die Entscheidung verkündete, unmittelbar nachdem er mit Samaranch auf philanthropi-schen Pfaden in Afrika war. In Kenia hatte man mal wieder einen Kleinbus übergeben – einen der Firma mit dem Stern.

Mit seinen spontanen Eingebungen liegt Thomas Bach stets

gut im Trend, weil Samaranch im Sommer 2001 zurücktritt und nunmehr die Schlacht um die Thronfolge tobt. Man muß sich plazieren, und für den Fall, daß die falsche Fraktion gewinnt, hat man als Vizepräsident ja die Möglichkeit, ein Arrangement mit dem neuen Chef zu treffen. Es sei denn, man wird selbst Chef. Aber von so unglaublichen Dingen spricht Bach nicht.

Am Jahresende 1996, so klärte er uns damals auf, habe er allein siebzig Tage an Reiseaktivitäten in das Ehrenamt als Chef der Prüfungsgruppe investiert – nicht eingerechnet die Zeit, die die Lektüre von mindestens 6000 Seiten Bewerbungsunterlagen beansprucht. Allein in St. Petersburg, so informierte *dpa,* habe seine Kommission tausend Fragen gestellt. Und alles, versicherte Bach, ging zu eigenen Lasten, lediglich Reisekosten und Unterbringung würden vom IOC erstattet. Auf die Frage, ob eine solche materielle Askeseverpflichtung für moderne Geschäftsleute nicht dringend zu überdenken sei, weil sie doch wohl eher anfällig für Manipulation zu machen droht, ging Bach gar nicht ein – zu sehr war er über diesen Gedankengang empört.

Es gibt im öffentlichen Umgang mit Bach unablässig Momente, in denen man sich sorgt, wie der sanfte Mann, der in seinen zu großen Jacketts immer wie ein schmächtiger Schuljunge wirkt, den brutalen Alltag im Kontakt mit dem internationalen Polit- und Wirtschaftsleben nervlich meistert. Ein Edler des Sports, der am idealen Menschenbild hängt, obwohl es grundsätzlich ja ein und dieselbe erbarmungslose Welt ist, in der er sich bewegt – die Welt des Industrielobbyismus und die des IOC. Das finden jedenfalls Experten wie Peter Eigen, Vorsitzender von Transparency International (TI): »Die Schmiergeldzahlungen für den Zuschlag zu dem Geschäft der Olympischen Spiele veranschaulichen die gängigen korruptiven Praktiken im internationalen Geschäftsverkehr.«

Ähnlich sieht das auch der Unternehmensberater Nikolaus Fuchs, der als ehemaliger Marketingchef der Berliner Olympiabewerbung seine bitteren Erfahrungen gemacht hat. Wir befragten ihn zu dem Phänomen, daß Geschäftsleute wie Bach selbstlos monatelange Globaleinsätze für das IOC absolvieren. »Wenn er das sagt, dann wird es schon stimmen. Aber wenn sie heute als Unternehmensberater, Steuerberater oder Rechtsanwalt tätig sind, und sie wollen ein halbwegs vernünftiges Einkommen haben, müssen sie im Jahr 250 Tage richtig viel arbeiten, und zwar für ihren Kunden. Sie können sich es unmöglich erlauben, da Tage oder sogar Wochen beim IOC zu verbringen. Das geht nicht.« Deshalb gibt es für Fuchs »nur zwei Möglichkeiten: Entweder diese Leute sind von Hause aus schwerreich. Oder aber sie kriegen Geld vom IOC, indirekt oder direkt. Eines von beiden geht nur.« Laut Fuchs müßten Samaranch und seine Exekutivler »entweder eine erhebliche Aufwandsentschädigung bekommen, oder sie bekommen als Freiberufler Aufträge in irgendeiner Weise über das IOC. Es kann mir keiner erzählen, daß die das für Gottes Lohn machen.« Bach indes sagte uns, daß diese Leistungen für das IOC sehr wohl erbringen könne, wer – wie er – das Glück habe, in verschiedenen Aufsichtsräten zu sitzen.

Als kurz vor Weihnachten 1998 die Nachrichten aus Salt Lake City die Weltpresse dominierten, stand Thomas Bach die Ahnungslosigkeit ins Gesicht geschrieben. Der global tätige Firmenberater hatte ja bis dato von unlauteren Vorgängen im IOC gar nichts gewußt. Okay, vielleicht mal ein paar Gerüchte, aber stets vermutete er, die seien von enttäuschten Verliererstädten lanciert. So wie damals in Berlin: Auf die zahlreichen Enthüllungsgeschichten in den Medien hatte er nie was gegeben. Unbeeindruckt blieb er auch vom Bericht des Landesrechnungshofs, der im August 1996 den sorglosen Umgang mit Steuergeldern rügte und eine lange Liste von Verstößen gegen die IOC-Regeln monierte. Sein IOC-Kollege Walther Tröger hatte den Regelbruch im Jahr zuvor als Zeuge vor einem Untersuchungsausschuß des Bundestags zwar teilweise zugeben müssen, doch Bach mochte daran nicht glauben. Tapfer wehrte er sich Ende Januar 1999 im *Deutschland-*

funk gegen den Medienwirbel und die schamlosen Diffamierungen des IOC. »Es hat einige Veröffentlichungen gegeben, die sich inzwischen schon als falsch herausgestellt haben. Von was ich inzwischen Kenntnis erhalten habe, sind Dementis auch der verschiedenen Berliner Stellen.« Dazu sei angemerkt: Den Rapport des Landesrechnungshofes, des höchsten unabhängigen Prüfergremiums in Berlin, hat niemand »dementiert«.

Es ließen sich zahlreiche andere Beispiele anführen, und böse Menschen könnten daraus den Vorwurf der punktuellen Amnesie konstruieren, doch wir wollen nicht ungerecht sein. Kann ein Vorständler eines Milliardenkonzerns immer bis ins letzte Detail informiert sein? Vielleicht muß man sich Bachs Dilemma einfach nur so vorstellen: Da reibt sich der Jurist für die Bewegung auf, leistet unentgeltliche Vermittlerdienste für deutsche IOC-Partner; appelliert an die deutsche Industrie, sich stärker im Sponsorenpool des IOC zu engagieren (»da ist noch eine Menge Luft«); arbeitet monatelang unentgeltlich als Prüfer für das IOC; schafft Brot für die Welt heran oder wenigstens Autos; absolviert zudem Sitzungen sonder Zahl, täglich Dutzende Telefonate – und mitten hinein platzt die Hiobsbotschaft, daß da jahrelang so viele kleine Strolche die Hände aufgehalten haben. Wer ermißt, wie groß die Enttäuschung war für einen, der Ideale praktiziert hat von Stuttgart bis Ruanda? Für einen, der ständig mit Samaranch, den Exekutivkollegen und gewissen Sponsoren enge Kontakte pflegt. Für den die olympischen Ringe als Zeichen von »Toleranz, Völkerverständigung, Höchstleistung und fairen Wettbewerb« äußerst positiv besetzt sind. Da sitzt er also an allen Kanälen, tut unermüdlich Gutes, bastelt für den Internationalen Sportgerichtshof (CAS) an Gesetzestexten – und muß plötzlich feststellen, daß undankbare Hintersassen aus exotischen Ländern die Regeln mit Füßen treten und so die ganze Bewegung in Mißkredit gebracht haben.

Dennoch kam kein Wort der Verbitterung über seine Lippen. Doktor Bach, der olympische Altruist, hat die Ärmel hochgekrempelt und ist ans Aufräumen gegangen. Und wie. »Unsere moralischen Ansprüche sind höher als das Strafrecht«, hat er nach der ersten Sitzung der IOC-Putzkolonne Mitte Januar 1999 in der gebotenen Schärfe mitgeteilt. »Diese Kommission ist angetreten, alles aufzudecken, was beweisbar ist.« Aber in der Praxis hat er viel menschliches Verständnis gezeigt und bei der internen Einzelfallprüfung großes Feingefühl walten lassen. Das Haus sei gesäubert, befand Bach zwei Monate später nach dem Rauswurf eines knappen Dutzends kleiner Strolche. Und war zufrieden.

Man kann diese Art Reinigung auch anders betrachten, etwa wie Transparency International: »Die grundlegenden Probleme des olympischen Korruptionskartells werden nicht durch ein paar Entlassungen gelöst«, sagt der TI-Vorsitzende Peter Eigen. Aber Bach ist ein Mann, der gern das Individuum sieht, den Einzelfall im Sport – eine Haltung, die im konkreten Fall gern zu der Erkenntnis führt, daß die Dinge nicht so schlimm sind, wie sie von außen dargestellt werden. Die Sache mit dem Bestechungsskandal, die sah der Volljurist zum Beispiel höher gehängt als angemessen: »Wir haben rigoros durchgegriffen, obwohl die Verfehlungen in einigen Fällen vergleichsweise gering oder gar unerheblich waren.« Und überhaupt, das wollte er dann doch einmal sagen: Im »juristischen Sinne« könne »von Korruption keine Rede sein«. Denn der Begriff Korruption setze immer einen Austausch (»Geld gegen Stimme oder gegen Leistungen«) voraus. Und einen Vertrag. Wer, bitteschön – dies an die Adresse der Kritikaster von außerhalb –, hat je einen olympischen Korruptionsvertrag vorgelegt?

Dasslers ahnungsloser Adlatus

Wer die Vita des Thomas Bach betrachtet, dem erscheint es als das Wirken einer höheren Gerechtigkeit, daß dieser Mann eine so »atemberaubende Bilderbuch-Karriere« gemacht hat, wie der Sportinformationsdienst *(sid)* schwärmt, eine Nachrichtenagentur, die sich unermüdlich um die Verbreitung des Bachschen Gedankenguts müht. Lauscht man derlei Kantaten, dann werden in Samaranchs Welt angeblich Zivilcourage, Mut zur eigenen Meinung, Nonkonformismus und Integrität rückhaltlos belohnt. Im Wochenblatt *Sport-Bild* wurde Bach gar als »der Mann gegen die Mißtöne« gefeiert, als »stiller Diplomat im Hintergrund«. Schaut man aber genauer hin, dann ist an seiner Karriere noch etwas anderes atemraubend: das Pech, im eigenen Umfeld immer wieder hintergangen und in den Dunstkreis anrüchiger Mitwisserschaft gezogen worden zu sein. Dieses schwere Schicksal zieht sich wie ein roter Faden durch die Laufbahn Thomas Bachs.

Zur Erinnerung: Am Anfang war Samaranch, sein väterlicher Freund, der ihn für die IOC-Athletenkommission auserwählte. Dann kam Horst Dassler. Der Samaranch-Gönner und Adidas-Chef fand großen Gefallen an dem jungen Mann. Aber offenbar wollte er ihn damals nur als das gute Gewissen der Firma ins trübe internationale Tagwerk einbinden – glaubt man Bach, bleibt nur diese Interpretationsmöglichkeit. Dassler, der allzeit mißtrauische Drahtzieher in dem von ihm perfekt verkabelten Weltsport; der Mann, von dessen Tricks und Intrigen sie bis heute in der Szene raunen; der Figuren wie Samaranch, Blatter, Nebiolo, Rana, Kim & Co. installierte und in alle Kontinente konspirative Kontakte pflegte; der Stimmen mit strategischem Großaufwand erwerben ließ; eine Art Turnschuh-CIA befehligte und Dossiers über die Funktionäre der Sportwelt führte; dieser Dassler machte Bach im Herbst 1985 in Herzogenaurach zum Direktor für internationale Promotion. Er hatte Großes vor mit dem promovierten

Fechtmeister. »Jeder weiß, daß Bach Dasslers Adlatus war«, erklärt IOC-Kollege Walther Tröger süffisant. Dennoch hat Bach, der bei Dassler in die sportpolitische Lehre ging, damals nichts bemerkt von den legendären Umtrieben, von den berüchtigten Manipulationen des Dassler-Clans.

Einige Details aus der Trickkiste des Adidas-Herrschers verdankt die Nachwelt dem ostdeutschen Stasi-Spitzel Karl-Heinz Wehr, dem langjährigen Spitzenfunktionär des Box-Weltverbandes AIBA, über den bereits berichtet wurde (s. S. 37 ff u. S. 150 ff). Nach einer geheimen Absprache mit der DDR-Sportführung, getroffen 1985 in Ost-Berlin, wurde Wehr von Dassler in die verantwortungsvolle Position des AIBA-Generalsekretärs gehoben. Daß der Apparatschik Wehr, ein Armee-Oberst, nebenher für die Firma Horch & Guck spionierte, hat der gerissene Dassler, dem selbst geheimdienstliche Drähte nachgesagt wurden, vielleicht geahnt, wenn nicht sogar gewußt. Doch es kümmerte ihn wenig – schließlich bestimmte er die Regeln des Spiels.

IM »Möwe« jedenfalls war von Dassler tief beeindruckt und gab seinem Führungsoffizier zu Protokoll: »Adidas verfügt über eine ausgezeichnete sportpolitische Abteilung, die straff organisiert und geführt wird. Dabei verfügt diese Abteilung über ein großes Netz von Vertrauensleuten und Informanten aus dem Kreis ihrer Ländervertreter. Dadurch erhalten sie detaillierte Informationen, bis auf den einzelnen Mann zugeschnitten, und sie sind so in der Lage, in der Mehrzahl der Fälle ihre politische Linie zu verwirklichen. Die getroffenen Entscheidungen sind genau. Sie werden auf ihre Erfüllung ständig kontrolliert. Aus der Sicht der mehrfachen Beratungen meine ich heute, daß der wirkliche Lenker des internationalen Sports heute nicht Samaranch, wohl aber Dassler ist.«

Die »Möwe« war einer der Kronzeugen in einem Spionage-Joint-venture der Hauptabteilung XX des Ministeriums für Staatssicherheit und der V. Verwaltung des sowjetischen Geheimdienstes KGB, in dem es um die »Aufklärung der Aktivitäten der Firma Adidas« ging. Leider sind entsprechende

KGB-Unterlagen nicht erhältlich und die meisten Stasi-Unterlagen dazu vernichtet. Was aber bislang verfügbar ist, zeichnet ein facettenreiches Bild. Auffallend dabei: Zwischen den Einschätzungen der Ostagenten und den Beschreibungen der Insider jener Jahre gibt es keine grundsätzlichen Unterschiede. Schon 1986 hatte *Der Spiegel* Dasslers Geschäfte analysiert und unter anderem unwidersprochen festgestellt, daß er »über nahezu jeden besseren Funktionär dieser Erde« eine Kartei angelegt hat, mit »besonderen Vorlieben und Abneigungen« der Kundschaft. »In speziellen Fällen ist in der Kartei, die der Adidas-Chef gegenüber Vertrauten als besser als beim KGB rühmte, sogar der bevorzugte Frauentyp notiert.« Jahre später sollte Dasslers alter Kompagnon Patrick Nally, mit dem er einen Vorläufer der Marketingagentur ISL betrieb, erklären: »Dassler wußte genau, wie er mit den Leuten umgehen mußte. Er wußte genau, wem er Geld bieten konnte und wem nicht. Er handelte auch mit IOC-Mitgliedschaften.«

Dassler war der König. Und der junge Herr Bach war zeitweise »Dasslers rechte Hand«, wie nicht nur Walther Tröger erklärt. Hierzu ist zu erwähnen, daß die sportpolitische Prominenz heute ganz horrende Berührungsängste mit dem Namen Horst Dassler hat, als wäre das eine ansteckende Krankheit. Dabei schulden ihm gerade die Olympier Dank wie keinem anderen. In dem Auftragswerk *Horst Dassler – Revolution im Weltsport* schreibt der Autor Paulheinz Gruppe, Bach habe im Herbst 1985, sofort nach seinem Eintritt in die Firma Adidas, »in direktem, täglichen Kontakt zu HD«, dem Chef, gestanden. Bach sei als »Leiter der Stabsstelle Internationale Beziehungen« und »Hauptabteilungsleiter Promotion« mit dem »Kontakt zu Sportlern und Verbänden« betraut gewesen. »Ich fühlte mich nicht Adidas verpflichtet, sondern Horst Dassler persönlich«, wird Bach selbst zitiert. Folgerichtig stieg er im Dezember 1987, neun Monate nach Dasslers Tod, wieder bei Adidas aus. Dazwischen lag ein Haufen Arbeit. Und viele Sitzungen. Doktor Bach war seinerzeit natürlich auch bei »bestimmten Treffen« zugegen, bei denen

über »Veränderungen in einzelnen Verbänden Bericht erstattet wurde« – so hat er es im Juli 1996 formuliert, nachdem
er durch Veröffentlichungen aus Wehrs Stasi-Notizen in
Schwierigkeiten gekommen war. »Ich habe aber an keinem
Meeting teilgenommen, bei dem über Wahlbeeinflussung
gesprochen wurde.«

Bach hatte guten Grund zu dementieren. Denn was Wehr
alias IM »Möwe« da etwa über eine Sitzung am 24. Juli 1986
in Luzern berichtete, taugt ungekürzt zum Krimi-Drehbuch.
Trickreich tüftelten Dasslers Strategen der sogenannten sportpolitischen Abteilung aus, wie sie den Pakistani Anwar
Chowdhry zum AIBA-Präsidenten machen könnten – anstelle
des (ebenfalls korrupten) Amtsinhabers Donald Hull aus den
USA. Die Präsidentenkür sollte auf dem AIBA-Kongreß im
Herbst in Bangkok stattfinden. Schon die Bestimmung des
Wahlorts Bangkok, die zuvor auf Adidas-Betreiben anläßlich
einer Tagung in Seoul erfolgt war, hatte den Stasi-Agenten
und Boxfunktionär tief beeindruckt: Es sei ein »bis dahin fast
einmaliger Akt der Wahlbeeinflussung« gewesen, notierte
Wehr. Mit »einer alles umfassenden kulturellen Betreuung
(Nachtbar, Massage, individuelle Betreuung) wurde ein Wahl-
ergebnis von 11:24 Stimmen zusammengezimmert.«

In Luzern nun ging es an die Feinarbeit. Die ideen- und
kenntnisreiche Runde war zu dem alarmierenden Zwischenfa-
zit gelangt, daß noch ein paar Stimmen fehlten. Also sollten
einige Dutzend Wahlleute, etwa aus der »riesigen Reserve des
afrikanischen Raums«, gekauft werden. Infolgedessen durften
später insgesamt 37 Delegierte auf Adidas-Kosten zum Wahl-
kongreß nach Bangkok jetten. Erörtert worden sei – laut IM
»Möwe« – »die Bezahlung von Tickets, die Bezahlung des Aufenthalts in Bangkok, materielle Zuwendungen in Form der
Sportbekleidung und Sportgeräte, das Problem von persönlichen Tagegeldern nach Abschluß der Wahl, d.h. Zuwendungen an jene, die zu wählen hatten, in Höhe von 200 bis 1000
Dollar«. Als Sponsoren, so teilte Wehr später mit, habe Dassler auch zwei einflußreiche IOC-Mitglieder ins Boot geholt,

ein damaliges und ein heutiges: Der inzwischen verstorbene Scheich von Kuwait und der mexikanische Unternehmer Mario Vazquez Rana hätten »im Interesse der Sicherung der Wahlen« Flugtickets gezahlt.

Wie in einem James-Bond-Film muß es zugegangen sein, folgt man Wehrs Bericht: »Es wurden auch Fragen besprochen bezüglich der Unterbringung in den Hotels, wo man ebenfalls nach diesem Modus verfahren wird, daß man jene, die klar sind, in einem bestimmten Flügel und jene, die absolut dagegen sind, in einem bestimmten Flügel unterbringt, und wo man mit bestimmten Sicherheitskräften überwacht wird, welche Bewegung zwischen den einzelnen Parteien stattfinden wird.« Ehrfürchtig wurde angemerkt, daß sich die Adidas-Leute »offensichtlich in solchen Wahlfragen auskennen«.

Acht Stunden soll das Brainstorming in den Räumen der ISL-Dependance gedauert haben, neben AIBA-Generalsekretär Wehr, dem Stasi-Protokollanten, sind als Teilnehmer vermeldet: »Horst Dassler (Chef der Firma Adidas), Madame Huguette Clergironnet (persönliche Referentin von Dassler), Anwar Chowdhry (Pakistan, verantwortlich für den asiatischen Raum), John Boulter (England, verantwortlich für den amerikanischen Raum), Gerardo Seeliger (verantwortlich für den spanischsprechenden Raum), Dr. Thomas Bach (BRD, verantwortlich für die europäischen Länder).« Vom Kern der Gruppe fehlte diesmal nur Hacine Hamouda (Tunesien, verantwortlich für Afrika). So steht es in den Akten.

Der Sportkonvent im Sündenpfuhl Bangkok wurde tatsächlich ein voller Erfolg. Rund 200 000 Mark – inklusive der »Kosten für Barbesuche und für Massageinstitute sowie Zuwendungen in Bargeld« – habe es sich Adidas kosten lassen, daß Chowdhry souverän mit 63:32 Stimmen zum AIBA-Chef avancierte (eine Position, die er seither verteidigte und bis 2002 innehat). Generalsekretär Karl-Heinz Wehr hatte den Kongreß »militärisch organisiert und geführt«, lobte sich der Stasi-Chronist anschließend selbst. Nach der rauschenden Wahlparty der Faustkampf-Funktionäre in Thailands Hauptstadt hatte er sich um das Seelenleben seiner Dolmetscherin gesorgt. Die Dame sei »natürlich ein bißchen schockiert über die Art und Weise der Führung des Kongresses und über die Randerscheinungen«.

Als Bach im Sommer 1996 zum erstenmal mit Wehrs brüskierenden Notizen konfrontiert wurde, monierte er »sportpolitische und kommerzielle Unstimmigkeiten«. Von solchen Machenschaften, wie sie die Stasi-Akten suggerieren, habe er nie gehört. Die Diskussion ereilte ihn zu einem denkbar ungünstigen Zeitpunkt, just in jenen Tagen, als er in Atlanta ins IOC-Exekutivkomitee Einzug halten wollte. Und wie reagierte Wehr, IM »Möwe«, der Spion, der immer noch als AIBA-Verwaltungschef diente? Er ließ plötzlich verkünden, Bachs Teilnahme an entsprechenden Sitzungen sei ihm nicht mehr erinnerlich, bewußt habe er ihn erst Anfang 1987 kennengelernt. Erfreut notierte die dpa, Bachs Aussichten auf einen Platz in der Exekutive »scheinen unverändert gut zu sein«. Die Angelegenheit spiele »keine Rolle im IOC«. Samaranch habe seinem olympischen Ziehsohn Bach geraten, er solle die Sache nicht so ernst nehmen.

Bach gelangte in den IOC-Vorstand. Tage später erlitt der überanstrengte Olympier einen Schwächeanfall und mußte kurzzeitig ins Krankenhaus. Als auch dieses Problem gemeistert war, atmeten die deutschen Olympiaberichterstatter erleichtert auf. Auch der Chefsportpolitiker der *FAZ*, der das Abonnement auf den vom IOC-Mitteilungsblättchen *sport intern* vergebenen Titel »Sportjournalist des Jahres« besitzt, mokierte sich über die »sogenannte Enthüllungsgeschichte« auf dem »Spekulationsmarkt«. Messerscharf analysierte er, die Story habe nur ein erbärmliches Ziel verfolgt: »Die Deutschen werden auf internationaler Bühne ins Zwielicht gerückt.« Der mit einem Foto geschmückte Artikel zeigte Doktor Bach im Büro, eine Zeitung in der Hand, die *FAZ*. Bildunterschrift: »Thomas Bach informiert sich.«

So grundsätzliche Bedenken äußerte das IOC-Mitglied Walther Tröger in Atlanta nicht. »In meinem Präsidium«, bemerkte der deutsche NOK-Präsident zum Fall Bach, »würde ich in solchen Fällen Klärung herbeiführen.« Eine spitze Bemerkung ließ er sich nicht entgehen: »Ich sage nur Watergate. Ohne sauberen, exakt recherchierenden Journalismus wäre die Wahrheit nicht ans Licht gekommen.« Die Wahrheit? Mithin wollte Tröger seine Bemerkung ganz allgemein verstanden wissen. »Wenn jemand ein Amt anstrebt, wird eben in der Karriere rumgeforscht. Und dabei manchmal sehr tief gegraben.«

Wehr litt also plötzlich unter selektiven Gedächtnisstörungen. Als er noch der Stasi zutragen durfte, hatte er stets sehr detailliert Termine geschildert – und die Berichte oftmals handschriftlich verfaßt –, bei denen der AIBA-Machtwechsel von der Adidas-Kampftruppe geplant und ausgeführt worden sei. Zum Beispiel: im Juni 1985 in Ost-Berlin, am 21. Juni 1985 in Amsterdam, am 20. Oktober 1985 in Amsterdam (»Amstelhotel, 18.45 bis 23.45 Uhr«), im November 1985 in Seoul, im Dezember 1985 in Bangkok, im März 1986 in Ost-Berlin, im Juni 1986 in Luzern, am 24. Juli 1986 in Luzern, am 31. Juli 1986 in Zürich, am 8. August 1986 in London, am 20. Oktober 1986 in Landersheim – dann folgte der Kongreß in Bangkok und im Januar 1987 noch eine Abschlußbesprechung zur Operation AIBA in Paris. Etwas vergessen? Ach ja, laut IM »Möwe« war Thomas Bach – soweit Namen von der Gauck-Behörde nicht geschwärzt wurden – mindestens dreimal dabei (Luzern, Landersheim, Paris). Am 15. April 1987, fünf Tage nach Dasslers Tod, tickerte dann im Ost-Berliner AIBA-Büro ein Fernschreiben aus der Adidas-Zentrale ein: »Bach brachte bereits zum Ausdruck, daß die finanzielle Unterstützung des Adidas-Konzerns für die Internationale Amateur-Boxsport-Föderation, in vollem Maße aufrechterhalten werde.«

Seine Beteiligung an Dasslers Mauschelrunden seien »Verdächtigungen aufgrund nicht haltbarer Fakten«, die »das Maß an zulässiger Kritik bei weitem übersteigen«, beschwerte sich Bach 1998 bei der *Berliner Zeitung*. Die Stasi-Berichte über seine »angeblichen Verstrickungen« seien längst widerlegt. Weil nämlich Wehr »die Sachlage« richtiggestellt habe, »bestand auch kein Anlaß, juristisch gegen die Behauptungen vorzugehen«. Bach legte dem Schreiben einen Zeitungsartikel mit Aussagen eines prominenten Zeitzeugen bei: Markus Wolf, langjähriger Chef der Hauptverwaltung Aufklärung (HVA), die für die DDR-Auslandsspionage zuständig war. Stasi-General Wolf, einst Mielkes Stellvertreter, hatte Ende Oktober 1998 vor »falschen Interpretationen von Geheimdienstpapieren« gewarnt. »Sehr häufig« hätten Mitarbeiter östlicher Geheimdienste ihre »Leistungen überbetont«.

Der Agenten-General, den Anwalt Bach da im Sinne seiner Argumentation heranzog, kennt sich im anrüchigen Metier sicher exzellent aus. Hat Karl-Heinz Wehr, der getreue Armeeoberst, im Stasi-Beichtstuhl also maßlos übertrieben? Hat er sich den Namen Bach ausgedacht? Hat er Geschichten frei erfunden? Warum sollte er? Niemand konnte wissen, daß die Unterlagen einmal öffentlich werden. Vielmehr war es so: Die »Möwe« schnatterte fleißig, ausdauernd, verläßlich, und versuchte stets und ausdrücklich, zwischen Fakten und persönlichen Vermutungen zu trennen. Topfunktionär Wehr war aus erster Hand unterrichtet, oft genug von Dassler persönlich oder wenigstens von Dasslers Sekretärin Huguette Clergironnet. Angesichts dieser Quellenlage ist es kein Wunder, daß fast alle wichtigen Prognosen, die Wehr seinem Führungsoffizier gegeben hat, eingetroffen sind. Möglich, daß er mal eine Null zuviel anfügte, etwa als er das Schweigegeld für die scheidende IOC-Direktorin Monique Berlioux auf insgesamt 7,3 Millionen Dollar taxierte – grundsätzlich aber hat er sich selten geirrt.

Die Machtübernahme in der AIBA resümierte Wehr im Januar 1987 nach einem weiteren Gespräch mit Turnschuh-Papst Dassler in Paris: »Schon in Luzern wurde eine Streubreite der positiven Stimmen mit 55 bis 68 angegeben, tatsächlich erhielt Chowdhry 63 Stimmen, was praktisch den Mittelwert darstellt und die Exaktheit der Informationen der

Adidas-Leute bestätigt.« Es gibt eine Fülle weiterer Beispiele für diese »Exaktheit der Informationen« in jener Zeit: Etwa Dasslers Personalrochaden im Fußball-Weltverband (Generalsekretär Blatter/Schweiz), in der Europäischen Fußballunion (Präsident Jacques Georges/Frankreich), im Internationalen Basketballverband (Präsident Robert Busnel/ Frankreich), im Schwimm-Weltverband (Präsident Robert Helmick/USA). Besonders spektakulär waren die von Dassler und Samaranch betriebene Absetzung von Monique Berlioux im Juni 1985 – von der Stasi ebenfalls präzise vorhergesagt – sowie die Ablösung des Schweizers Thomas Keller (»Ich lasse mich von Adidas nicht vergewaltigen«) an der Spitze der Vereinigung Internationaler Sportverbände GAISF. Letztere Prognose traf IM »Möwe« im August 1986: »Dassler erklärte, daß am 17. Oktober bei den Neuwahlen Keller, der jetzige Präsident, seine Funktion verlieren wird und alles klar sei, daß Kim/Südkorea, der derzeitige Präsident der Taekwondo-Föderation, diese Funktion übernimmt. An dieser kadermäßigen Zusammensetzung werde nicht mehr gerüttelt.« Hinzuzufügen ist noch: In jenen Oktobertagen wurde Kim auch IOC-Mitglied.

Kein Wunder, daß auch andere DDR-Funktionäre von Dasslers Planerfüllung begeistert waren. Sportchef Manfred Ewald notierte seinerzeit in einer Vorlage für das SED-Politbüro: »Entscheidungen im internationalen Sport und von Dassler getroffene Vorhersagen haben sich in den letzten Jahren sehr oft als zutreffend erwiesen.« Daß die DDR-Größen im Laufe der Jahre immer besser über Dasslers Treiben informiert waren, lag auch daran, daß sie selbst Geschäfte mit Adidas tätigten: Den Ausrüstervertrag für den DDR-Hochleistungssport hatte Erich Honecker handschriftlich persönlich genehmigt (»einverstanden, EH«), die darin vereinbarten finanziellen Transaktionen wurden über Schalck-Golodkowskis KoKo abgewickelt. Im stark aufgebesserten zweiten Vertrag Mitte der achtziger Jahre erhielt die DDR immerhin jährlich 1,2 Millionen Westmark in bar sowie Sportkleidung im

Wert von 500 000 bis 600 000 Mark. Prämienzahlungen wurden unter anderem für die Teilnahme an Olympischen Spielen (600 000 DM) sowie Weltmeisterschaften in der Leichtathletik (300 000 DM) und im Schwimmen (200 000 DM) fällig. Für damalige Verhältnisse war das ein sensationeller Kontrakt. Wenn Dassler & Co. also mit DDR-Nomenklaturkadern – ob nun Wehr oder Ewald – konferierten, waren stets ökonomische Interessen mit im Spiel.

Versprechen, die Dassler und seine Mitarbeiter gaben, erfüllten sich auch in bezug auf Olympiabewerbungen. So war der »Wahl«-Sieger Seoul (Heimatstadt von Kim Un Yong) korrekt angekündigt worden. Gleichfalls, und das gleich ein halbes Dutzend Mal äußerst detailliert, wurde der Sieg von Samaranchs Heimatstadt Barcelona vorweggenommen. »Die Vergabe der Olympischen Spiele 1992 sei im Prinzip klar«, notierte IM »Möwe« im Sommer 1986 nach einer Unterredung mit Dassler: »Die Olympischen Sommerspiele werde Barcelona erhalten. Die Olympischen Winterspiele Albertville oder Falun.« Am Ende waren die DDR-Kundschafter so gut informiert, daß sie selbst prägnante Vorhersagen abgeben konnten. Stasi-IM »Victor« (Wolfgang Gitter) äußerte sich am 4. Februar 1986 zu den Karriereaussichten des Dassler-Adlatus Thomas Bach. Der juvenile Anwalt sei im Sport für »Führungsaufgaben« prädestiniert. Aus gutem Grunde, spöttelte der IM: »Es gibt Anzeichen, das er auf die Linie der internationalen Sportführung einschwenkt.« Eine treffliche Analyse – lag die Stasi da etwa falsch?

Ein weiteres Indiz für den Wahrheitsgehalt der Berichte ist der Umstand, daß Wehr bis heute unantastbar blieb. Zwar hat er 1998, weil er sich mit Chowdhry entzweite, den Posten des AIBA-Generalsekretärs verloren. Jedoch werkelt er in Deutschland und international noch in diversen Kommissionen, und davon hat der olympische Sport einige zu bieten. Bei einem IOC-Konvent im mexikanischen Badeort Cancun spazierte er mit der Frau Gemahlin durch die Lobby eines Luxushotels, als wäre nichts gewesen. Dabei hat dieser Mann die schärfsten Schoten erzählt und fast den kompletten Olymp in die Pfanne gehauen mit seinen Stasi-Schilderungen. Doch nichts konnte Wehr zum Verhängnis werden, nicht einmal das, was er so akribisch über den Box-Bestechungsskandal bei den Spielen 1988 in Seoul zusammengetragen hatte: exakte Summen, die an die olympischen Kampfrichter gezahlt worden waren, die lebenslänglichen Sperren, die der Weltverband AIBA im Jahr darauf verhängen mußte – für untere Chargen natürlich, nicht für die wie immer ahnungslosen Verbandsgrößen wie Samaranchs Kumpel Chowdhry oder die IOC-Mitglieder Francis Nyangweso (Uganda) und Paul Wallwork (Samoa), die in wichtigen AIBA-Positionen die Kultur der Schieberei mit prägten und verantworteten.

Weil der amerikanische Boxer Roy Jones seine Goldmedaille zurückforderte, die er 1988 trotz haushoch überlegenen Kampfes an den Koreaner Si Hun Park verloren hatte, mußte das IOC 1996 schließlich einen Untersuchungsstab einsetzen. Nach einem knappen Jahr mäßiger Nachforschungen kam man zu dem Resultat, es sei gar nichts geschehen. IOC-Generaldirektor Carrard reiste nach Marokko, trank mit dem Ringrichter Hiouad El Arbi Schwarztee mit frischer Minze, und der erklärte ihm, er würde auch Jahre später wieder gegen Jones entscheiden. Zwar hatte El Arbi 1988 in Interviews die Bestechung zugegeben, doch diese Aussagen widerrief er plötzlich – in seinem schriftlichen Statement hieß es, die besagten Interviews habe es nie gegeben. Carrard war zufrieden, obgleich zum Beispiel die Fernsehbilder bewiesen, daß Jones dreimal so viele saubere Treffer angesetzt hatte wie Si Hun Park, der sich damals in Seoul noch im Ring bei Jones entschuldigte (»Du bist der wahre Champion«). Carrard meinte kühl: »Viele Schläge von Jones waren irregulär.«

Es interessierte auch nicht das Protokoll einer Besprechung, in der Chowdhry der DDR-Sportführung zwei Box-Goldmedaillen in Seoul versprach – 1987, ein Jahr vor den Spielen. Tatsächlich gewannen dann zwei DDR-Boxer Gold (Andreas Zülow und Henry Maske), andere wurden betrogen wie der

Amerikaner Roy Jones, doch insgesamt blieb Chowdhry im Plan. Protokolle alter AIBA-Vorstandssitzungen zum Boxskandal ignorierte das IOC ebenso wie Wehrs Geheimdienstaufzeichnungen. Kein Wunder, daß Chowdhry auf einer AIBA-Exekutivtagung im Frühjahr 1997 frohlockte: »Präsident Samaranch hat persönlich eine große Rolle bei der Lösung des Problems gespielt.« Samaranch hatte verkündet, daß »Stasi-Akten keine Beweiskraft haben«. Was sollte er auch anderes tun, schließlich waren inklusive seiner Wenigkeit Dutzende IOC-Mitglieder und hohe Funktionäre schwer belastet worden. Der Protest von Roy Jones wurde im Mai 1997 abgeschmettert. Jede andere Entscheidung, so schrieb Chowdhry an Wehr, wäre der Öffnung der Büchse der Pandora gleichgekommen.

Die Pandora-Büchse blieb zwar geschlossen, doch im Plakettenarsenal von Lausanne fand sich noch ein Klunker für Roy Jones. Im September 1997 erhielt der Profiboxweltmeister, inzwischen Multimillionär, aus den Händen der IOC-Vorständlerin Anita DeFrantz den olympischen Orden in Gold. Für seine großen Verdienste, hieß es. Mit »Wiedergutmachung« habe die Auszeichnung nichts zu tun.

Zurück zu Doktor Thomas Bach, der mit dem Fall Roy Jones nicht befaßt war, von der geheimdienstlichen Forschungsarbeit des Karl-Heinz Wehr gleichwohl betroffen ist. Bach hat sogar das Pech, daß sein Name nun im Zusammenhang mit Bestechungen im Archiv des US-Senats verewigt ist. Senator John McCain hatte den Olympiakenner Andrew Jennings, Verfasser von drei weltweit beachteten Büchern über das IOC, als Zeugen geladen. »In den ostdeutschen Stasi-Akten wird berichtet, daß Thomas Bach, ein Mitglied des IOC-Exekutivboards, angeblich dabei geholfen haben soll, durch den Einsatz von Prostituierten eine Sportwahl zu gewinnen«, so hat es der englische Bestsellerautor am 14. April 1999 formuliert – als offizieller Zeuge im Wirtschaftsausschuß des Senats in Washington. Bisher unwidersprochen.

Eines der bestgehüteten Geheimnisse des Weltsports, das endgültig Klarheit schaffen könnte über die Korruptionsverstrickungen vieler olympischer Funktionäre, das Archiv der ehemals in Landersheim (Elsaß) ansässigen Dassler-Firma Adidas-France, wird wohl auf ewig verschollen bleiben. Robert Louis-Dreyfus, scheidender Vorstandsvorsitzender der Adidas-Salomon AG, hatte sich in Interviews einige Male von den Geschäftspraktiken Horst Dasslers distanziert. Peter Csanadi, der Pressesprecher des Konzerns, behauptete: »Wir haben nach den Unterlagen gesucht. Wir wollten die vielen Gerüchte und Berichte aufklären. Nach meinen Informationen existiert aber so gut wie nichts.« Karteien und Akten seien möglicherweise schon vor Jahren vernichtet worden. »Das würde mich nicht überraschen, außerdem glaube ich, daß, wenn es denn wirklich so gewesen sein soll damals, vieles ohne Aufzeichnungen ablief.«

Es gibt ja außer Wehr noch viele andere Zeitzeugen, die an den konspirativen sportpolitischen Gesprächen unter Dasslers Ägide teilgenommen haben. Madame Clergironnet und Chowdhry etwa. Doch die wollen nicht darüber reden. Der Engländer John Boulter indes, der in Landersheim als internationaler Promotion-Chef zu Dasslers Chefstrategen gehörte, kann sich noch sehr gut an die Kadersitzungen erinnern. Er bestreitet zwar, daß dabei schmutzige Geschäfte eingefädelt worden seien, bestätigt aber die regelmäßig und mit großer Gründlichkeit vorgenommenen sportpolitischen »Einschätzungen und Prognosen«. Dassler hat »Wert auf korrekte Informationen« gelegt. »Die Sache ist einfach«, erklärte uns Boulter, »wenn Sie wissen, wer nächster Präsident eines Verbands wird, können Sie alle Vorkehrungen treffen. Das Wissen um künftige Entwicklungen ist alles in diesem Geschäft.«

Boulter studierte einige Seiten der Stasi-Akten und erinnerte sich klipp und klar an solche Lagebesprechungen, wenngleich manche Details »Wehrs persönlichen Interpretationen« unterlegt hätten. Laut Boulter sei der Kollege Thomas Bach als Informant für den Bereich Europa regelmäßig dabeigewesen. Teilnahme war normalerweise Pflicht, bei jeder Sitzung wurden der nächste Treff vereinbart und die Terminkalender abgeglichen, sagt Boulter. Bach habe sein Wissen beigesteuert und die anderen angehört. »Jeder mußte ja wissen, was im Rest der Welt abläuft.« Auch habe Bach seinen Raum so zuverlässig bearbeitet wie Chowdhry den asiatischen und Oberst Hamouda den in Afrika. Er habe »ein gutes und enges Verhältnis zu Dassler« entwickelt. »Der Thomas hat schon damals gezeigt, daß er Karriere machen wird. Er hat viel eingebracht und selbst eine Menge gelernt«, sagt Boulter. Nach seiner Beobachtung habe Bach immer ein »kollegiales Verhältnis« zu Wehr gehabt.

Andere Menschen, andere Beobachtungen. Hat Bach also einst die infame Kunst des Stimmenkaufs erlernt und strategisch gepflegt? Warum sprach Wehr einst sibyllinisch davon, er habe seine »Lebensversicherung«? Oder war tatsächlich alles eine böse Unterstellung, wie Bach behauptet? Sitzt folglich Boulter heute derselben Fata Morgana auf wie damals Wehr: daß er in konspirativen Runden einen Bach sieht, wo gar keiner war?

Gußeiserne Kontinuität

Vielleicht läßt sich das Rätsel um den deutschen Karriere-Olympier Thomas Bach lösen, wenn man sich ihm aus der Gegenwart annähert. Ob Bachs Adidas-Zeit unter der Rubrik Jugendsünden abgebucht werden könnte, zeigt die Analyse der Entwicklung, die der emsige Industrielobbyist seither genommen hat. Es gilt, die Frage zu klären, ob er die unter Dassler gültigen und im olympischen Milieu bis heute praktizierten Taktiken und Verhaltensmuster adaptiert hat oder ob er der wohltätige Sportehrenamtliche ist, als der er sich darstellt. An Bach fallen zwangsläufig eminente Widersprüche auf. Er ist ein hochgeschätzter Intimus von Samaranch, obwohl er ein überzeugter Demokrat und kompromißloser Streiter wider das Doping sein will und obwohl er – als Mann mit hohen

Ethikstandards – die Tricks ablehnt, mit denen sein früherer Chef Dassler Leute wie Samaranch etabliert hatte. Nichts deutet darauf hin, daß Dassler oder Samaranch dem Deutschen dessen Abscheu vor Gemauschel und Vetternwirtschaft je verübelt hätten. Hingegegen ficht kaum ein zweites wichtiges IOC-Mitglied so für den greisen IOC-Paten wie Bach. Er sieht Samaranch, kurz gesagt, »als Revolutionär, Erneuerer und Bewahrer der Olympischen Spiele«, der einfach nur »zuwenig mit seinen guten Argumenten gewuchert hat«.

Auch stellt Bach gern den Anwalt der Athleten dar, entlarvt sich aber immer wieder mit dem doktrinären Pathos des Alten – wie schon an jenem Februartag des Jahres 1992, als der frühere Athletensprecher in Courchevel in den französischen Alpen den olympischen Eid ablegte. Von *dpa* auf den merkwürdigen Umstand angesprochen, daß das IOC-Parlament »die Öffentlichkeit scheut und hinter verschlossenen Türen tagt«, säuselte Bach: »Ich finde es nicht schlecht, daß die Vollversammlung nicht öffentlich tagt. Da ist die Gefahr von Fensterreden viel geringer. Es kommt mehr zu Sachdiskussionen.« Und noch eins: »Das Parlament funktioniert.«

Zweieinhalb Jahre später verteidigte er auf dem Olympischen Kongreß in Paris sogar ein IOC-Diktum, demzufolge die Wortbeiträge Monate vorher in Lausanne vorzulegen waren. Damit ähnelte der als richtungsweisend für das neue Jahrtausend angekündigte Konvent in einem futuristischen Kongreßzentrum in La Défense einem kommunistischen Parteitag. Geistesblitze durchzuckten das monolithische Palaver nie, selten einmal gab es vorsichtige Andeutungen, die sich mit viel gutem Willen als Kritikansatz interpretieren ließen. Ein wahrhaft funktionstüchtiges olympisches Parlament eben, von dem Bach angetan war. »Coubertin ist stärker denn je«, rief er aus. »Man darf nicht überschätzen, daß hier Reden nach vielen Beratungen in den Nationalen Olympischen Komitees vorbereitet worden sind. Die reflektieren dann vielleicht besser die Stimmung, als das spontane Redebeiträge tun.«

Als ehemaliger Florettfechter ist Deutschlands Karriere-olympier naturgemäß stark im Fintieren, Täuschen, Auswei-chen, und er kämpft mit geschlossenem Visier. Gußeiserne Kontinuität im olympischen Parteitag sei nicht sein Ding, so möchte er glauben machen und outet sich deshalb gern in sei-ner Lieblingsrolle als moderner Weltsportvisionär. Als Stich-wortgeber dienen ihm ausgewählte Journalisten – so kann Bach in einigen Blättern alljährlich zu Weihnachten ungefil-tert seine persönlichen Betrachtungen absondern. Wenn er beim nächsten oder beim übernächsten Mal etwas ganz ande-res behauptet, wird das nicht hinterfragt. Bei solchen Gele-genheiten erzählt er dann oft, er übe »intern« ja schon seit Jahren entschiedene Kritik an gewissen olympischen Zustän-den. »Intern«, also allein in der Chefetage, dem Exekutivko-mitee, führe der Doktor Bach bisweilen harte Gefechte, er widerspreche mitunter sogar Samaranch – dieses Gerücht streuen auch Bachs Paladine wie der PR-Agent Dieter Kühnle. Im Frühjahr 1999 enthüllte Bach in der *FAZ* höchstpersönlich atemraubende Details der internen Revolution: »Ich selbst habe schon 1993 weitreichende Reformvorschläge unterbrei-tet, und jetzt ist vielleicht die Zeit reif.«

Bachs Privatreform von 1993 muß so radikal visionär gewe-sen sein, daß ein Rückstoßeffekt eintrat und den IOC-Revo-luzzer in Coubertins Ära katapultierte. Denn gerade zwei Jahre nach seinen packenden Reformgedanken schaffte es der ungestüme Modernisierer, für die Anhebung der Altersgrenze im IOC von 75 auf 80 Jahre zu votieren. Dies geschah 1995 in Budapest unter skandalösen Umständen. Der Big Boss, der kurz vor Vollendung seines 75. Lebensjahres stand, hätte ohne die neue Altersregel nicht mehr für eine weitere Amtszeit kan-didieren können. Samaranchs erster Versuch, die olympische Charta zu ändern, wurde überraschend zurückgewiesen. Nachdem das IOC dann Salt Lake City zur Olympiastadt 2002 gekürt hatte und einige Delegierte bereits abgereist waren, forcierten Samaranchs Prätorianer um den greisen Havelange mit Druck und schlechten Tricks eine neuerliche

Abstimmung. In diesem wichtigen Moment wußte Doktor Bach, wo er hingehört. Treu wie ein Soldat erfüllte der damals 42 Jahre alte Deutsche den sehnlichen Wunsch seines Patrons. Zu einer aufrechten zehnköpfigen Minderheit, die gegen die Erhöhung der Pensionsgrenze votierte, gehörte der 66 Jahre alte Walther Tröger, der die Sache schlicht »stillos« fand. Seine Meinung wurde sogar von der *FAZ* geteilt: »Auch ein ehrgeiziger Youngster wie Thomas Bach wollte beim Sessionsfinale nicht als Sezessionist seinen eigenen Weg gehen, sondern schwenkte auf die breite Bahn der Opportunisten ein.«

Im Krisenjahr 1999 setzte das IOC unter dem Druck der Öffentlichkeit das Alterslimit auf 70 Jahre herab – natürlich war der Opportunist aus dem Taubertal diesmal engagiert dafür eingetreten. Die kleine Unebenheit in der eigenen Haltung glättete Bach souverän: Man »sollte nicht vergessen, daß das IOC der einzige Sportverband ist, der überhaupt eine Altersgrenze hat«.

Um ein wenig mehr von dem zu erfahren, was Bach wirklich denkt, muß man das Augenmerk auf seine Äußerungen außerhalb der olympischen Kirche lenken. Auf Gelegenheiten wie ein Sponsoring-Symposium 1997 in Hamburg. Da referierte der Wirtschaftsanwalt ausnahmsweise einmal über »Sponsoring aus der Sicht des Sports«. Er führte seine Lieblingsthese aus, wonach die fünf Ringe weltweit, vor allem unter »Indern und Chinesen«, bekannter sind als das christliche Kreuz. Über Doping verlor er kein Wort, dafür erging er sich ausführlich über den »positiven Imagetransfer«, den die IOC-Sponsoren mit dem »Produkt Olympische Spiele« erzielen: »Der Eindruck der Überlegenheit über andere Produkte wird erweckt.« Aber Trittbrettfahrer ohne Sponsorenverträge mit dem IOC bezeichnete er als »Parasiten, die versuchen, die Olympischen Spiele auszusaugen, ohne wirklich etwas dafür zu geben«. Die »Parasiten« hätten auch das katastrophale Bild zu verantworten, das es bei den Spielen in Atlanta gab. Hatte das IOC bei diesen Spielen doch nicht alles im Griff?

»Zweifelsfrei ist, daß in Atlanta der Athlet im Mittelpunkt steht«, hatte Bach der Presse noch in Atlanta erzählt – ungeachtet der Sitzstreiks und Protestaktionen enttäuschter, empörter Sportler. Die Vereinigung der europäischen NOKs (EOC) unter IOC-Vorständler Jacques Rogge trug danach eine gewaltige Mängelliste zusammen, die in dem öffentlichen Urteil gipfelte: »Die olympische Bewegung kann nicht länger die Platitüde verbreiten, daß die Athleten die wichtigsten Menschen bei den Spielen seien, und sie dann wie Bürger zweiter Klasse behandeln!«

In Atlanta, wo ein wüstes Reklame-Rodeo die Straßen verschandelte und das IOC und die Veranstalter in täglichen Krisenstäben zusammenführte, hatte Bach noch eine weitere Beobachtung exklusiv: »Die kontrollierte Kommerzialisierung des IOC«, erzählte er dort den staunenden Berichterstattern, »ist auf einem guten Weg.« Auch hier stand das Urteil der europäischen NOKs dagegen: »Billig und unwürdig!« Inzwischen zeigte sich auch an anderen Fronten, wie gut der Weg der vom IOC »kontrollierten Kommerzialisierung« ist.

Auffallend auch Bachs Seitenhiebe aufs eigene Land. Die in Deutschland vorherrschende »Überproblematisierung«, die »künstliche Diskussion« ethischer Fragen würde »im Ausland belächelt«, erklärte der Weltreisende einmal. Bei anderer Gelegenheit, einem Treffen des Vereins Frankfurter Sportpresse, tat er kund: »Das IOC kann Spiele nicht an einen Kandidaten vergeben, hinter dem nicht die Mehrheit von Parteien, der Gewerkschaften, der Umweltschützer, der Bevölkerung allgemein und der Sportfreunde im besonderen steht.« Es folgte ein denkwürdiger Satz: »Wer schon bei der Bewerbung rechnet, was alles kosten könnte, sollte gar nicht erst kandidieren.« Das klassische Credo der Industrielobbyisten, die ja wenig Probleme damit haben, wenn Steuergelder ausgekübelt werden, im Gegenteil.

Grundsätzlich aber und von außen betrachtet beherrscht Thomas Bach die Rolle des guten Menschen brillant. Er ist nett, immer freundlich und alert, er tut für jeden, was er kann.

Da fällt kaum auf, daß ihm jede Leichtigkeit fehlt. Der stets als so jung gerühmte Advokat befreit sich nicht mal dann aus seiner dampfenden Rechtsmetaphorik, wenn er moralisch werden will. »Im olympischen Geist ist die Philosophie des Weltrechts für alle verwirklicht«, erzählte er den Wirtschaftsjunioren des Main-Tauber-Kreises in seiner Heimatstadt Tauberbischofsheim, und die *Fränkischen Nachrichten* vermeldeten ehrfürchtig: »Das IOC-Mitglied trat als redegewaltiger Verteidiger der Kommerzialisierung der Olympischen Spiele auf.« Weltrecht für alle? Klingt gut.

Der Titel seiner Dissertation, die er 1983 in Würzburg mit Auszeichnung verteidigte, verrät viel über Thomas Bach. *Der Einfluß von Prognosen auf die Rechtsprechung des Bundesverfassungsgerichts* ist das Thema dieser Schrift, was man als sein fachliches Programm auffassen kann: die Wissenschaft, die Dinge mit Methode in die gewünschte Richtung zu drehen.

Da kommt einem zum Beispiel die subtile Einflußnahme in den Sinn, die Doktor Bach Anfang 1999 in der hitzigen Debatte über eine zweijährige Mindestsperre für Doping-Erstsünder ausübte. Bei der Doping-Weltkonferenz in Lausanne erklärte es Bach flugs zur »juristischen Realität«, daß die Strafe nicht durchsetzbar sei. »Für Bachs Ansichten fehlen die Beweise«, erklärte damals der Berliner Rechtsanwalt Björn Ziegler, der in Deutschlands renommiertester Anwaltskanzlei Oppenhoff & Rädler/Linklaters & Alliance den Bereich Sportrecht betreut. »Warum muß eigentlich für die ganze Welt gelten, was der deutsche Jurist Bach rechtlich empfindet und empfiehlt?«

Eine gute Frage. In Deutschland lief die Diskussion, in die sich auch der für Sport zuständige Bundesinnenminister Otto Schily eingemischt hatte, auf Hochtouren, als Aufsehenerregendes geschah. Am 17. Februar 1999 schickte die Kanzlei Bach »streng vertraulich« ein Fax in die Zeitungsredaktionen, dessen Inhalt Stunden später selbstverständlich über die Agenturen verbreitet wurde. Ein echter Hammer: Der Karlsruher Verfassungsrichter Udo Steiner stelle sich frontal gegen

Schily, so wurde übermittelt. Steiner halte die von Schily verfochtene starre Zweijahressperre für nicht machbar. Zitiert wurde dazu aus einem schriftlichen Kommentar des hochrangigen Juristen, den er gegenüber Bach abgegeben habe. Mußte der Innenminister und allzu forsche Dopingbekämpfer nun klein beigeben im öffentlichen Streit mit Thomas Bach, auf dessen Seite sich nun das Bundesverfassungsgericht schlägt?

Am 18. Februar war der Agenturbericht deutschlandweit in allen Zeitungen zu lesen. Und im Büro des Verfassungsrichters geschah Seltsames. »Ich hatte an diesem Morgen noch gar nicht in die Zeitung gesehen«, erzählt Udo Steiner, »als mich Herr Bach anrief. Er erklärte, da habe es wohl ein Mißverständnis in der Presse gegeben. Er habe auf einen Text von mir zurückgegriffen, der nicht aktuell war. Dafür hat er sich bei mir entschuldigt.« Tatsächlich stammte der Text aus der *Juristischen Wochenschrift* vom 23. Oktober 1991, war also bereits acht Jahre alt und teilweise durch aktuelle Entwicklungen überholt. »Als Richter«, sagt Steiner, »hätte ich mich nie in eine aktuelle öffentliche Debatte eingemischt.« Das hat Kollege Bach für ihn besorgt.

Wie Bachs Kollegen sein Wirken beurteilen, erklärt der ehemalige Ruderer Roland Baar, gewähltes Mitglied der olympischen Athletenkommission und seit Dezember 1999 in dieser Eigenschaft auch befristetes Mitglied im IOC. »Man denkt doch, daß man Bach juristisch nicht an den Karren fahren kann«, sagt Baar, Ingenieur bei VW. »Wenn er dann zum Beispiel sagt, diese Einschätzungen zur Zweijahressperre wären eindeutig, dann steht man dem als juristischer Laie machtlos gegenüber.« Obgleich sich doch Bach damals beim Verfassungsrichter Steiner für das angebliche »Mißverständnis« entschuldigt hatte, tauchte er Wochen später mit eben jenem Steiner-Text in einer Versammlung der deutschen Aktivensprecher auf. Er habe sich schon gewundert, daß »Schriftbild und Druck« des von Bach präsentierten Textes »ziemlich alt gewesen« seien, erinnert sich Roland Baar. »Das war unglaublich, das war unfair von ihm. Bach hat unsere Sitzung mißbraucht. Die Art und Weise, wie er argumentiert, und dabei mit steinalten Schriften vorgeht, kann man sicher als Lobbyismus bezeichnen.«

Seit jenem Zwischenfall in Frankfurt am Main hat sich das Verhältnis zwischen Baar und Bach nicht verbessert. Der IOC-Novize Baar, der die olympische Tätigkeit als Abenteuer sieht und ganz den Interessen der Athleten unterordnet, fragt sich immer öfter, wem Bach eigentlich dient: den Athleten, dem Sport, dem IOC, der eigenen Karriere? Im deutschen Sport, das hatte Baar schnell begriffen, ist Bach weitgehend isoliert. Als Baar im April 2000 ankündigte, in Sydney wieder als Athletenvertreter im IOC kandidieren zu wollen, hielt er den Hinweis für angebracht, sich auch künftig gegen die Meinung des IOC-Vorständlers Bach stellen zu wollen.

Auch der langjährige Aktivensprecher Arnd Schmitt, 1988 Olympiasieger im Fechten, wundert sich über Bachs schwer durchschaubare Aktivitäten: »Was Thomas Bach, der sich als Anwalt der Athleten bezeichnen läßt, für seine Klientel erreicht haben will, ist nicht nur mir bis heute verborgen geblieben.« Schmitt, der sich neben dem Sammeln von Olympia- und Weltmeistertiteln eine Zahnarztpraxis aufgebaut hat, beschreibt den Kampf mündiger Athleten gegen die Allmacht der Funktionäre so: »Die Athleten werden von den Verbänden zwar als funktionierende Leistungsträger geschätzt, andererseits aber von ihren um Machterhalt bemühten Funktionären an den Pranger gestellt und mit allen Mitteln bekämpft, sobald sie es wagen, sich kritisch über Fehlentwicklungen im Sport zu äußern.« Für Schmitt ist klar, daß Männer wie Bach tragender Teil dieses Systems sind, das die Sportler nur als Feigenblatt benutzt. Filz und Korruption hätten im IOC strukturelle Qualität: »Es geht längst nicht mehr um die Verfehlungen einzelner Funktionsträger oder Athleten, es geht um ein System, das Lug und Trug begünstigt, ein System, das noch immer glaubt, auf demokratische Legitimation verzichten zu können. Ohne das Eingreifen unabhängiger staatlicher Ermittlungsbehörden wird sich der Weltsport aus der Krisensituation, in die er sich selbstverschuldet gebracht hat, nicht befreien können.«

Auch der kanadische Olympiaschwimmer Mark Tewksbury, der den Athleten-Anwalt Bach als Mitglied in dessen Bewertungskommission für die Spiele 2004 kennengelernt hatte, war hernach stark ernüchtert. Er fand, die Athleten würden in diesem Kreis nur als Schaufensterpuppen für die Außenwirkung benutzt. Er wurde vorgeführt, die Aufgaben wurden von anderen erfüllt.

Mit den Spitzen der deutschen Sport-Dachverbände, mit Walther Tröger und Manfred von Richthofen, dem Präsidenten des Deutschen Sportbundes, hat sich Thomas Bach ebenfalls überworfen. Das Verhältnis zwischen Bach und Tröger, dem Präsidenten des Nationalen Olympischen Komitees, ist sogar derart zerrüttet, daß es im IOC und unter nationalen Funktionären seit Jahren Gesprächsstoff liefert. Im deutschen NOK hat Bach ohnehin nichts zu bestellen. Im IOC sind viele der seriösen älteren Vertreter auf Trögers Seite. Man kennt den 71 Jahre alten Berufsfunktionär als nüchternen Technokraten, aber auch als geradlinigen, rechtschaffenen Kollegen, der sich auf nationale Aufgaben und auf internationale Entwicklungshilfe konzentriert. Bachs Interessen sind global, er konzentriert sich auf seine Karriere im IOC, und Samaranch kann von seinem Schützling allzeit Gehorsam erwarten. Als Bach im Frühjahr 1996 den Hut in den Ring warf und seine Kandidatur für ein Amt in der IOC-Regierung anmeldete, erklärte er mit Unschuldsmiene: »Es gibt eine freundschaftliche Übereinkunft zwischen mir und Tröger, daß ich antreten soll. Und das werde ich auch tun.« Heile Welt? Trögers Version zu dieser freundschaftlichen Übereinkunft fiel völlig anders aus. »Ich habe Bach mitgeteilt, daß ich auf eine Bewerbung verzichte«, erklärte er. »Alles andere ist seine Sache.«

Mitte der neunziger Jahre beschäftigte und lähmte eine großangelegte, mit Hilfe gewisser Wirtschaftskreise losgetretene Fusionsdebatte den deutschen Sport. Es ging vordergründig um die Verschlankung der auf den Säulen DSB,

NOK und Sporthilfe ruhenden Körperkultur. Doch statt konstruktive Sparkonzepte vorzulegen, befaßten sich die Fusionsbefürworter zunehmend mit der entlarvenden Frage, wer der künftige Sportchef sein solle. Hinter den eher rüden Bestrebungen, sein NOK unter ein Dach mit dem Sportbund zu zwingen, erkannte Tröger bald die diskrete Regie seines olympischen Kameraden. Bach und DSB-Präsident von Richthofen hockten plötzlich sogar gemeinsam bei Samaranch, wie Tröger brüskiert konstatieren mußte, der zufällig selbst vor Samaranchs Schlößchen vorfuhr, als das deutsche Duo herausspaziert kam. Und als das IOC im Herbst 1996 in Baden-Baden eine Sitzung zum Thema Europapolitik abhielt, war plötzlich der DSB Gastgeber, nicht – wie sonst selbstverständlich – das deutsche NOK. Es wurde gezetert und gezankt. Für Tröger und sein NOK war der jahrelange, zermürbende Kampf um die Macht im deutschen Sport »kontraproduktiv, das hat natürlich einige Sponsoren bewogen, sich zurückzuziehen«. Der im sogenannten Team Olympia zusammengefaßte Sponsorenpool der Olympiafahrer schrumpfte gar auf die letzten zwei Werbe-Mohikaner zusammen, die in Sydney noch dabei sind: Adidas und Obi.

»Ich fühle mich manchmal wie im Märchen«, hat Tröger später einmal gesagt. »Irgendwo im Wald sitzt ein Rumpelstilzchen und treibt Schabernack. Doch ich bin nicht derjenige, der nachforscht, wer das ist. Ich bin vielleicht ein bißchen blauäugig, aber als es zuviel wurde, habe ich eingegriffen.« Im Oktober 1996 landete Tröger den Befreiungsschlag. Er verbat sich bei der Generalversammlung des NOKs in Chemnitz »die unfreundliche Übernahme« durch den DSB und sorgte im Nebeneffekt dafür, daß sich der schmollende Richthofen überhaupt erst wieder im Februar 1999, zu Trögers 70. Geburtstag, auf einer NOK-Präsidiumssitzung blikken ließ. Der Freiherr aus Berlin hatte damals in Chemnitz die ganze Keile allein kassiert. Tapfer harrte er während Trögers kämpferischer Rede in vorderster Reihe aus – während sein NOK-Vorstandskollege und Fusionsbetreiber Bach gar nicht erschienen war. Seither ist auch das Verhältnis zwischen Bach und Richthofen merklich abgekühlt.

Bach fehlt häufig im NOK. Auf Befragen, warum er die Fusionsdebatte damals so massiv angeschoben hatte, erklärte er, er habe das »in meiner Rolle als IOC-Botschafter im NOK« getan. Das war ein denkwürdiger Hinweis, den sich der deutsche Sport und seine Mitglieder merken sollten: Bach verficht IOC-Interessen in Deutschland, nicht umgekehrt. Tröger hat die olympische Charta, die IOC-Mitglieder noch immer als Botschafter des IOC in den jeweiligen Ländern bezeichnet, in diesem Punkt nie interessiert – er definiert sich eher als Interessenvertreter des deutschen Sports.

Worin liegt das Interesse des Sports an einem hochrangigen IOC-Funktionär Bach, so fragen sich viele deutsche Funktionäre, noch dazu, wenn der als Agent provocateur den Sport im eigenen Land aufmischt? Tröger hat sich damals über den infamen Vorgang, daß »das IOC seine Fühler um uns herum zu einem anderen Partner im Land ausstreckt«, bei Samaranch beschwert. »Ich habe Samaranch das gesagt, und er meinte, es werde nicht wieder vorkommen.«

Mysteriöse Attacken widerfuhren Tröger auch von anderer Seite. Das NOK hat das Verwertungsrecht an den Ringen hierzulande, damit an der größten Werbedevotionalie überhaupt. Das weckt Begehrlichkeiten. Erst übte ein ominöser Initiativkreis Sport und Wirtschaft Druck auf ihn aus, angeführt vom früheren Daimler-Chef Edzard Reuter, der in besseren Tagen mit Doktor Bach nette Stunden bei Samaranch verbracht und dabei kräftig über Tröger gelästert haben soll. Leider gelang es Reuter nicht, die nötigen Millionen aus den Konzernetagen zu beschaffen. Nicht mal das wenige Vorzeigbare – eine Million Mark vom Sparkassenverband, bestimmt für die Eliteschulprojekte – hatten die Big Bosse wirklich akquiriert, sondern nur sportintern umgeleitet: Bis 1996 hatten die Banker ihre jährliche Million noch in die Fairplay-Kampagne der Deutschen Olympischen Gesellschaft gesteckt. Reuter gab auf.

Der frühere Daimler-Chef, der die Sommerspiele 2000 nach Berlin holen wollte und viele Jahre mit Olympiern wie Bach, Samaranch und anderen zugange war, schrieb sich in seiner Autobiographie *Schein und Wirklichkeit* von der Seele, was ihn wirklich bewegt hatte. Seine Erinnerung an den Besuch bei den Sommerspielen in Atlanta 1996 liest sich so: »Die anschließenden Tage als Gast des IOC haben mir bestätigt, wie gut ich immer beraten war, mich von einem engeren Umgang mit den Sportfunktionären fernzuhalten. So klar, so verbindend der Umgang der Athleten untereinander auch sein mag, so abstoßend wirkt der Pomp und die eitle Selbstbespiegelung, die in diesen Kreisen vorherrschen. Natürlich bin ich mir darüber im klaren, daß Juan Antonio Samaranch und Nebiolo Vorsitzende von Vereinigungen sind, die keineswegs nur auf Frieden und Völkerverständigung, sondern zumindest genauso auf kommerziellen Erfolg abzielen. Unverkennbar ist dennoch, daß die olympische Idee in sehr direkter Weise Gefahr läuft zu verkommen, wenn sie nicht bald aus dem Würgegriff von Funktionären aus aller Herren Länder befreit wird, die sich auf Kosten junger Menschen ein gutes Leben machen.«

Aber zurück nach Deutschland: Als nächstes profilierte sich im Finanzbereich ein anderer Vertrauter Bachs: Hemjö Klein. Der damalige Lufthansa-Vorständler wollte plötzlich die Deutsche Sportmarketing (DSM), die gemeinsame Vermarktungsagentur von NOK und Sporthilfe, kaltstellen und die Ringe-Vermarktung selber in der Sporthilfe ausüben. Klein entwarf (während sich seine Luftlinie sogar aus dem Sponsorenpool der DSM, dem Team Olympia, zurückzog und auch den visionären Vorständler ausmusterte) einen kühnen Vermarktungsplan. Der hieß Top Five und verkündete Sporthilfe und NOK Einnahmen von bis zu 30 Millionen Mark pro Jahr. Es blieb ein Traumgespinst, und Klein, der die Aufsichtsratsspitze bei der DSM bald wieder abgab, darf als gescheitert gelten.

Bei der DSM rückte übrigens ein Lufthansa-Mann in die

Geschäftsführung nach. Der verband sich dann mit der Düsseldorfer Messe, die für drei Millionen Mark das Deutsche Haus in Sydney erstellen durfte. Vermittelt wurde der Millionendeal von der Agentur Dieter Kühnle – jenem Kleinbetrieb, der mit Bach Daimler-Autos in Afrika überreicht oder ihm nach langen IOC-Sitzungen die Aktentasche packt. In Kühnle, ehemals Chefredakteur des *Sportinformationsdienstes,* besitzt Bach einen unermüdlichen und eng an Daimler-Chrysler angelehnten Adjutanten. Kühnle lotet für ihn auf IOC-Tagungen die Medienstimmung aus und leitet durchaus auch Aussage von IOC-Mitgliedern an die Presse weiter. Eine geschäftliche Beziehung unterhalten die beiden nicht, sagt Kühnle. Man sei lediglich befreundet. Rein zufällig berät Bachs Adlatus Kühnle den hohen Daimler-Manager Matthias Kleinert, wie dieser auf Anfrage mitteilt. Wenn das IOC und die Autofirma irgendwo zwischen Kenia und dem Senegal einen neuen Kleinbus stiften, überreicht schon mal das Tandem Bach/ Kühnle die Schlüssel – der Bach-Getreue für den Konzern, Bach selbst für den Olymp. Daß sich Bachs Vertrauensmann auch auf die Versammlungsbänke des NOKs verirrt, wie im Dezember 1998 in München, irritiert NOK-Präsident Tröger nicht mehr: »Das ist eine Geschmacksfrage, darüber rege ich mich nicht mehr auf.« Heikel wird die eng vernetzte Arbeit des Daimler-Beraters Kühnle aber dann, wenn er vom Vorgesetzten eines mißliebigen Journalisten wissen will, warum die Zeitung etwas »gegen Herrn Doktor Bach« habe.

Regiert da irgendwo hinterm Vorhang eine ordnende Hand? Wenn ja, mit welchen Zielen? Manchmal bemerkt Tröger Aufschlußreiches. So erinnert er sich, wie ihn bei einem gesellschaftlichen Anlaß ein Vertreter des Sparkassenverbands als »Doktor Bach« begrüßte und scherzhaft sagte, er müsse in letzter Zeit ganz gut verdient haben mit seinen Vorträgen bei der Bank. Tröger stellte die Verwechslung klar, »und daß ich für meine Vorträge nichts kassiere«. Für die Sparkasse sitzt der Vortragsreisende Bach auch dem Kuratorium des hochdotierten Fairplay-Preises für Sportjournalismus vor. Eine interessante Betätigung für einen Mann, der von dieser journalistischen Arbeit ja betroffen sein kann.

Außerhalb seiner Reichweite als Medienzensor bewegt sich ein eigentlich ja hochattraktives, weil sehr renommiertes Blatt wie die *Neue Zürcher Zeitung*. Die beschrieb Bach im April 2000 – unter der Überschrift »Der Bekenntnismann« – bei einem seiner vielen Auftritte im Dienste der Sparkassen. In Köln saß er unter einem Fairplay-Banner, lobte die Olympischen Spiele als die klar am wenigsten kommerzialisierte Sportveranstaltung der Welt und gab sich vor handverlesenem Publikum derart frömmelnd, daß sich das Blatt schüttelte: »So schön ist sie, die olympische Realität. Und erst mit einem wie ihm, dem wendigen Anwalt aus Tauberbischofsheim, der Bekenntnisse zur Ehrlichkeit und Transparenz so reichlich zur Hand hat wie das Fernsehen Nachrichten (…) Nehme man doch einfach zu seinen Gunsten an, daß er den Sinn seiner wirren Rede selber nicht verstanden hat.«

Doktor Bach, der Mann der deutschen Wirtschaft im Weltsport und in angrenzenden Bereichen, eroberte in den letzten Jahren ein weiteres Betätigungsfeld. Er wurde in der deutschen Bewerbungskampagne für die Fußball-WM 2006 beratend tätig. Der DFB erklärte auf Anfrage: »Dr. Bach hat uns signalisiert, bei seinen vielfältigen Terminen und Reisen, vornehmlich bei Gesprächen im internationalen Bereich, für Verständnis und Sympathie für Deutschland als WM-Austragungsort im Jahr 2006 zu werben. Konkret kann das bedeuten, Gründe für Deutschland zu nennen.« Ohne jedes Honorar? Klar. »In keiner Weise.« Nur ein Dienst am Vaterland.

Wenn der Sport Pause hat

Begeben wir uns auf weniger bekannte Berufsfelder, die der deutsche Oberolympier beackert. Was jeden, der ihn flüchtig kennt, an Bach bewundert oder beunruhigt, ist die seltene Melange aus öffentlicher Dezenz, die der nette Kerl aus der fränkischen Provinz verströmt, und seinen exzellenten Kontakten in höchste Wirtschafts- und Regierungskreise. Kaum ein deutscher Sportfunktionär vor ihm hat die Türen zur Macht in Bonn und Berlin so weit aufgestoßen, höchstens mal kurz, um einen Orden in Empfang zu nehmen. Der junge Herr Bach aber ist nicht nur Träger des Bundesverdienstkreuzes, ihm stehen alle Pforten offen. Hereingelassen wird er meistens als IOC-Mitglied.

Bach laviert sehr geschickt in einer Grauzone – irgendwo zwischen Sport, Wirtschaft und Politik. Sein wirkliches Metier ist ein Niemandsland, was auch viele Vorteile gegenüber der Öffentlichkeit hat: Von politischen oder Wirtschaftsjournalisten wird er selten befragt, weil die ihn für einen reinen Sportfunktionär halten – und die Sportpresse beleuchtet nie sein berufliches Umfeld, denn für sie ist er einfach eine juristische Kapazität. Die Sportreporter wollen von ihm nur wissen, ob er glaubt, daß Sydney ein toller Marketingerfolg wird. Unter Sportfunktionären erntet meist Schulterzucken und Grinsen, wer nach Bachs segensreichem Wirken fragt. Im Sport gilt er als Mann der Wirtschaft, in Industrie- und Politikerkreisen jedoch als Mann des Sports. Eine raffinierte Konstellation, denn genaugenommen hat Bach doch in keiner seiner beiden wichtigsten Sportfunktionen ein demokratisches Mandat.

Ins IOC gelangte der Samaranch/Dassler-Zögling frühzeitig, weil Willi Daume, der größte aller deutschen Olympier, freiwillig seinen Platz für den Nachwuchs räumte. Daume bat die Kollegen 1991 in Birmingham, seinen Vorschlag zu akzeptieren. Einen Gegenkandidaten gab es nicht, wie es ein Jahrhundert lang Brauch war im IOC. Nach den Regeln, die bis zum Dezember 1999 galten, durfte Bach einer IOC-Mitgliedschaft bis zur Vollendung seines achtzigsten Lebensjahrs sicher sein – also bis zum Jahr 2033. Dann aber verordnete sich das IOC unter dem Druck der Öffentlichkeit ein paar strukturelle Korrekturen. Was für Doktor Bach bedeutet, daß er sich nun schon im Jahr 2007 erstmals einer Wiederwahl zu stellen hat – nach dann sechzehn Jahren im IOC. Bis dahin wird er, sollte die olympische Charta nicht neuerlich geändert werden, auch seine zweite wichtige Position beibehalten: den Platz im Präsidium des deutschen NOKs. Denn die Charta legt schon seit Ewigkeiten fest, daß IOC-Mitglieder automatisch dem Vorstand ihrer Nationalen Komitees angehören.

Der olympische Nomenklaturkader Doktor Thomas Bach hat also noch acht Jahre Zeit, bis er sich in jener Funktion, in der er berühmt geworden ist – als IOC-Mitglied – zum erstenmal ein demokratisches Mandat erkämpfen kann. Doch mit lähmenden Überlegungen, ob es Bach Ende des Jahrzehnts wohl schafft, sich sportparlamentarisch zu legitimieren, kann sich natürlich nicht mit der Frage aufhalten, wer das Tempo bestimmt im Land. Es gilt der Status quo. Also reiste Bundespräsident Johannes Rau im April 2000 mit einer Delegation, in der sich auch Thomas Bach befand, nach Griechenland. Eingeladen worden war der Tausendsassa, das muß man ja immer gesondert festhalten, nicht als Wirtschaftsvertreter, sondern als IOC-Mitglied, teilte das Bundespräsidialamt mit. Auch Bundesinnenminister Otto Schily, Raus SPD-Parteigenosse, spricht öfter mal mit Thomas Bach – obgleich Schily doch in der Dopingdiskussion erfahren durfte, mit welchen Tricks Bach zu operieren pflegt, wenn jemand anderer Meinung ist. Der ist eben IOC-Vorständler, also, läßt Schily durchblicken, muß es sein.

Der im Sportausschuß des Bundestages tätige bündnisgrüne Winfried Hermann sinnierte bereits öffentlich darüber, den nationalen Teil der Organisation IOC prüfen zu lassen, weil Bach »die Mischung aus Olympia und Geschäft perfekt praktizieren soll«. Auch einigen seiner SPD-Koalitionäre im

Sportausschuß sind Wirkungsweise und Betätigungsfeld des IOC-Anwalts irgendwie suspekt. So irritiert sie festzustellen, daß Doktor Bach im deutschen Sport keine festen Wurzeln hat. Klaus Kinkel jedoch, der Mann der Liberalen im Sportausschuß, hält fest zu Bach, seinem Parteifreund und gelegentlichen Tennispartner. Parallel zu den Verpflichtungen in der freien Wirtschaft und im Sport hat Bach in der FDP seit 1981 still Karriere gemacht. Zumindest schaffte er es in den Wirtschaftsbeirat, in den Sportbeirat sowieso. Ein Parteiamt aber hat Bach stets weniger angestrebt als gute Kontakte. Mit dem damaligen Außenminister Kinkel durfte er auf Reisen gehen, so etwa im Herbst 1997 in einer Gruppe deutscher Manager nach Japan, Südkorea und Thailand. »Wir wollen Aufträge für deutsche Firmen akquirieren«, sagte der sportive Wirtschaftsemissär seinerzeit. »Die Globalisierung der Märkte ist schließlich keine Einbahnstraße.« Auch wenn es manchmal so scheint. Die politischen Winde haben sich gedreht, der Freund und Förderer Kinkel tummelt sich zur Verwunderung vieler Abgeordneter ausgerechnet im Sportausschuß – und verficht dort wacker Linien, die sehr an seinen jungen Parteifreund erinnern.

Auch anderen ehemaligen FDP-Ministern fühlt sich Thomas Bach sehr verbunden. Hans-Dietrich Genscher, Wolfgang Mischnik und besonders den beiden Wirtschaftsexperten Helmut Hausmann und Hans Friderichs. Mit dem im Flick-Parteispendenskandal rechtskräftig verurteilten Friderichs, einem seiner großen Förderer, betrieb Bach einst sogar eine gemeinsame Firma. Hausmann, der früh die Talente des jungen Anwalts erkannt hatte und bis zum Fall der Mauer eine interessante Beratergruppe unterhielt, war Mitglied des Beirats einer Bachschen Unternehmungsberatung. Davon gab es einige, auch änderten sich oft die Besitzverhältnisse in Bachs kleinem Firmenkonglomerat rund ums Taubertal und (zeitweise) auch in Dresden.

Am Beispiel der sächsischen Hauptstadt gab Bach einmal zum besten, wie mutig und entschlossen er in geschäftlichen

Dingen zu Werke geht: »Mit Bundeskanzler Kohl und einigen Topmanagern der Bundesbank, Mercedes, Höchst, Lufthansa und anderen war ich Ende 1989 in Dresden«, erzählte Bach der IOC-Hauspostille *Olympic Review,* »da fragte mich Kohl, was ich vorhätte in Dresden zu tun. Ich sagte, daß ich ein Büro eröffnen werde. Und ich hab's getan.«

Das Dresdner Unternehmen hat Bach jedoch nicht ins neue Jahrtausend gerettet. Überhaupt hat er, der sich der Transparenz verpflichtet fühlt, seine Engagements in Treuhand-, Wirtschafts- und Steuerberaterfirmen nach und nach heruntergeschraubt. Glücklicherweise geschah dies nicht nur einmal, bevor die entsprechenden Firmengebilde und seine vormaligen Partner in Mißkredit bei ihren Kunden oder gar in unfeine juristische Auseinandersetzungen verwickelt wurden. Doktor Bach aber hatte damit nichts zu tun. Neben seinen unentgeltlichen Mittlerdiensten zwischen dem IOC und Sponsoren wie Daimler-Chrysler und Lufthansa findet er noch Zeit für den Aufsichtsratsvorsitz der Tauberbischofsheimer Weinig AG, des weltgrößten Holzmaschinenherstellers, und hält Ausschau, was das Berufsleben noch zu bieten hat.

Die Frage ist offenkundig: Wie trennt ein so gut vernetzter Berufslobbyist die Ämter zwischen Wirtschaft, Sponsortum und IOC-Regierung? Da jettet Bach zum Beispiel als Chef der olympischen Bewerbungskommissionen für Winter 2002 und Sommer 2004 mit seinem Ausschuß um den Erdball, kann sich vor wertvollen Kontakten mit den Mächtigen dieser Länder nicht retten. Überall eilen hohe bis höchste Regierungsvertreter, Wirtschaftsbosse und Medienmogule zum Kratzfuß beim Chef der olympischen Prüfungskommission herbei. In manchen Ländern evozierten diese Auftritte einen öffentlichen Aufwand, als sei ein Heiland erschienen. Wie in Rußland, wo sich die Machthaber viel Zeit für den olympischen Götterboten nahmen. Im Herbst 1996 saß Bach in St. Petersburg für eine Stunde mit Wiktor Tschernomyrdin zusammen. Der russische Premier war aus Moskau herbeigeeilt, um ihm die Unterstützung St. Petersburgs durch die russische Regierung zu versichern. Anschließend telefonierte Boris Jelzin mit Helmut Kohl und bat den Kanzler, die russische Kandidatur zu unterstützen. Wie sollte Kohl das tun – sollte er zu Samaranch gehen oder gleich zum Chefinspektor Bach?

Interessenskonflikte jedweder Art, das wird aus dem Lager Bach häufig mitgeteilt, sind durchweg inexistent. Eine Firma, die Bach für seine Dienste seit 1995 rund 250 000 Mark pro Jahr gezahlt hat, ist die Philipp Holzmann AG. Der IOC-Vorständler habe für den Konzern »nach eigenen Angaben umfangreiche juristische Beratungen geleistet«, berichtete *Der Spiegel* Ende 1999. In einer besonders problematischen Tochtergesellschaft des ums Haar in die Pleite geschlitterten Bauriesen – dessen Mitarbeiter mit einem Sanierungstarifvertrag, sprich: mit Lohnverknappung und Überstunden, um ihre berufliche Existenz kämpfen –, der Arena AG, saß Bach zugleich im Aufsichtsrat. Eine eher unübliche Konstruktion sei das für einen Externen, so teilten uns verschiedene ehemalige Arena-Vorstände und Aufsichtsräte mit. Einige sagten, sie seien deshalb im Stammhaus vorstellig geworden, weil sie wissen wollten, wofür das hübsche Beraterhonorar gezahlt wurde. Das damals wie heute tätige Vorstandsmitglied Johannes Ohlinger gab offiziell Auskunft über die Firmenpressestelle: »Die Tätigkeit von Herrn Dr. Bach für die Firma Philipp Holzmann AG steht in keinem Zusammenhang mit dessen sportpolitischen Ämtern. Sie bezog und bezieht sich ausschließlich auf die Gebiete der Rechts- und Wirtschaftsberatung.« Bach habe »vielfache Verhandlungen mit Banken, Behörden und Geschäftspartnern geführt, deren Inhalt sich, wie bei juristischer Beratung üblich, vertraulich darstellt«.

Auf den ersten Blick erscheint es nebensächlich, daß Bach und frühere Mitarbeiter des Baukonzerns die Liaison nicht ganz identisch darstellen. Wenn Bach von »umfangreichen juristischen Beratungen« spricht, ist das sein Broterwerb, den er trotz der IOC-Tätigkeit ausüben kann. Juristische Beratungen aber, so heißt es bei einem ehemaligen Holzmann-Justitiar, sei nicht Bachs originäre Aufgabe gewesen – dafür werden schließlich ganze Stäbe von Juristen beschäftigt. Auch zählt das Baurecht nicht zu seinen Fachgebieten. Wenn Bach aber weniger juristisch beraten und mehr wirtschaftlich kontaktet hat, ist das ein feiner, entscheidender Unterschied. Zumal wenn der prominente Ruf als einflußreiches IOC-Mitglied den Weg zu Beratervertrag und Honorar ebnet und wenn dafür auch Kontakte auf der Ehrenamtsebene versilbert werden könnten.

Ein früheres, mit dem Vorgang vertrautes Holzmann-Vorstandsmitglied erklärte uns, Bach sei damals selbstverständlich wegen seiner glänzenden sportpolitischen Kontakte verpflichtet worden. Man habe über sein Beziehungsgeflecht den kommerziellen Betrieb der Arena-Veranstaltungskette ankurbeln wollen. Darüber hinaus habe Bach andere Kontakte aktivieren können, genannt wurden die Chefetagen der Deutschen und der Dresdner Bank, von RWE und anderen. Beispielsweise habe er dem Initiativkreis Ruhrgebiet das damals noch relativ neue Arena-Projekt vorgestellt. Später, bei den Reisen mit außenpolitischen Bonner Delegationen in die Welt, habe er auch viel bewirken können – konkreter wurde der Ex-Vorständler nicht. Aber das deckt sich mit Informationen, die auch *Der Spiegel* brachte: »Unter anderem habe er für Holzmann an Delegationsreisen der Bundesregierung teilgenommen und Gespräche mit der Deutschen Bank geführt. Vom Holzmann-Vorstand heißt es, man sei mit Bachs Arbeit zufrieden. Ein direkter beim Vorstand angesiedelter Ex-Abteilungsleiter kann sich aber nicht erinnern, seit 1997 einen Schriftsatz von Bach zu Gesicht bekommen oder eine andere Leistung notiert zu haben.«

Die Befragten sagen: Alles lief, soweit sie wissen, korrekt ab. Hätte der um proaktive olympische Transparenz besorgte Thomas Bach sich dazu geäußert, hätte er Interessenskonflikte sicher ebenfalls verneint – und gäbe es dennoch ein Problem, würde er es nach international üblichen Ethikstandards lösen, nämlich durch Offenlegung. Bleibt noch die Kardinalfrage: Wer beurteilt, ob und wann etwas ein Interessenskonflikt ist? Etwa die Beteiligten?

Bach hätte, angesprochen auf die prekäre Lage des Unternehmens, schon signalisiert: »Alle machen Abstriche.« Manager Ohlinger ließ uns dazu mitteilen: »Zu Inhalt und Konditionen von Beraterverträgen nehmen wir grundsätzlich keine Stellung. Herr Dr. Bach hat jedoch, wie viele Partner unseres Hauses, einen Sanierungsbeitrag geleistet. Der Vorstand war und ist mit der Tätigkeit von Herrn Dr. Bach sehr zufrieden und hält Leistung und Gegenleistung für angemessen. Der Beratervertrag läuft Ende des Jahres aus. Er wird auf der bestehenden Basis nicht verlängert werden, da Philipp Holzmann künftig keine zeit-, sondern immer nur projektbezogene Beraterverträge abschließen wird.«

Beraten, beeinflussen, Kontakte knüpfen. Fraglos eine Tätigkeit, die das Ehrenamt als IOC-Mitglied lukrativ machen kann. Schauen wir uns weiter um. Besuchen wir die Expo in Hannover, die am 1. Juni mit großem Trara eröffnet wurde. Sogar eine offizielle Expo-Hymne wurde von der Rockband Scorpions intoniert – so, wie es die olympische Hymne gibt bei der Eröffnungsfeier der Spiele. Was die Expo von Olympia unterscheidet, ist, daß für sie eine Marketingidee entwickelt wurde, die nicht so ganz den erhofften Erfolg zeitigte. Große Gemeinsamkeiten haben beide Events jedoch im Marketingkonzept. Fünfundzwanzig Seiten braucht ein Expo-Brevier, um alle Beteiligungsmöglichkeiten für die sogenannten Partner aufzuschlüsseln. »Partner« steht bei der Expo für Sponsor. Die Olympier nennen ihre Sponsoren auch so. In der obersten Marketingkategorie, der »Königsklasse«, tummeln sich Weltfirmen, die 30 Millionen Mark berappen müssen. Darunter folgen die »Produktpartner«. Sie zahlen 10 Millionen Mark und dürfen sich »exklusive Partner für ein Produkt oder eine Dienstleistung« nennen. Nach unten breitet sich eine Pyramide, die in Aufteilung, Benennung und Abgrenzungsprinzipien heftig ans Sponsormarketing der Olympischen Spiele erinnert. Ob es da eine ordnende Hand im Hintergrund gab?

Im Ursprung hatte die Expo-GmbH geplant, möglichst viele Arbeitsgebiete auszugliedern. Eine Expertise der Münchner Unternehmensberatung Roland Berger & Partner gemahnte sie daran, daß sich »für eine professionelle Vermarktung eine Auswahl erfahrener Gesellschaften« anbiete, und empfahl unter anderem Bertelsmanns Ufa sowie die ISPR (Springer/Kirch). Die Expo entschied sich indes für eine Agentur aus Düsseldorf: HF & P. Als sich das Marketingminus vor zwei Jahren immer deutlicher abzeichnete, kündigte man der Agentur und holte sich den Job selbst ins Haus. Als Berater tätig für HF & P war auch Bach, sagt uns Expo-Geschäftsführer Reinhard Volk: »Es gab da ein Vertragsverhältnis. Es war ja Aufgabe der HF & P, daß sie qualifizierte Leute heranzog.« Gut ein Jahr zuvor hatten wir mit dem damaligen Chef der HF & P, Helmut Fleischer, gesprochen. Dessen Angaben zufolge hatte die Agentur eine intensive fachliche Betreuung durch das IOC-Mitglied Thomas Bach genossen. Geschäftsführer Fleischer erklärte, seine Firma beriete die Expo in Sachen Marketing und Sales. Sie hatte einen guten Lehrmeister: »Herr Bach hat uns beraten, am Anfang ist er uns sehr zur Seite gestanden. Wie kann man die Expo bei uns positionieren – wie macht dies das IOC?« beschrieb Fleischer die Aufgabenstellung für den IOC-Vorständler. Und weiter: »Wie machen das die Olympischen Spiele, wie bauen die so etwas auf, nehmen die viele oder lieber wenige Sponsoren? Dazu kamen auch Themen wie die Bannmeile und vieles mehr.« Bach habe die Aufgaben zur Zufriedenheit der Agentur gelöst. Mit dem IOC aber, fand Fleischer auf Nachfrage, habe das Ganze »überhaupt nichts zu tun. Im Gegenteil, wir sind ja irgendwo sogar Konkurrenten, denn beide Weltereignisse finden im Jahr 2000 statt.« Offenbar kann ein kleiner, kostbarer Know-how-Transfer nicht schaden.

In Sydney ist es endlich soweit: Thomas Bach rückt als Vizepräsident in den Olymp auf. Ein Mann, der nur halb so alt, aber voll und ganz auf Linie seines Mentors Samaranch ist. Ein Mitglied seiner Bewertungskommission für die Olympiabewerber 2004 sagte uns, hinter jeder Bewegung des Gremiums hätte man Samaranchs Hand gespürt, das Gefühl sei gewesen, daß Samaranch täglich über jeden Schritt informiert worden sei. Dafür, daß Big Brother Samaranchs Gedanken auch der Nachwelt hierzulande erhalten bleiben, hat Bach längst gesorgt: Der Bertelsmann Verlag publizierte den deutschsprachigen Packen einer Samaranch-Eloge namens *Die Olympische Revolution,* eingefädelt hatte dies der stille Anwalt mit den goldenen Drähten zur Machtelite des Landes. Er brachte laut *taz* damals Autor David Miller mit Bertelsmann zusammen und »wächst damit immer mehr in die Rolle des Strippenziehers hinter den Kulissen«, notierte die Zeitung. Zum Wohle seines katalanischen Übervaters, zur Förderung der eigenen Karriere und beides mit der ihm eigenen Ambivalenz.

Er wird noch viel Gutes für den deutschen Sport tun, für den Weltsport, für die Transparenz im IOC im besonderen, für ausgewählte Kreise der deutschen Wirtschaft und natürlich für die proaktive Kommunikation mit den Medien. Denn: Offenheit ist sein Credo, sein Wesen, sein alles durchdringendes Anliegen. »Ich glaube, die Kandidatur ist ein logischer Schritt«, gab er der Nation über sein Sprachrohr *sid* kund. »Die Hauptgründe für mich sind, daß ich die Reformen im IOC vorantreiben will. Ich habe mit meiner Arbeitsgruppe zur Rolle des IOC Grundlagen geliefert, nun will ich sie im IOC auch entsprechend implementieren und realisieren. Es geht um die Zukunft Olympias.« Die muß gesichert werden im Geiste Samaranchs, den der deutsche Nachwuchsmann bedingungslos verehrt. Also darf einer wie er, der nie Karriereziele im IOC hatte, auf gar keinen Fall fehlen beim Implementieren und Realisieren.

Krieg der Kronprinzen

Es ist müßig, der Frage nachzuhängen, ob ein IOC-Vizepräsident Thomas Bach (»Bei mir steht keine Planung dahinter«) auch die letzte Stufe der olympischen Karriereleiter anpeilt. Unklar eher, wann der Deutsche angreift. Auf Samaranchs Abschiedssession im Juli 2001 in Moskau wird es noch zu früh sein. Es sei denn, alle Sterne stehen urplötzlich ideal für ihn, es träte eine Pattsituation ein – und die Kandidaten von dickerem Kaliber hätten einander bis dahin zermürbt und unmöglich gemacht. Woraufhin der Große Vorsitzende mit den üblichen Sprüchen zur heiligen Einheit die schlimmen Gefahren von außerhalb beschwört – und einen Kompromißkandidaten für alle präsentiert. Dies wäre denkbar. Darauf darf Bach, Jahrgang 1953, vorläufig spekulieren. Es ist aber keineswegs so, daß er ein Heer von Sympathisanten hinter sich hätte.

Zugleich aber muß ein weiterer Fecht-Olympiasieger auf eine solche Situation setzen: der Ungar Pál Schmitt. Im Unterschied zu Florettfechter Bach hat Säbelfechter Schmitt, Jahrgang 1942, jedoch eine Kandidatur angemeldet. Als langjähriges Exekutivmitglied, Athlet, Kommissionschef und ehemaliger Vizepräsident vereint Schmitt einige Vorzüge. Zudem ist er als Botschafter mit diplomatischen Umgangsformen vertraut und weiß im Weltsport eine kleine, aber einflußreiche Fraktion ungarischer Funktionäre hinter sich. Wofür er allerdings steht, was er Sport und Sportlern geben könnte, das ist bei Schmitt so unklar wie bei Bach.

Wenigstens im Exekutivkomitee sollte der neue Präsident einmal gesessen sein, das ist so ziemlich die einzige Bedingung, die es zu erfüllen gibt. Weshalb andere Olympier, die sich selbst ins Spiel bringen oder öfter mal genannt werden, als ernste Kandidaten entfallen: der Franzose Jean-Claude Killy etwa. Ski-Olympiasieger Killy bewies zwar als Co-Präsident der Winterspiele 1992 organisatorisches Geschick, auch verfügt er über gute Drähte in die Wirtschaft, doch die Sportdiplomatie ist nicht sein Metier. Einer wie Killy, der 1999 als Fürsprecher der Sioner Bewerbung mit Ach und Krach die Wahl in die Vorausscheidungskommission schaffte, fällt wohl aus dem Rennen um die IOC-Präsidentschaft. Ähnliches gilt für Albert von Monaco. Der Dauerprinz, den der Papa im Spielerparadies Monte Carlo partout nicht ans Ruder lassen will, erzählt zwar gern, daß er im IOC von diesem und jenem gefragt werde, wie es um seine Ambitionen stünde. Aber der leidenschaftliche Bobfahrer aus dem Land der Palmen und Pinien dürfte auch so mit wichtigen repräsentativen Aufgaben ausgelastet sein.

Es gibt mehr Kandidaten, die sich – beseelt vom Glauben ans eigene Format oder der virulenten Gier nach Ämtern –, durch ein paar allzu schmeichelnde Worte ihrer Freunde schon in aussichtsreicher Startposition wähnen. Für diese Spezies könnte die Präsidentenkür zu einem herben Déjà-vu-Erlebnis werden. So, wie es die vielen verprellten Städtebewerber über all die Jahre erleben mußten: Daß ihnen bis unmittelbar vor der Abstimmung ein umfängliches Kontingent von IOC-Mitgliedern treuen Blicks eherne Gefolgschaft gelobte – am Ende aber die Stimme versagte. Witali Smirnow zählte zu den Tagträumern, als er erklärte, er wolle sich eine Kandidatur überlegen. Und nicht zu vergessen: Anita DeFrantz, Jahrgang 1952. Die pfundige Vorstandsdame mit dem Hang zu pathetischen Reden und großen, wallenden Tüchern hat nie so ganz überrissen, daß sie vor allem eines abgibt im IOC: eine prima Quotenlieferantin. Weiblich, farbig, im Ruderboot olympische Medaillengewinnerin – und dann auch noch aus der wichtigsten Sportnation der Erde, aus dem Land, das den Löwenanteil der IOC-Einnahmen liefert. Machtmensch Samaranch hat jedoch seit ihrer IOC-Berufung im Jahre 1986 immer auch andere Vorzüge zu schätzen gewußt. DeFrantz, die sagt, sie hätte »den besten Job der Welt«, gilt als handzahm, deklamatorisch, leicht zu führen. Für sie ist der Thron ein bißchen arg hoch.

Aber träumen darf man ja. Zumal die höchste – und wahrscheinlich bald bezahlte – Stelle gar nicht ausgeschrieben wird. Es gibt folglich keinen demokratischen Wettbewerb, in dem die Interessenten ihre Eignung und ihr Programm öffentlich darstellen könnten. Warum auch? Es geht nur ums Wesentliche: um die Macht der Günstlingswirtschaft und das Recht des Stärkeren. Insofern wird Samaranchs Hand im Hintergrund weiterhin spürbar sein. Sind es nicht letztlich alles seine Eleven, alles Leute, denen er in den Olymp verholfen hat?

Eine ungewisse Komponente gibt es, denn es kamen ja neue Mitglieder hinzu, die Sportler, die Ende 1999 aufgenommen wurden. Einige werden nach den Athletenwahlen in Sydney gleich wieder ausgetauscht. Dort treten dann auch neue Funktionäre ein, allein eine halbe Hundertschaft NOK-Präsidenten wurde für den Olymp vorgeschlagen. Wie die Neuen ticken, wird noch zu eruieren sein. Für einen allerdings, der noch bis zu Beginn des Olympiajahres zu den Topfavoriten zählte, nicht mehr: Kevan Gosper. Der Australier, Jahrgang 1933, hat zwar kaum Freunde im IOC, jedoch hätte er sich mit grandiosen Spielen in Sydney viel Rückenwind verschaffen können. Jetzt aber bläst ihm der Orkan ins Gesicht, und viele Olympier freuen sich über die Sorgen des arroganten Kollegen. Mit einer bunten Vielzahl familiärer Kapriolen – ob beim Winterurlaub in Salt Lake City oder beim olympischen Fackellauf, wo seine elfjährige Tochter Sophie als erste Australierin agieren durfte – hat sich Gosper selbst aus dem Rennen katapultiert.

So spitzt sich alles auf einen Dreikampf zu: Jacques Rogge (Belgien), Richard Pound (Kanada) und Kim Un Yong (Südkorea). Wobei ungewiß ist, ob der mächtige Drittgenannte selbst kandidiert oder sich eingedenk seines desaströsen Rufs in der westlichen Welt darauf beschränkt, den Kandidaten seiner Wahl zu krönen. Dies könnte dann Rogge sein.

Der Chevalier Jacques Rogge, Jahrgang 1942 und seit 1991 im IOC, hat im Frühjahr 2000 bewiesen, daß er unsentimental reagieren kann. Als Chef der Koordinierungskommission für die Spiele 2004 schlug er wegen der haarsträubenden Trödeleien in Athen – die Veranstalter waren schon zwei Jahre hinter dem Plan – laut Alarm. Samaranch mußte damit drohen, der Stadt seiner Wahl die Sommerspiele 2004 wieder zu entziehen. Als Ersatzkandidat wurde Kims Seoul gehandelt. Rogge, der in Gent als Chirurg praktiziert und sogar bei der Arbeit im OP für Samaranch persönlich jederzeit erreichbar ist, gilt als unabhängig. Er ist der Mann mit dem integersten Profil, unstrittig auch sein Sachverstand. Nur bleibt vorerst unklar, ob und inwieweit er das Herrschaftsprinzip Samaranch beenden will. Mag sein, daß es schiere Überlebenstaktik in der IOC-Exekutive ist, wenn er sich eng an die dürftigen Weltsichten des Vorsitzenden anlehnt. Manchmal immerhin zwingt er sich zu öffentlichem Ungehorsam: Seine massive Kritik an den »unwürdigen« Spielen von Atlanta, die er über die Vereinigung der europäischen NOKs lanzierte, ließe sich durchaus gegen Samaranchs Festpathos im allgemeinen und gegen Pounds Management im besonderen interpretieren.

Rogge könnte am Ende lachender Dritter sein im eigentlichen, im brutalsten Gefecht. Der Kampf um Samaranchs Thron wird von zwei Parteien geführt: hier der amtierende Vizepräsident Richard Pound, dort das Exekutivmitglied Kim Un Yong. Es ist ein Duell zweier völlig verschiedener Typen und Kulturen. Pound, ein Steueranwalt aus Montreal, Jahrgang 1942 und seit 1978 IOC-Mitglied, verachtet Kim abgrundtief. Kim wiederum, ehemaliger Agent des Geheimdienstes KCIA, Jahrgang 1931 und seit 1986 IOC-Mitglied, haßt Pound und dessen Gefolgsleute so sehr, daß er gar einen Funktionär der feindlichen Fraktion im März 1999 mit blanker Faust anging: den IOC-Generalsekretär François Carrard. Kim, Präsident der World Taekwondo Federation (WTF), spreizte sich mitten in Samaranchs marmornem Prunkschlößchen Vidy wutschnaubend in Kampfstellung – doch bevor Hiebe auf Carrards massigen Körper prasseln konnten, sprang Pound dazwischen und rettete den Freund.

Natürlich sorgte der gewiefte Pound dafür, daß die Geschichte, für die es nur wenige Augenzeugen gab, umgehend an die Öffentlichkeit kam. Und Carrard mochte sich auf der nächsten Pressekonferenz die Bemerkung nicht verkneifen, er habe Kims Attacke unversehrt gemeistert: »Gehen Sie davon aus, daß meine körperliche Verfassung so gut ist, daß ich keinen Schaden genommen habe.« Darauf war nicht unbedingt zu wetten: Zwar überragt der Schweizer Anwalt seinen Kontrahenten Kim um einen Kopf und bringt einige Dutzend Kilo mehr auf die Waage. Doch Kim ist Ehrenträger des Neunten Dans im Taekwondo – und er dürfte im geheimen Dienst KCIA womöglich ins edle Repertoire der Wirkungstreffer eingeweiht worden sein. Amerikanische Kongreßberichte jedenfalls führen Kim, Diener vieler blutrünstiger Diktatoren (s. S. 207), unter dem Decknamen »Mickey Kim«. Pound kennt natürlich all diese Geschichten, und er hat viel Spaß daran, den koreanischen Kontrahenten »Mickey« zu nennen.

Nicht nur Pound und Carrard, auch viele andere IOC-Funktionäre glaubten im März 1999 das Ende von Kims olympischer Kundschaftertätigkeit gekommen. Fröhlich orakelte der Grieche Lambis Nikolaou, der kein Anfänger ist im IOC: »Kim ist tot, so oder so. Wenn man einen so armen Mann wie den Libyer Attarabulsi ausschließt, ist für Kim schon lange kein Platz mehr im IOC.« Denn in Salt Lake City hatte einmal mehr die Kim-Familie satt hingelangt. Daran, daß Kim seinem pianospielenden Töchterchen Hae Jung Auftritte mit Symphonikern aus Bewerberstädten verschaffte, hat man sich in IOC-Kreisen längst gewöhnt. Das ging nun schon seit einem Jahrzehnt so, Hae Jung musizierte in Atlanta, Berlin, Melbourne, Lausanne, Paris, Nagano, Sydney – und eben auch in Salt Lake City. Genug ist aber nicht genug: Was nutzen Konzerte, die nur von ein paar IOC-Leutchen und deren Gästen gehört werden? Netterweise fand sich seinerzeit der Chef der russischen Plattenfirma Melodija bereit, eine CD mit Stücken von Hae Jung zu pressen, und dafür bedankte sich Kim Un Yong. Und zwar branchenüblich, indem er beim Bewerberkomitee von Salt Lake City ein Stipendium für Jekaterina Souchorado, die Tochter des Musikproduzenten, erwirkte (s. S. 157).

Überdies wurde Jung Hoon alias John Kim, Sohn des Olympiers, von den Bewerbern fürstlich entlohnt. Er erhielt einen Scheinvertrag mit der Kommunikationsfirma Keystone. Sein Honorar – mindestens 45 000 Dollar – wurde von den Bewerbern gezahlt. Darüber sei Kim senior bei einem Treffen in Seoul unterrichtet gewesen, erklärte der ehemalige Keystone-Chef David Simmons. John Kim hat aus einem zusätzlichen Geheimvertrag über seine eigene Firma Komar weitere 20 000 Dollar für angebliche Beraterleistungen erhalten. Kim wehrt sich mit zahlreichen Briefen, Pressemitteilungen, einer Kompanie von Anwälten und schmutzigen sportpolitischen Tricks gegen die Vorwürfe. So versuchte er, allen Councilmitgliedern der von ihm präsidierten GAISF (Vereinigung aller Sport-Weltverbände) eine Ehrenerklärung in eigener Sache abzuverlangen. Die Funktionäre sollten »geschlossen jegliche Anschuldigungen und Gerüchte« zurückweisen, die Kims »Rechtschaffenheit«, seine »Integrität« und »beispielhaften Leistungen für den demokratischen Sport« in Frage stellen könnten. Das vertraute olympische Herrschaftsmuster: hündischer Gehorsam statt vernünftiger Kontrolle. »Ich verabscheue eine solche Speichelleckerei«, erklärte daraufhin der Kanadier Les McDonald, »bringen Sie meinen Namen und meinen Sportverband nicht mit dieser politischen Deklaration in Verbindung!«

Mehrfach drohte Kim damit, auszupacken und die IOC-Führung mit in den Strudel zu reißen, sollte man ihn rauswerfen. Vor der Adhoc-Kommission, die ausgerechnet sein Intimfeind Pound leitete, behauptete er, von den geheimen Absprachen zwischen dem Bewerberkomitee und der Firma Keystone nichts gewußt zu haben. Natürlich nehme er auch keinerlei Anteil an den Geschäften von Sohn John. Die Auftritte der Tochter würden gewöhnlich von der Agentur IMG arrangiert, also bitte, auch damit habe er nichts zu tun. Wohl aber hat er das Fräulein Souchorado in Salt Lake City empfohlen. Die wackere Adhoc-Kommission wertete die Angelegenheiten Hae Jung Kim und Souchorado als Regelverstöße. Im Fall John Kim aber wurde im März 1999 kein endgültiges Urteil gefällt. Die Exekutive sprach Kim nur einen strengen Verweis aus und parkte die heikle Sache bei der Ethikkommission. Pünktlich zur IOC-Session im Juni 1999 in seiner Heimat Seoul wurde Kim dann von den famosen Ethikern entlastet. So kam es zur Eröffnung der Session im Shilla-Hotel von Seoul zu einem denkwürdigen Moment. Es spielte eine junge Pianistin auf – Hae Jung Kim.

Hoch erfreut verbreitete Kims Gefolgsmann Huba in der IOC-Postille *sport intern:* »Als Gastgeber der IOC-Session in Seoul bekam Dr. Kim Un Yong viele Komplimente zu hören – bis hin zur Feststellung des IOC-Präsidenten Juan Antonio Samaranch: *This was the best IOC-Session ever.* Nichts erfreute den koreanischen NOK-Präsidenten jedoch so sehr wie die Begeisterung für seine Tochter Hae Jung Kim, die mit ihrer Darbietung am Flügel einen brillanten Schlußpunkt der Eröffnungsfeier setzte. Lang anhaltender Beifall belohnte die Pianistin, die mit ihrem Vater monatelang unter gehässigen Pressekommentaren zu leiden hatte, in denen ihrem Vater vorgeworfen wurde, einer mittelmäßigen Pianistin zu Engagements in olympischen Bewerberstädten verholfen zu haben.«

Und doch, das traute Familienglück wurde bald erneut empfindlich gestört. Das war, als der Geschäftsmann David Simmons Anfang August vor einem Distriktrichter in Salt Lake City aussagte, er habe im Auftrag von Tom Welch insgesamt 70000 Dollar an John Kim bezahlt, um »die Stimme seines Vaters für die Wahl von Salt Lake City zu bekommen«. Simmons wurde wegen Steuervergehens verurteilt. Die Anwälte von Welch und Kim senior bestritten die Anschuldigungen. Diesmal ließ Kim erklären, die Zahlungen seien ohne Wissen der Familie erfolgt – Nöte eines Olympiers, von denen der Normalsterbliche träumt. John Kim hatte sich zum Zeitpunkt des Prozesses gegen Simmons längst nach Korea abgesetzt. Schnell fand er in der Heimat einen neuen Job im Samsung-Konzern des – richtig! – IOC-Mitglieds Lee Kun Hee (s. S. 207 ff). In der US-Botschaft gab er seine Green Card zurück, vor einem Gericht in Seoul reichte er mutig eine Klage gegen Simmons wegen angeblicher Falschaussage ein. Die US-Ermittler beeindruckte das nicht. Im Spätsommer 1999 wurde John Kim angeklagt, sich unter Vorspiegelung falscher Tatsachen die Green Card erschlichen und obendrein das FBI belogen zu haben – dafür droht ihm eine Gefängnisstrafe von bis zu fünfzehn Jahren. In der Anklageschrift hieß es, John Kim hätte aus Salt Lake City 104 000 Dollar kassiert.

Väterchen Kim aber hat seine strategische Position im Weltsport trotz all der Unsäglichkeiten gehalten. Er ging sogar in die Offensive. Um sein Ansehen aufzupolieren, verpflichtete Kim Un Yong – der unlängst maßgeblich an der Gründung der neuen südkoreanischen Regierungspartei beteiligt war und dessen Finanzströme nie versiegen – den amerikanischen PR-Agenten Bill Schechter. Im April 2000 eröffnete er dann offiziell den Kampf um die Thronfolge. Er hievte einen soliden Viererpack an IOC-Kollegen in das Exekutivkomitee seines Verbandes WTF. Dies geschah in guter alter Geheimdiensttradition, »unbemerkt von der Öffentlichkeit und mit einem Hauch an konspirativem Charakter«, wie die *Neue Zürcher Zeitung* anmerkte. Die Sportsfreunde Nat Indrapana (Thailand), Tomas Sithole (Simbabwe), Ivan Dibos (Peru) und Tony Khouri (Libanon) waren allesamt nicht mal zugegen beim WTF-Jahreskongreß im französischen Lyon, auch ließ sich nur bei einem Kandidaten eine Verbindung zu Kims Kampfsportart aufspüren. Trotzdem wurde das Quartett einstimmig in den Vorstand berufen. Indrapana und Sithole stiegen der Einfachheit halber gleich zu WTF-Vizepräsidenten auf. So schuf Kim, indem er das allzeit reiselustige IOC-Grüppchen mit neuen Ämtern und Destinationen beschenkte, zusätzliche Abhängigkeiten, die ihm im Sommer 2001 zugute kommen sollen. Die Frage ist nur: Wagt Kim tatsächlich eine eigene Kandidatur für den IOC-Vorsitz – oder wen begünstigt er mit seiner Stimmenschar?

Fast allen, die als mögliche IOC-Präsidenten gehandelt werden, las er inzwischen die Leviten. Während der Session im heimatlichen Seoul brandmarkte er bei einem Pressefrühstück die überbordende Kommerzialisierung der Spiele (dies galt Pound, Chef der Marketingkommission); er forderte, das IOC solle sich mehr um Belange des Sports kümmern als um die Umwelt (dies galt Schmitt, Chef der Umweltkommission) oder um Frauenfragen (dies galt DeFrantz, Chefin der Frauenkommission). »Warum eigentlich«, monierte Kim, »tagt die Frauenkommission auf Bermuda, in Marokko, Hongkong und Paris?« Ja, warum eigentlich nicht – wo doch Wetter, Hotels und Modeshops dort eine Spur besser sind als in Ushuaia oder Wladiwostok. Kim, der sich inhaltlich in einen veritablen Fernsehprediger verwandelte und nicht zögerte, das IOC zum Kampf gegen Hunger, Krankheit, Rassismus und sogar Religionskonflikte aufzurufen, verschonte nur Jacques Rogge mit Kritik.

Kim und Sohn John werden auch als Urheber von Dossiers gehandelt, die per Fax weltweit an wichtige Sportfunktionäre und Journalisten verschickt wurden. Unter anderem werden darin Pound und Schmitt ausschweifende sexuelle Abenteuer angedichtet. Natürlich kriegt auch IOC-Verwaltungschef Carrard sein Fett weg, die Stoßrichtung ist aber Intimrivale Pound: Ihm werden zahlreiche unseriöse Geschäfte im Zusammenhang mit TV- und Marketingverträgen angehängt. Manches von dem, was da per Pamphlet kursierte, war auch schon mal via Mundpropaganda zirkuliert. Etwa das Gerücht über diskrete Verbindungen der Pound-Seilschaft Carrard, Killy und Michael Payne mit der vom IOC installierten Marketingagentur Meridian.

Pound aber, den ausgebufften Profi, ließ das kalt. Auf einer IOC-Pressekonferenz sagte er: »Jeder Schritt dieser Verhandlungen wurde mit dem Exekutivkomitee abgesprochen. Die Verträge sind haltbar und jedem gut bekannt. Es ist einfach nur so: Wer mit unschönen Fakten konfrontiert wird, greift gern die Ankläger an.«

Pound ist smart. Dick ist ein Profi durch und durch. Anders als Kim, der übers Jahr leicht mit dem immergleichen maskenhaften Gesichtsausdruck auskommt, kann der Kanadier mit seinem trockenen, präzisen Humor Leute wirklich einnehmen. Auch die Medien beeindruckt seine coole Art. Daher hat sich nie jemand gestört an den enormen Interessenskonflikten, die der frühere Freistilschwimmer mit einem Lächeln und vielen flotten Sprüchen auf den Lippen so durchpflügt. Auch nicht, als Pound als Chef der Adhoc-Kommission 1999 mit der Überprüfung der Sünder im eigenen Stall begann. Daß ausgerechnet Dick, der Bursche, der seit eineinhalb Jahrzehnten die Deals mit Fernsehsendern und Topsponsoren ausheckt (insgesamt mehr als 15 Milliarden Dollar), die spezielle Sensibilität der Geldgeber über alles stellen würde, lag auf der Hand. Und damit auch das Urteil: Laßt uns ein paar schmerzlose Exempel statuieren, aber ja kein trübes Licht auf die IOC-Führung fallen. So geschah es, wobei es von Pounds hoher monetärer Disziplin zeugt, daß er der Versuchung widerstand, Kim hochkantig aus dem IOC zu expedieren.

Pound war der Mann, der in der Krise das Steuer führte. Dabei wurde deutlich, daß auch er bereits jede Menge Software intus hat vom obersten Geldapostel der Bewegung, Samaranch. Etwa, als er den Millionendeal mit der amerikanischen PR-Agentur Hill & Knowlton einfädelte. Die Sponsoren drängten auf eine wirkungsvolle Reinigungskampagne, und die trauten sie den grauen, alten Männern in Lausanne nicht zu. Also lief der Deal zunächst hinter Samaranchs Rücken ab. Um selbst keinen Schaden zu nehmen, schickte Pound Sportkamerad Carrard in die Schußlinie – der holte sich von Samaranch brav die Watschen ab, indem er den Abschluß mit Hill & Knowlton als Eigenmächtigkeit ausgab. Pound aber rieb sich die Hände. Es loderte im Olymp, und Pound stand mit dem Feuerlöscher bereit. Also wurde der Reformplan beschlossen.

Pound ist ein Mann, den sie respektieren im Olymp. Lieben

tun sie ihn nicht. Das zeigte sich, als er 1995 versuchte, die Anhebung des olympischen Alterslimits von siebzig auf achtzig Jahre zu verhindern und dabei gar von »Kugeln« sprach, die ihn »knapp verfehlt« hätten. Das zeigte sich 1996, als er im Kampf um die Vizepräsidentschaft um ein Haar an Samaranchs langjährigem Sicherheitschef scheiterte, dem greisen indischen General Ashwini Kumar. Doktor Kim sei damals vor der Wahl wieder auf den Hotelfluren unterwegs gewesen, deutete Pound an, nachdem er Kumar äußerst knapp mit 48:46 Stimmen bezwungen hatte. Ganz besonders aber zeigte sich Pounds Dilemma bei dieser mißlichen Geschichte, die ihm im ehrpusseligen IOC mehr Probleme bereitete als jeder evidente Interessenskonflikt: der Sache mit Julie.

In Downtown Atlanta war das Ehepaar Pound während der Olympischen Spiele an einem frühen Julimorgen von der Polizistin Leonne Browning gestoppt worden. »Ich bin die Frau des IOC-Vizepräsidenten«, kreischte Julie Pound und fiel, nach Aussage Brownings »nicht mehr ganz nüchtern«, über die Ordnungshüterin her. »Als Hure hat sie mich beschimpft«, klagte Officer Browning, die von der wütenden IOC-Gattin auch Tritte in den Unterleib erhielt. Die Sache landete vor Gericht.

Pound reiste eine Zeitlang in Begleitung seiner Tochter Megan zu IOC-Kongressen und hoffte, »daß die IOC-Mitglieder aus der Geschichte mit meiner Frau nicht die falschen Schlüsse ziehen«. Mrs. Julie ist offenbar nur bedingt gesellschaftsfähig im honorigen IOC. Das könnte stören – nicht umsonst zielt ein Teil der Schmutzkampagne, mit der Kim Un Yongs Fraktion den Kanadier überzieht, auf jenen Zwischenfall von Atlanta. Das Organisationskomitee habe damals die 2000 Dollar Strafe sowie sämtliche Gerichts- und Anwaltskosten für Pound übernommen, heißt es in dem anonymen Schreiben, das intern längst nicht mehr als anonym gilt. Was das alles mit Sport zu tun hat? Nichts, wie fast immer. Nur so viel: Die Löwen sind hungrig, die Schwerter sind gewetzt für den Moskauer Sommer 2001. Die Kür des neuen, des achten

IOC-Präsidenten wird wieder ein wahres olympisches Muskelspiel – die Schlußvorführung von Cäsar Samaranchs Circus Maximus.

Weltrecht für die Herren der Ringe

Er war angeschnallt. Die Maschine nach Sydney hatte Starterlaubnis. Aber bevor das Flugzeug losrollte, sprang die Tür wieder auf und vier bewaffnete Polizisten stürmten herein. Stürmten zu ihm. »Mister Craig Copetas?« – »Yeah?« – »Kommen Sie mit. Sie sind in Australien zur Fahndung ausgeschrieben.« So beginnen Alpträume.

Die nächsten achtzehn Stunden verbrachte er im Flughafen von Singapur, um den Behörden mit Hilfe seiner Firmenanwälte und der US-Botschaft auszureden, daß er ein weltweit gesuchter Krimineller oder ein Terrorist sei. Für Craig Copetas war es der Tiefpunkt seiner Arbeit im Olymp – in Sachen IOC war er ja gerade wieder unterwegs. Die Bedrohungen hatten sich in den letzten Monaten gehäuft. Achtmal war das Auto der Familie beschädigt worden – in den Jahren zuvor war nie etwas passiert; Copetas wohnt in einer besseren Gegend von Paris. Eigenartigerweise blieben die anderen Autos im Parkhaus stets unbehelligt. Einmal, im März 1999, fand er sein Hotelzimmer in Lausanne durchwühlt. Und zudem terrorisierten ihn anonyme Anrufer mit knappen Texten wie: Finger weg von Samaranch! Die Firma heuerte einen Bodyguard an, dann einen Detektiv. Der konnte, beim achten Anschlag auf das Auto, den Täter dingfest machen. Eisern schwieg dieser auf die Frage, wer sein Auftraggeber sei.

Als Copetas mit eintägiger Verspätung im März 2000 in Sydney landete, war er sich mit den Anwälten, seinem Bürochef sowie den Reportern vom *Sydney Morning Herald* einig über die Hintergründe: Nur ein Offizieller hätte seine persönlichen Daten in eine australische Kriminalkartei einspeisen können. Aber sie hatten lediglich einen klaren Verdacht, keinen konkreten Beweis in der Hand. Darum verzichteten sie vorerst auf eine Anzeige – und auf eine Veröffentlichung.

Copetas führt momentan die Hitliste der im IOC gefürchteten Journalisten an. Er verbreitet nicht nur schlimme, von den Hausjuristen pingelig überprüfte Wahrheiten über das Wirken des IOC und seiner Mitglieder – Copetas schreibt dies im *Wall Street Journal,* in der Bibel der Finanzwelt. Sie gehört zu Samaranchs Pflichtlektüre, wenn er morgens auf dem Hometrainer rackert, sie liest auch jeder Firmenchef von Rang. Die Bosse der Topsponsoren von Coke bis Kodak waren entsetzt, was sie da alles über ihren Werbepartner erfuhren, dem sie ja nur wegen des perfekten Saubermann- und Fairplay-Images die Dollarmillionen reinstopfen. Allein 1999 brachte das Blatt sieben groß aufgemachte Artikel, die meisten auf der Titelseite. Mal ging es um den Verdacht der Geldwäsche über den Bewerberzirkus, mal um verprellte Sponsoren, mal um das manipulative Krisenmanagement der PR-Agenten von Hill & Knowlton – oder auch, wie am 7. Dezember 1999, am Vorabend der großen IOC-Reformkonferenz, um Samaranchs Vergangenheit als strammer Franco-Gefolgsmann. Die Olympier schäumten.

Kaum war Copetas in Lausanne, griff Kevan Gosper an. Als körperliche Attacke empfand Copetas die Art, wie ihm der australische IOC-Vorständler androhte, er werde diese Geschichte zu büßen haben. Copetas erzählte das geschockt im Kollegenkreis. Ein langjähriger Fahrensmann der Sportpolitik, ein ehemaliger Mitarbeiter von Horst Dassler, drohte noch indiskreter: Copetas solle aufpassen, daß er künftig immer mit dem Rücken zur Wand stehe. Das sei seiner Gesundheit zuträglicher. Copetas ist ein Frontmann, er war als Korrespondent viele Jahre in Moskau, Nahost und im Balkankrieg; da hat er einiges erlebt. Aber das größte Unbehagen in seiner Karriere – das flößen ihm die Herren der Ringe ein. Und es verblüfft, daß ein anderer Hartgesottener diese Einschätzung teilt: Andrew Jennings, der immerhin schon Enthüllungsbücher über Scotland Yard und die italienische Mafia publiziert hat.

Die Vorfälle um Copetas sind wohl nicht mehr und nicht weniger Zufall als andere beschriebene Szenarien. Das IOC überwacht die Presse minutiös – den letzten echten Feind. Jener Teil der Medien, der nicht nur der Unterhaltungssparte dient, ist das einzige Korrektiv für eine entfesselte Sportmaschinerie, die in zwei Jahrzehnten aus dem Nichts erstand, daher kein rechtliches Korsett hat und mit jeder staatlichen Autorität Puppen spielt. Die Situation ist paradox: Wenn irgendwo auf der Welt zwei oder mehr Länder um ein Sportereignis buhlen, können selbst schrägste Funktionäre verlangen, was sie wollen. Der Fußball-Weltverband FIFA etwa ringt jeder Regierung, deren Land sich um die Ausrichtung der Weltmeisterschaft bewirbt, Steuerbefreiungen ab – auch die Regierung Schröder stimmte zähneknirschend zu.

Das IOC aber treibt es auf die Spitze: Es will höchste politische Gewalt im Veranstalterland ausüben. Krude IOC-Willkür soll über dem Landesrecht stehen – so ist es im Veranstaltervertrag verbrieft, den das IOC den Organisatoren von Athen 2004 und anderen Bewerbern vorlegte. Punkt I.2. der Basisprinzipien schreibt etwa die Allgewalt einer Olympic Identity Card fest, die das IOC jedem genehmen Gast ausstellen kann: »Die Olympische Identity Card ersetzt, in Verbindung mit dem Reisepaß (oder anderem Papier), der die Identität des Halters ausweist, das Einreisedokument ins Gastgeberland.« Das Veranstalterland muß jede vom IOC akkreditierte Person einreisen lassen, also auch, wenn die sonst kein Visum bekäme (und nationales Recht dagegensteht). In diesem olympischen Schattenreich passiert es dann, daß sich Figuren wie Guelfi und Rachimow just bei Olympischen Spielen in den USA kennenlernen.

Im damaligen Host City Contract versichern NOK und Organisationskomitee dem IOC überdies, »daß in Beziehung mit den Spielen keine Einladungen oder Akkreditierungen an ausländische Regierungsmitglieder oder politische Persönlichkeiten ausgestellt werden, ohne vorherige Genehmigung durch die IOC-Exekutive oder den IOC-Präsidenten.« Will also der Staatschef von A den König von B einladen, muß er erst Samaranch um Erlaubnis fragen. Ein achtzigjähriger Altfaschist als politischer Torwächter beim größten Gesellschaftsereignis des Planeten, das IOC mit dem Daumen auf den wichtigsten Leuten – das ist ein geniales System. Da läßt sich fein mit Kontakten wuchern. Und mit Repressalien drohen.

Dagegen verblaßt auch, daß das IOC alle Risiken, angefangen von den Sicherheitsaufgaben, den Veranstaltern zuschanzt. In Sydney übt der Staat Kontrolle und Vollzug aus, etwa, indem Polizei und Zollbehörden die Drogen- und Dopingbekämpfung forcieren. Das IOC hat Wichtigeres zu tun. Sich selbst und seine »Familie« – zu der laut Vertrag ausdrücklich »Berater und Agenten« zählen – läßt es von Schadenersatzansprüchen freistellen, mindestens 1000 Hotelzimmer müssen für die Kostgänger reserviert sein, und die gesamte Sippschaft kann überdies – fixiert unter Punkt II.21. – gesundheitlich gratis überholt werden: »Allen bei den Spielen akkreditierten Personen ist für alle medizinischen Erfordernisse, die während ihres Aufenthalts im Veranstalterland auftreten, kostenlos medizinischer Service zu leisten.« Da warten Töchterchen, Cousins oder auch Agenten sicher gerne mit der neuen Zahnbrücke bis zu den nächsten Spielen.

So schön ist die olympische Welt. Seit Ende 1998 spürten nicht nur Copetas, sondern auch andere Journalisten, daß der Druck zunimmt – Kritiker sind Feinde der Bewegung, die nur die Spiele zerstören wollen. In Australien, England, USA und auch in Deutschland unter dem diskreten Industriekontakter Bach wurden Offensiven in den Chefredaktionen gestartet. Hierzulande ist sogar der Tiefpunkt erreicht: Ausgerechnet Samaranchs Thronpostille *sport intern* darf sich zum Richter über den Journalismus aufschwingen. In einer »Wahl«, bei der IOC-Hofliterat Karl-Heinz Huba einen von ihm erwählten Jurorenkreis aus Funktionären und Sponsorwirtschaft abfragt (bzw. Vorschläge macht), wird Thomas Bach regelmäßig zum besten Sportfunktionär und die *Frankfurter Allgemeine Zeitung* in allen Kategorien (Sportredaktion, Sportjournalist, Sportreporter, bald auch Bürobote des Jahres?) gekürt. Das bliebe marginal, würde die Zeitung nicht bundesweit mit Hubas tollem Titelchen in eine eitle Eigenwerbung gehen – und ihm so Reputation verschaffen.

Anderswo hat man sich Hygiene-Regeln gesetzt: Professor Alan Tomlinson von der Universität Brighton trug 1997 auf einer Konferenz von Sportsoziologen in London vor: »Die scheinbar unabhängige Publikation *sport intern* war Horst Dasslers Organ. Von 1980 bis zu seinem Tod 1987 war *sport intern* ein Teil von Dasslers politischer Waffenfabrik. Im Prinzip baute Dassler ein internationales Spionagesystem für die Sportindustrie auf.« Mit Kollege John Sugden analysierte Tomlinson alle Jahrgänge des seit 1968 erscheinenden Heftchens. Das wissenschaftliche Urteil über den Chefzensor der deutschen Sportjournalisten, der zur IOC-Familie zählt und oft auch in Samaranchs Jet mitfliegt: *sport intern* sei ein »Organ der Vergötterung oder Zerstörung von Individuen und deren Ansehen«. Ziel sei einzig und allein die »Verbreitung von Intrigen und Imagemache«. Die unapptitlichen Vorgänge in Deutschland passen ins weltweite Bild: Chef der IOC-Medienkommission ist der rührige Australier Kevan Gosper. Und der olympische Medienpreis konnte keinen besseren Platz als das ultrademokratische Seoul finden: Lee Kun Hee finanziert den Spaß, Kim Un Yong präsidiert der Kommission.

Der olympische Panzer aus Selbstgefälligkeit und Ignoranz hat in den vergangenen zwei Jahren nur wenige Kratzer abbekommen. Es ist eine Illusion, gestützt auf die Worthülse Reform, daß sich Einsicht breitgemacht hätte bei Samaranch und Kameraden. Daß sie es plötzlich begrüßen würden, von Sportlern mitbestimmt und von einer Ethikkommission, in der Externe in der Minderzahl sind, ein wenig kontrolliert zu werden. Kontrolle von außen ist das letzte, was sie sich leisten können und leisten wollen. Folgerichtig hat sich auch das

Ethikgremium frühzeitig selbst desavouiert, als es Samaranchs Integrität – ungeprüft – über jeden Zweifel erhob, und damit über jedes Gesetz.

Diese Art von Gesetzlosigkeit, in der sich die großen internationalen Sportverbände bewegen, wird in der Branche gern als Autonomie gelobt. Sie ist aber zum Kernproblem geworden, die Autonomie wucherte ins Schamlose. Souveräne Staaten werden zu Handlangern einer Funktionärsclique, wenn sie sich vertraglich den Forderungen des IOC unterwerfen. Die Regierungen sind erpreßbar geworden. Im Zeitalter der Globalisierung kann sich ein weitverzweigtes System korrupter Machenschaften kaum besser ausbreiten als im Weltsport. Der Sport mit seiner unverfänglichen Termindichte, die eine stete weltweite Mobilität erfordert, bietet Schattenfiguren die ideale Infrastruktur für ihren Informations- und Güteraustausch. Und Samaranch fordert dabei noch den Diplomatenstatus für seine Funktionäre.

Daß längst wieder alles beim alten ist, war sehr schön beim Treffen der IOC-Exekutive Ende Mai 2000 in Rio de Janeiro zu beobachten. Dort erzählte das IOC der Welt wieder einmal etwas vom angeblichen Durchbruch in der Dopinganalytik, der aber leider für Sydney zu spät kommt. Und als Alexandre de Merode, ein gelernter Kunsthistoriker, der die IOC-Medizinkommission seit ihrer Gründung im Jahr 1967 leitet, endlich seinen Rücktritt bekanntgab, sagte Samaranch nein. Der belgische Prinz war beglückt, er blieb im Amt. Danach tagten die in der Weltvereinigung ANOC zusammengeschlossenen 199 NOKs. Die Funktionäre gaben Samaranch die übliche stehende Ovation, bis alle Hände glühten. Dann lieferten sie einen zukunftsweisenden Beitrag für die Weltsportregierung und schlugen ihren sonnenbebrillten Boß für die künftig von elf auf fünfzehn Personen erweiterte IOC-Regierung vor, den Mexikaner Mario Vázquez Raña.

Gibt es ein besseres Beispiel gelebter olympischer Demokratie? Mario Vázquez Raña, Jahrgang 1932, ist ein großzügiger Mann, gern läßt er Samaranch in seinem Privatjet reisen oder lädt die Sportwelt zu Kongressen nach Mexiko. In den Tagungszentren stapeln sich dann seine Zeitungen und Zeitschriften (er kontrolliert 20 Prozent des nationalen Marktes), die mit Dutzenden Fotos und Elogen auf den Patron gefüllt sind. Raña residiert auf einem Gut nahe der Hauptstadt Mexiko City, mit Tennis- und Fußballarealen sowie einem Hubschrauberlandeplatz. Dort hat er regelmäßig die Hautevolee des Sports zu Gast, auf seiner Hacienda tanzen auch zuweilen zwei sibirische Braunbären, die ihm dereinst der sowjetische Sportminister Pawlow überließ.

Der rustikale Don Mario gilt nicht gerade als Superhirn. Frauen spricht er gern mit »Nina« (Kind) an und Männer mit »Amigo«. Auch er ist ein Geschöpf Horst Dasslers. Für ihn wurde die ANOC erfunden, er leitet sie seit der Gründung. Seither halten sich auch hartnäckig Gerüchte über die Quellen von Rañas Reichtum. Viel wird getuschelt in den Wandelgängen des Olymps. Waffengeschäfte, Drogenhandel – es gibt kaum ein anrüchiges Geschäft, mit dem er nicht in Verbindung gebracht worden wäre. Jedenfalls notierte DDR-Sportchef Manfred Ewald schon Mitte der achtziger Jahre, der Mexikaner verfüge über genügend Geld, um sich den Weg auf den IOC-Thron »mit Dollarscheinen freizuschießen«. Peter Ueberroth, der Olympiaorganisator von Los Angeles, hat einmal erstaunt beschrieben, wie der dunkle Don die Hotelrechnung für einen panamerikanischen Sportgipfel beglich: Ein mit Geldbündeln prall gefüllter Koffer wurde über den Hoteltresen gereicht. Olegario Vázquez Raña, der ebenfalls dem IOC angehört, distanziert sich auffallend deutlich von seinem Bruder. Olegario sagte uns: »Ich weiß ja, was über Mario so gesprochen wird. Ich will gar nicht wissen, womit mein Bruder sein Geld verdient.«

Nun wird Don Mario in Sydney wohl ins Kabinett Samaranch einziehen. Sage einer, das hätte er nicht verdient. Willkommen im Klub, Amigo. Willkommen in der olympischen Bruderschaft. Willkommen im Namen des Sports.

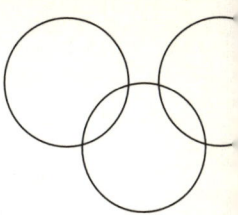

Quellen

Zeitungen und Zeitschriften

Africa News, Aftonbladet, Asahi Shimbun, Asiaweek, Atlanta Journal-Constitution, Berliner Zeitung, Blick, Boston Globe, Boxning, Calgary Sun, Chicago Tribune, Daily Telegraph, Der Spiegel, Deseret News, De Telegraf, De Volkskrant, Die Tageszeitung, Die Welt, Die Zeit, East African Standard, El Pais, El Triangle, Facts, Financial Review, Financial Times, Financial World, Forbes, Fortune, Frankfurter Allgemeine Zeitung, Handelsblatt, Harpers Bazaar, Herald Sun, International Herald Tribune, Jakarta Post, Journal de Montreal, Komsomolskaja Prawda, Le Soleil, L'Equipe, Mainichi Shimbun, Moscow Times, Moskowskije Nowosti, La Nacion, Le Canard Enchaine, Le Figaro, Le Matin, Le Nouveau Quotidien, Le Monde diplomatique, Les Temps, Liberation, Literaturnaja Gaseta, Los Angeles Times, Maclean's, Multinational Monitor, Mundo Deportivo, National Catholic Reporter, Neue Zürcher Zeitung, Neues Deutschland, Newsweek, New York Times, Nouvelle Observateur, Nowaja Gaseta, Observer, Olympic Review, Panji Masyarakat, Politiken, Regardie's Magazine, Rossiskaja, Salt Lake City Tribune, Saturday Night, Seattle Times, Singapore Strait Times, Sonntagszeitung, Sports Illustrated, Sportjournalist, Stern, Stuttgarter Zeitung, Süddeutsche Zeitung, Sun Herald, Swazi Observer, Sydney Morning Herald, Sydney Telegraph, Tagesanzeiger, The Age, The Atlantic, The Cape Argus, The Guardian, The Independent, The Nation, The People, The Sporting News, The Times/Sunday Times, The Week's Olympic News, Time Magazin, Toronto Star, USA Today, Wallstreet Journal, Washington Post, Welt am Sonntag, Weltwoche.

Literatur, Nachschlagewerke

Biografies of the active and honorary IOC members. Lausanne, 1998.

Boix, Jaume; Espada, Arcadio: *El Deporte del Poder.* Barcelona, 1999.

Downer, Lesley: *Die Geschichte der reichsten Familie Japans – die Brüder Tsutsumi.* München, 1994.

Gebauer, Gunter (Hrg.): *Olympische Spiele – die andere Utopie der Moderne.* Frankfurt am Main 1996.

Grupe, Paulheinz: *Horst Dassler – Revolution im Weltsport.* München 1992.

Gruppe, Ommo (Hrg.): *Olympischer Sport – Rückblick und Perspektiven.* Schorndorf, 1997.

Guelfi, André: *L'Original.* Paris, 1999.

Hertel, Peter: *Geheimnisse des Opus Dei.* Freiburg, Basel und Wien, 1995.

Hutchison, Robert: *Die heilige Mafia des Papstes – der wachsende Einfluß des Opus Dei.* München, 1998.

Jennings, Andrew: *Das Olympia-Kartell – die schäbige Wahrheit hinter den fünf Ringen.* Reinbek 1996.

Jennings, Andrew; Simson, Vyv: *Geld, Macht und Doping – Das Ende der olympischen Idee.* München, 1992.

Jennings, Andrew: *The Great Olympic Swindle: When the World Wanted Its Games Back.* London, 2000.

Killanin, Michael: *My olympic years.* New York, 1983.

Kistner, Thomas; Weinreich, Jens: *Muskelspiele – ein Abgesang auf Olympia.* Berlin, 1996.

Kistner, Thomas; Weinreich, Jens: *Das Milliardenspiel – Fußball, Geld und Medien.* Frankfurt am Main, 1998.

Lord Killanin's speeches from 1972 to 1981. Lausanne, 1985.

Lyberg, Wolf: *Fabulous 100 years of the IOC – facts, figures and much, much more.* Lausanne, 1996.

Lyberg, Wolf: *The seventh president of the IOC – facts and figures.* Lausanne 1997.

McGeoch, Rod: *The Bid – how Australia won the 2000 Games.* Sydney, 1995.

Mettner, Matthias: *Die katholische Mafia – kirchliche Geheimbünde greifen nach der Macht.* Hamburg, 1993.

Miller, David: *Die Olympische Revolution – Die Biografie von Juan Antonio Samaranch.* Bertelsmann, 1994.

Roth, Jürgen: *Die roten Bosse – Rußlands Tycoone übernehmen die Macht in Europa.* München, Zürich, 1998.

Reich, Kenneth: *Making it happen – Peter Ueberroth and the 1984 Olympics.* Santa Barbara, 1986.

The Samaranch years: *1980–1994 towards olympic unity.* Lausanne, 1995.

Ueberroth, Peter: *Made in America.* New York, 1985.

Vaikiotis, Michael R. J.: *Indonesian politics under Suharto.* London, 1994.

Andere Quellen

Bundesarchiv, Stiftung Archiv der Parteien und Massenorganisationen der DDR; Der Bundesbeauftragte für die Unterlagen des Ministeriums für Staatssicherheit der ehemaligen DDR; Untersuchungsbericht zur Olympiabewerbung Sydneys (Sheridan-Report); Berichte der Ad-hoc-Kommission des IOC zur Olympiabewerbung Salt Lake Citys (Pound-Report 1 und 2); Bericht des Organisationskomitees Olympischen Winterspiele 2002 (Ethikreport); Untersuchungsbericht des NOK der USA (USOC) zur Bewerbung Salt Lake Citys (Mitchell-Report); Deutsche Presse-Agentur (dpa); Sportinformationsdienst (sid); Olympic Movement Directory; Olympic Charta; IOC Marketing Letters; Pressemitteilungen und Webseiten des IOC (www.olympic.org), diverser Sportverbände und Organisationskomitees; Intelligenceonline.com; Trancparency International; Amnesty International; WatchIndonesia!

Friedhelm Schwarz

Das gekaufte Parlament

Die Lobby und ihr Bundestag. 269 Seiten. Geb.

Die Rededuelle im Deutschen Bundestag sind größtenteils
Fassade, hinter der der eigentliche Kampf herrscht: Mit allen
Mitteln versucht die Lobby, Entscheidungen in ihrem Sinne
herbeizuführen. Sie bestimmt, was gut für die Bürger ist.
Auf jeden Abgeordneten des Bundestages kommen drei Vertreter der Lobby, die ihn zu beeinflussen versuchen. Ein Netz
von Beziehungen, Abhängigkeiten und Korruption hat sich
über das Parlament gelegt. Friedhelm Schwarz, selbst jahrelang in der Politikberatung tätig, zeigt die Tricks, mit denen
Gesetze im Sinne der Industrie wirkungslos gemacht werden;
er erklärt, wie eine »Vorteilsnahme« diskret und reibungslos
abgewickelt wird, und beschreibt den Kampf der Konzerne
und Verbände um den besten Platz am Trog. Dabei ist fast
jeder Schachzug erlaubt: »Die Methoden der Lobby erinnern
in ihrer ausgefeilten PR-Technik und ihrer umfassenden
Logistik an moderne Feldzüge« (Friedhelm Schwarz). Selbst
Abgeordnete, die sich diesem Druck entziehen wollen, haben
wenig Chancen – sonst riskieren sie ihre Wiederwahl. In Bonn
regiert nicht, wen der Wähler bestimmt hat, sondern die Lobby.

PIPER

**Stéphane Courtois, Nicolas Werth,
Jean-Louis Panné, Andrzej Paczkowski,
Karel Bartosek, Jean-Louis Margolin**
Das Schwarzbuch des Kommunismus

Unterdrückung, Verbrechen und Terror. Mit dem Kapitel
»Die Aufarbeitung des Sozialismus in der DDR« von Joachim
Gauck und Ehrhart Neubert. Aus dem Französischen von Irmela
Arnsperger, Bertold Galli, Enrico Heinemann, Ursel Schäfer,
Karin Schulte-Bersch, Thomas Woltermann. 998 Seiten mit
32 Seiten Schwarzweiß-Abbildungen. Geb.

Dieses Buch wird den Blick auf dieses Jahrhundert verändern.
Es zieht die grausige Bilanz des Kommunismus, der prägenden
Idee unserer Zeit. 80 Millionen Tote, so rechnen die Autoren
vor, hat die Vision der klassenlosen Gesellschaft gekostet, mehr
als der Nationalsozialismus zu verantworten hat. Mit dieser
These lösten die Autoren eine beispiellose Debatte aus. Es geht
den Autoren nicht nur um eine Generalinventur des Terrors, sie
benennen auch Mitwisser, intellektuelle Mittäter im Westen.

»»Das Schwarzbuch des Kommunismus‹ ist nicht nur eine
Chronik der Verbrechen, sondern auch eine Unglücksgeschichte
jener ›willigen Helfer‹ im Westen, die sich 90 Jahre lang blind
und taub machten.«
Frankfurter Allgemeine

PIPER

Hélène Carrère d'Encausse
Lenin

Aus dem Französischen von Enrico Heinemann. 539 Seiten
mit 16 Seiten Schwarzweiß-Abbildungen. Geb.

Ohne ihn wäre »Kommunismus« eine politische Philosophie
geblieben, hätte es keine Sowjetunion gegeben und keine
Zweiteilung der Welt im 20. Jahrhundert. Ohne Lenin wäre die
Geschichte anders verlaufen. Wer war dieser Mann?
Viele weitverbreitete Legenden werden in diesem Buch zer-
stört. So war Lenin kein charismatischer, die Massen mit-
reißender Politiker, sondern vielmehr ein labiler, depressiver
Mensch. Auch privat bleibt unter dem genauen Blick der
berühmten Rußlandkennerin nicht viel vom großen Revolutionär übrig: Die Kampfgefährtin Krupskaja kirchlich geheiratet, das recht behagliche Exil in Deutschland und der Schweiz
großzügig finanziert von der bürgerlichen Familie zu Hause…
Wie konnte ein Außenseiter wie Lenin, das ist das zentrale
Thema von Hélène Carrère d'Encausse, in so kurzer Zeit ein
immerhin 70 Jahre dauerndes Imperium errichten?

PIPER

Ferdinand Seibt
Das alte böse Lied

Deutsche Geschichte von 1900 bis 1945. 403 Seiten. Geb.

Ferdinand Seibt, einer der großen deutschen Historiker, versucht zu ergründen, was unsere Großväter und -mütter wirklich wissen konnten, was sie wirklich zu sehen vermochten und was sie wirklich bewegt hat. Nicht den nachträglichen Erklärungsmustern gilt sein Interesse, sondern den Erfahrungen und Erlebnissen, auch den Ängsten, Hoffnungen und Träumen. Sein Buch gewinnt daraus eine große Anschaulichkeit und legt Zusammenhänge frei, die bisher kaum beachtet wurden. Die Linie von der »Urkatastrophe des 20. Jahrhunderts« 1914 über die ratlose bürgerliche Gesellschaft der Weimarer Zeit bis zu Hitlers Helfern wird präzise gezogen und aus der Zeit heraus erklärt. Die bei Historikern verpönte Frage »Hätte es auch anders kommen können?« wird gestellt und ermöglicht eine faszinierende und ungewöhnliche neue Sicht auf die Katastrophenjahrzehnte des 20. Jahrhunderts, die unsere Gegenwart bis heute bestimmen.

PIPER

Pino Arlacchi
Ware Mensch

Der Skandal des modernen Sklavenhandels. Aus dem Italienischen von Enrico Heinemann. 213 Seiten. Geb.

Der Handel mit Menschen ist weder ein historisches Phänomen, noch beschränkt er sich auf abgelegene Gegenden der Erde. Vielmehr ist die moderne Sklaverei ein Teil des globalen Marktes – das ist der schockierende Befund dieses aufsehenerregenden Buches.

Feierlich wurde in internationalen Deklarationen die Sklaverei verdammt. Die Realität sieht völlig anders aus: Die moderne Sklaverei ist ein Teil unseres Lebens. Der Menschenhandel wird von mächtigen kriminellen Netzen organisiert; die modernen Ketten sind nicht mehr aus Eisen, aber vielleicht noch wirksamer. Da gibt es Schuldensysteme, für die ganze Familien ein Leben lang arbeiten müssen, ohne je frei zu werden. Millionen von Frauen und Kindern werden als Sexsklaven verkauft, zum Beispiel nach Deutschland: 75% aller Prostituierten sind Ausländerinnen. Kinderarbeit, von der die Konsumenten in den reichen Ländern profitieren, sind ein weiteres Kapitel, ebenso wie die Kindersoldaten, die an Armeen in Afrika verkauft werden.